BIBLIOTHÈQUE A. FIRMIN-DIDOT

# CATALOGUE

DES

# LIVRES RARES ET PRÉCIEUX

MANUSCRITS ET IMPRIMÉS

BELLES-LETTRES. — HISTOIRE

## JUIN 1878

Mᵉ MAURICE DELESTRE
COMMISSAIRE-PRISEUR
27, rue Drouot, 27

M. ADOLPHE LABITTE
LIBRAIRE DE LA BIBLIOTHÈQUE NATIONALE
4, rue de Lille, 4

BIBLIOTHÈQUE A. FIRMIN-DIDOT

# MANUSCRITS ET IMPRIMÉS

BELLES-LETTRES — HISTOIRE

## CONDITIONS DE LA VENTE

Elle sera faite au comptant.

Les acquéreurs payeront cinq pour cent en sus des enchères.

Les livres vendus devront être collationnés sur place dans les vingt-quatre heures de l'adjudication. Passé ce délai, ou une fois sortis de la salle de vente, ils ne seront repris pour aucune cause.

M. ADOLPHE LABITTE se chargera de remplir les commissions des personnes qui ne pourraient assister à la vente.

## EXPOSITIONS

*PARTICULIÈRE :* le Lundi 3 Juin.
*PUBLIQUE :* les Mardi 4, Mercredi 5 et Lundi 10 Juin,
de 2 à 5 heures.

Chaque jour de vente il y aura Exposition publique à une heure de l'après-midi.

Voir l'*Ordre des Vacations* à la suite du Titre.

Paris. — Typographie Firmin-Didot et Cie, rue Jacob, 56.

# CATALOGUE
### DES
# LIVRES PRÉCIEUX
## MANUSCRITS ET IMPRIMÉS

FAISANT PARTIE DE LA BIBLIOTHÈQUE

DE

## M. AMBROISE FIRMIN-DIDOT
DE L'ACADÉMIE DES INSCRIPTIONS ET BELLES-LETTRES

### BELLES-LETTRES — HISTOIRE

PRÉCÉDÉ D'UNE INTRODUCTION

Par M. PAULIN PARIS

MEMBRE DE L'INSTITUT ET DE LA SOCIÉTÉ DES BIBLIOPHILES FRANÇAIS

### VENTE A L'HOTEL DES COMMISSAIRES-PRISEURS
RUE DROUOT, N° 9. — SALLE N° 3
### Du Jeudi 6 au Samedi 15 Juin 1878
*A deux heures précises de l'après-midi*

Par le Ministère de M⁰ MAURICE DELESTRE, Commissaire-Priseur

Successeur de M⁰ Delbergue-Cormont

27, rue Drouot, 27

Assisté de M. G. PAWLOWSKI, officier d'Académie, bibliothécaire du défunt

Et de M. ADOLPHE LABITTE, libraire de la Bibliothèque nationale

4, rue de Lille, 4

PARIS. — 1878

# ORDRE DES VACATIONS

### Jeudi 6 Juin 1878.

| | |
|---|---|
| Romans . . . . . . . . . . . . . . . . . . . . . . . | 631 à 653 |
| Poëtes français. . . . . . . . . . . . . . . . . . . | 336 à 396 |
| Romans . . . . . . . . . . . . . . . . . . . . . . . | 619 à 630 |
| Histoire . . . . . . . . . . . . . . . . . . . . . . | 697 à 715 |

### Vendredi 7 Juin.

| | |
|---|---|
| Histoire de France et de l'Orient latin . . . . . . . | 689 à 694 |
| Poëtes français . . . . . . . . . . . . . . . . . . . | 263 à 335 |
| Romans de Chevalerie . . . . . . . . . . . . . . . . | 585 à 618 |
| Froissart. . . . . . . . . . . . . . . . . . . . . . | 695 |

### Samedi 8 Juin.

| | |
|---|---|
| Poëtes français. . . . . . . . . . . . . . . . . . . | 214 à 262 |
| Racine, Quinault, Regnard . . . . . . . . . . . . | 526 à 545 |
| Romans de Chevalerie . . . . . . . . . . . . . . . | 551 à 564 |

### Mardi 11 Juin.

| | |
|---|---|
| Corneille, Molière . . . . . . . . . . . . . . . . | 450 à 525 |
| Poëtes étrangers . . . . . . . . . . . . . . . . . . | 397 à 409 |
| Manuscrits (Poëtes étrangers) . . . . . . . . . . . | 49 à 50 |
| Dante (Manuscrit). . . . . . . . . . . . . . . . . . | 48 |

*Mercredi 12 Juin.*

Linguistique, Poëtes anciens . . . . . . . . . . . . 71 à 124
Manuscrits (Rhéteurs, Poëtes anciens) . . . . . . . 1 à 19
Epistolaires et Polygraphes . . . . . . . . . . . . . 654 à 657

*Jeudi 13 Juin.*

Poëtes français . . . . . . . . . . . . . . . . . . . 151 à 176
Théâtre étranger . . . . . . . . . . . . . . . . . . 546 à 550
Manuscrits (Théâtre et Romans anciens) . . . . . . . 20 à 28
Théâtre ancien et Théâtre français (Mystères, etc.) . 410 à 449

*Vendredi 14 Juin.*

Poëtes français . . . . . . . . . . . . . . . . . . . 177 à 213
Manuscrits (Hist. anc.) . . . . . . . . . . . . . . . 51 à 62
Histoire (Géogr., Hist. ecclés., Hist. anc.) . . . . . 658 à 688

*Samedi 15 Juin.*

Poëtes français . . . . . . . . . . . . . . . . . . . 125 à 150
Romans de Chevalerie . . . . . . . . . . . . . . . . 565 à 584
Manuscrits (Poëtes français et Romans de Chevalerie). 29 à 47
Manuscrits historiques français . . . . . . . . . . . 63 à 70
Monstrelet . . . . . . . . . . . . . . . . . . . . . 696 —

# INTRODUCTION

Pour tous les esprits vraiment doués de la curiosité littéraire, c'est un bonheur de lire et d'étudier dans ses propres livres : c'est un bonheur plus grand encore de posséder ces livres dans un état parfait de conservation, grands de marges, immaculés, reliés de la main d'un Le Gascon, d'un Duseuil, d'un Derome ou d'un Bauzonnet. On raconte de Charles Nodier qu'il ressentait pour les siens une passion comparable à celle que pouvait inspirer une maîtresse adorée. Quand, à force de privations, car il ne connut jamais l'*aurea mediocritas*, il était devenu l'heureux possesseur d'un de ces rares volumes qu'il avait longtemps couvé des yeux, il ne s'en séparait ni le jour ni la nuit. Une place lui était ménagée sous son oreiller et il n'était réuni aux autres joyaux du même genre qu'à l'arrivée d'un nouveau rival, à son tour accueilli avec la même effusion de tendresse.

La Collection de M. Firmin-Didot est assurément d'une

valeur vingt fois supérieure à celle du petit *Muséum* de Charles Nodier. Tous les bibliophiles du monde en ont entendu parler ; il n'est pas un savant étranger qui n'ait, en arrivant à Paris, demandé et, par conséquent, obtenu de l'urbanité bien connue de M. Didot la faculté de la voir et de l'examiner à loisir. Si l'on excepte notre grande Bibliothèque nationale, la Bibliothèque de l'Arsenal et celle qu'un prince de la maison de France vient de ramener à Chantilly, on peut assurer qu'il n'existe pas en France un ensemble de textes manuscrits et imprimés digne de lui être comparé. Les manuscrits, fréquemment inédits et quelquefois uniques, représentent toutes les époques : l'antiquité grecque et latine, la poésie, la philosophie, l'histoire et les arts du Moyen âge, de la Renaissance et des temps modernes. Les uns sont religieusement conservés dans leur premier état, maintes fois incrustés d'argent, d'or et d'ivoire ; les autres, reliés pour les Grolier, les Majoli, les de Thou, les Longepierre, ou bien pour nos rois François Ier, Henri II, Henri III, Charles IX, Henri IV, Louis XIII, Louis XIV ; les moins anciens sortent des ateliers des Thouvenin, Duru, Capé, Gruel, Bauzonnet, Simier, Niedrée, Trautz ou Lortic. C'est une suite à peine interrompue des plus beaux modèles d'ornementation et de calligraphie, depuis les scribes de l'époque carlovingienne jusqu'aux plus excellents enlumineurs des derniers siècles, les Henry Trevoux, les Astesan, les Jean Fouquet et les Jarry.

L'érudition grecque et latine, le sentiment et la curiosité littéraires sont, on le sait, héréditaires dans la grande et je dirais volontiers nationale maison Didot ; comme, avant elle, dans la maison des Alde, dans celle des Estienne. La première idée de former un cabinet de raretés bibliographiques appartient à MM. Pierre et Firmin-Didot, l'oncle et le père de notre Firmin deuxième du nom. Celui-ci, durant plus de cinquante ans, n'a cessé d'en multiplier les merveilles. Il a consacré à le développer tous les instants qu'il avait pu donner à ses plaisirs, sans négliger aucun des devoirs que lui imposaient d'un côté la confiance de nos gouvernements successifs, de l'autre l'administration d'une maison depuis deux siècles l'honneur de l'imprimerie française.

L'intérêt passionné que M. Didot portait à ses collections littéraires s'était augmenté progressivement jusqu'aux derniers jours de sa belle et longue carrière. Aucune occasion d'y ajouter de nouveaux trésors ne lui avait, pour ainsi dire, échappé. Aucune vente publique n'était annoncée en Belgique, en Hollande, en Angleterre, en Italie, qu'il n'y poursuivît l'acquisition des manuscrits, des incunables et des éditions hors ligne qu'on y avait signalés. Il allait s'assurer lui-même de leur condition, de leur importance, ou bien il s'en faisait rendre compte par les meilleurs juges. D'un autre côté, ceux qui voulaient connaître la valeur des raretés qu'ils croyaient posséder, venaient ordinairement les soumettre à son appréciation toujours sincère ; et les volumes, s'ils en étaient jugés dignes, ne tardaient guère à grossir le Musée de la rue Jacob. Dès que M. Didot avait la joie de les dire siens, il les soumettait à un nouvel examen, en les comparant à ceux qui pouvaient s'en rapprocher dans nos grandes bibliothèques. Puis il en parlait à ses amis et jamais il ne lui arriva d'en refuser la communication aux littérateurs intéressés à connaître ce qu'ils pouvaient présenter de particulier. Mieux encore que le célèbre Grolier, il aurait donc eu le droit d'adopter cet *ex libris* : *F. Didot et amicorum ;* et, par ses amis, il entendait tous les hommes lettrés.

On ne pourrait compter le nombre des savants qui mirent

— x —

à profit sa bienveillante libéralité. Il nous suffira de citer, parmi ceux qui ne sont plus, Coray, Boissonade, Hase, Letronne, Berger de Xivrey, Victor Le Clerc, Brunet de Presles ; parmi les autres, MM. Egger, P. Meyer, G. Paris, P. Lacroix, Kervyn de Lettenhove, F. Michel, Charles et Gustave Brunet, Léopold Delisle, E. Hucher, Queux de Saint-Hilaire (1). Mais, tout en savourant mieux que personne la propriété de chacune des pièces de son trésor littéraire, M. Didot n'hésitait pas à se dessaisir, au profit des établissements publics, de celles qui leur présentaient un intérêt exceptionnel. C'est ainsi qu'il avait cédé à la Ville de Paris, dont il était alors un des conseillers municipaux, le magnifique *Liber Pontificalis* exécuté vers 1420 pour Jacques Jouvenel des Ursins, qui avait été archidiacre de Notre-Dame et prévôt des marchands, avant d'être successivement archevêque de Reims, évêque de Poitiers, et enfin prieur de Saint-Martin-des-Champs. Ce volume contenait de très-curieuses vues de l'ancien Parloir aux bourgeois, et d'autres édifices, aujourd'hui tombés sous les coups du temps ou sous l'impitoyable marteau de ceux qui ne pardonnent pas aux monuments de rappeler de lointains souvenirs. M. Didot se serait épargné bien des regrets s'il n'eût pas accompli ce sacrifice. Le chef-d'œuvre de l'art du quinzième siècle est devenu la proie des flammes qui, dans une journée à jamais néfaste, dévorèrent l'Hôtel de Ville et la Bibliothèque du Louvre. Le Cabinet de M. Didot, suffisamment éloigné de la place de Grève et de celle du Louvre, fut épargné : et si le *Liber Pontificalis* y était resté, il figurerait encore aujourd'hui dans le grand et précieux écrin dont il avait été détaché (2).

(1) M. le marquis de Queux de Saint-Hilaire a publié une excellente étude sur la vie et les ouvrages de M. Firmin-Didot.

(2) M. Didot, pour triompher de la concurrence anglaise, l'avait acquis au prix

L'honorable famille Didot aurait pieusement conservé tant de glorieux témoignages du goût, du sentiment littéraire et de l'érudition de son auteur, sans la nécessité d'un partage dont il était impossible d'évaluer les termes. Il ne lui a donc pas été permis de soustraire la Collection aux chances d'une vente publique. Puissent au moins tant de splendides raretés bibliographiques passer en des mains dignes de les recueillir! Puissent ses futurs acquéreurs en tirer autant de fruit que leur dernier possesseur! Puissent-ils en accorder la libérale communication à tous les travailleurs sérieux, au lieu d'affecter l'ombrageuse défiance de ces collectionneurs anglais qui font de leur trésor une sorte de Jardin des Hespérides, dont ils défendent l'entrée à tous ceux qui tenteraient d'y pénétrer.

Le rédacteur du catalogue qu'on va parcourir et dont je viens un peu tardivement de lire les épreuves, a trop bien exposé le genre particulier d'intérêt, attaché à chacun des numéros dont il se compose, pour que j'aie besoin de dire une seconde fois, et moins bien sans doute, ce qui doit arrêter l'attention de tous ceux qui gardent le culte des Belles-Lettres et des Beaux-Arts. Depuis longtemps, M. Pawlowski avait mérité la confiance et la profonde estime de M. Firmin-Didot, par son érudition variée et son dévouement à toute épreuve. C'est lui qu'il avait choisi pour le seconder dans le minutieux inventaire de son cabinet et dans l'examen sérieux de tout ce qu'il y ajoutait sans cesse. Grâce

---

de 36,900 francs. On comprendra la valeur que Jouvenel des Ursins y attachait lui-même, par ces lignes de son testament, daté de 1457. « Je lègue mon grand « pontifical à celui qui me succédera dans l'évêché de Poitiers, s'il veut s'en- « gager à acquitter à ma décharge les réparations devenues nécessaires dans « les domaines et possessions de l'évêché, ainsi que les dettes et obligations « dont mes héritiers pourraient se trouver chargés en raison de cet évêché. » (Bibliothèque de Sorbonne, Msc. n° 1105.)

à la tendre amitié dont m'honorait mon illustre et savant confrère (1), j'ai pu, souvent aussi, dans la mesure de mon expérience, concourir à déterminer le degré de valeur et de rareté de quelques manuscrits. Tant que je vivrai, je garderai le souvenir des bonnes heures consacrées à ces intéressantes comparaisons. Comme j'étais alors attaché d'une façon plus active au service de la Bibliothèque nationale, il m'arriva plus d'une fois, je puis bien l'avouer, d'éprouver un certain regret en reconnaissant chez mon respectable ami des textes souvent comparables, quelquefois même préférables pour le fond ou pour la forme à ceux de notre cabinet des manuscrits, assurément le plus riche du monde.

Tels le *Juvénal* et le *Prudence* du dixième siècle, — une branche inédite et très-belle des *Romans* de la *Table ronde* ; — les épopées ou chansons de geste de *Beuve d'Anstone*, de *Ferabras*, des *Vœux du Paon* de Jacques de Longuion ; — le *Combat des trente Bretons* ; — le livre inédit d'Étienne Porchier sur les *Trois âges* ; — le Roman de *Jehan de Paris* ; — le *Dante* de 1378 ; — le grand *Dictionnaire françois* de Firmin Le Ver, abondant en curieuses citations d'auteurs plus anciens, et d'ailleurs rédigé avec une sûreté de critique qu'on ne s'attendait pas à rencontrer dans un lexique de la première moitié du xv⁵ siècle.

Jamais je n'avais à craindre d'importuner M. Didot ; mon arrivée lui faisait tout quitter volontiers pour passer une nouvelle revue de ses chers manuscrits. Je le surprenais d'ordinaire attaché à quelqu'un de ces excellents travaux d'érudition et de critique auxquels il n'a pas eu le temps de mettre toujours la dernière main. C'était tantôt sa belle traduction de l'histo-

---

(1) M. Didot appartenait déjà depuis plusieurs années à l'Académie des Inscriptions et Belles-Lettres, comme à la *Société des Bibliophiles français*.

rien Thucydide, tantôt ses études sur l'origine et les développements de l'imprimerie, ou sur la réforme de notre orthographe; tantôt une de ces précieuses Biographies consacrées à Jean Cousin, aux Alde, aux Estienne. Pas un moment accordé au loisir inoccupé; pour lui, le délassement des travaux était leur variété. J'étais heureux de me promener avec lui dans la grande allée de ses gravures et de ses livres. Il va sans dire que, chemin faisant, j'apprenais beaucoup de lui, tandis que bien rarement s'offrait pour moi l'occasion d'ajouter la moindre chose à la sûreté de ses appréciations.

Je ne dois pas oublier d'avertir que les manuscrits indiqués dans ce catalogue, quelle que soit leur valeur, ne forment pas la cinquième partie de la Collection de M. Firmin-Didot. Ceux qu'on ne trouvera pas ici ne sont pas assurément d'un intérêt inférieur à celui des volumes qui vont passer sous le feu des enchères. M. Alfred Firmin-Didot garde-t-il l'espoir de conserver tant d'autres précieuses raretés? Je l'ignore; mais je me souviens des anciens exemplaires si délicieusement ornés de Guillaume de Tyr, et des traductions et continuations contemporaines de la grande *Histoire des Croisades*. Je n'ai pas oublié tant d'*Heures* ou *Preces Piæ* de la plus parfaite exécution, parmi lesquelles brillent d'un incomparable éclat les Heures de Bonne de Luxembourg, femme de notre roi Jean. Les volumes imprimés non compris dans ce catalogue présentent un ensemble également splendide. On en pourra voir d'assez nombreux spécimens dans les vitrines de l'Exposition universelle. Ajoutons enfin que les séries réservées n'offrent aucun double emploi avec celle du présent Catalogue. Ce sont pour ainsi dire autant de membres de la même famille :

Facies non omnibus una<br>
Nec diversa tamen, qualem decet esse sororum.

Le même discernement, la même sûreté de goût avait présidé à leur naissance comme à leur développement; et ceux qui vont se les partager pourront en faire comprendre la valeur d'un seul mot : ILS PROVIENNENT DU CABINET DE M. AMBROISE FIRMIN-DIDOT.

P. PARIS,
Conservateur honoraire au Cabinet des manuscrits
de la Bibliothèque nationale.

# TABLE SPÉCIALE

### DES

# LIVRES IMPRIMÉS SUR VÉLIN

### DES EXEMPLAIRES UNIQUES OU SEULS CONNUS

#### ET DES PROVENANCES CÉLÈBRES

---

### I. LIVRES IMPRIMÉS SUR VÉLIN

N⁰ˢ 127, 179, 186, 209, 402, 578, 674, 680, 694, 696, 709, 710, 711, 713.

### II. EXEMPLAIRES UNIQUES OU SEULS CONNUS

N⁰ˢ 136, 151, 166, 178, 180, 187, 214, 220, 242, 437, 523, 563, 578, 582, 590, 594, 596, 611, 701.

### III. SIGNATURES OU NOTES AUTOGRAPHES DES HOMMES ILLUSTRES OU DISTINGUÉS.

Ballesdens, 101.
Boileau, 367, 371.
Bossuet, 88, 665.
Condé (le grand), 88.
Dumonstier (Daniel), 563, 580.
Garnier (Rob.), 286.
Jamyn (Amadis), 143.

La Fontaine (Jean de), 192, 377, 635.
Manetti (Giannozzo), 51.
Marot (Jean), 34.
Moisant de Brieux, 36.
Pulci (Lucca), 399.
Racine (Jean), 84, 120, 121.

## IV. PROVENANCES CÉLÈBRES

PRINCIPALEMENT AU POINT DE VUE DES RELIURES EXÉCUTÉES POUR DES ROIS, DES REINES, DES PRINCES, DES PRINCESSES ET DES BIBLIOPHILES CÉLÈBRES.

### a. Rois et Reines de France, Princes et Princesses, Favorites.

François 1er, 41, 95.
Étampes (Duchesse d'), 40.
Henri II, 408, 678, 710, 711 (?).
Diane de Poitiers, 68, 710.
Charles IX, 669.
Henri III, 712.
Bourbon-Vendôme (le Cardinal de) (Charles X, roi des Ligueurs), 702.
Marguerite de Navarre, 176.
Henri IV, 698.
Marguerite de Valois (la Reine Margot), 656.
Marie de Médicis, 350.
Louis XIII, 395, 642.
Anne d'Autriche, 642, 703.
Louis XIV, 565.
Condé (le grand), 66.
Pompadour (la Marquise de), 113, 275, 580, 625.
Marie-Antoinette, 70.
Berry (Duchesse de), 37.
Louis-Philippe (le Roi), 650.

### b. Souverains étrangers.

Nicolas V (le Pape), 53.
Léon X (le Pape), 50, 61.
Maximilien Ier, empereur, 65.
Aragon-Naples (le Rois d'), 5.
Jacques Ier, roi d'Angleterre, 679.

### c. Bibliophiles ou personnages célèbres

Aguesseau (le Chanc. d'), 44, 66.
Aubaïs (le Marquis d'), 131.
Caumartin-Saint-Ange, 436.
CANEVARI (D.), 122.
Colbert (le grand), 95, 523.
Corsini, 8.
GROLIER, 92, 124, 671.
Hoym (le Comte d'), 73, 286.
LAURINUS [Lauwereyns] (Marc), 119.
LONGEPIERRE (de), 97, 102.
MAJOLI (Th.), 654, 687.
MANSFELT (P.-E. comte de), 715.
Morosini (Ant.), 12.
Richelieu (le Card. de), 421.
Thou (J.-A. de), 73, 107 bis, 312, 410, 651.
Verrue (la Comtesse de), 361, 637.

# MANUSCRITS

# MANUSCRITS

## BELLES-LETTRES

AUTEURS LATINS, ANCIENS ET MODERNES

1. CICERO (M. T.). Rhetorica. — Pet. in-4, de 82 ff.; mar. rouge, fil. à fr., tr. dor.

   Manuscrit sur VÉLIN, exécuté en Italie et daté de 1464. Il commence ainsi : *Marci Tvllii Ciceronis Rhetoricae veteris liber*..., et finit au recto du f. 82 par ces lignes : *Marci Tvllii Ciceronis vetervm Rhetoricorvm cõtra Hermagoram liber secvndvs & vltimvs fœliciter explicit IIII° nonas decembris MCCCCLX°IIII.*

   Écriture très-nette ; conservation parfaite. A la première page, un joli encadrement peint et rehaussé d'or, mais un peu effacé dans le bas.

2. CICERO (M. T.). Orationes. — In-fol., de 163 ff. à 2 col.; lettres ornées ; mar. brun, fil., milieu et coins, tr. dor. (*Lortic*).

   Manuscrit du XIV° siècle, sur papier, exécuté en Italie. Il commence au haut du 1er f., par l'abréviation : *ihs* (*Iesus*), et par ce titre : *Oratio p. Cne. Pompejo Imperatore eligendo*, et finit au verso du f. 163, par ces mots : *uestra uirtute construetis*.

   Il est écrit avec beaucoup d'abréviations et contient les discours suivants : 1. *Pro C. Pompejo de Imperatore eligendo* (*Pro Lege Manilia*); 2. *Pro T. A. Milone*; 3. *Pro C. Plancio*; 4. *Pro P. Sylla*; 5. *Pro A. Licinio Archia*; 6. *Pro M. Marcello*; 7. *Pro Rege Dejotaro*; 8. *Pro Q. Ligario*; 9. *Pro semetipso gratias agenti in Senatu*; 10. *Ad Populum*; 11. *Pro Domo sua ad pontifices*; 12. *Pro M. Celio*; 13. *Pro L. Cornelio Balbo*; 14. *In Vatinium testem*; 15. *Pro Responsis aruspicum*; 16. *De Provinciis consularibus*; 17. *Pro P. Sextio*; 18. *Pro L. Murena*; 19. *Pro P. Quintio*; 20 et 21. *In Catilinam* (III° et IV°); 22. *Pro L. Flacco*; 23. *Pro S. Roscio Amerino*; 24. *Pro A. Cluentio*; 25. *Pro se ipso priusquam iret in exilium ad Quirites.*

   La première page est entourée d'un encadrement en couleurs et porte au bas un écusson dont les armoiries sont effacées. — Très-bien conservé et avec de grandes marges.

**3. CICERO (M. T.). Orationes.** — Gr. in-fol., de 227 ff.; lettres ornées; demi-rel., veau brun.

Manuscrit italien du XV<sup>e</sup> siècle, sur VÉLIN, d'une belle écriture. Il commence ainsi au haut du 1<sup>er</sup> f. : *Marci. Tvllii. Ciceronis. clarissimi. oratoris. oratio. de. imperatore deligēdo,* etc., et finit au recto du f. 227 par ces mots : *inuidicus ueritati.*

En voici le contenu : 1. *De Imperatore deligendo* (Pro Lege Manilia); 2. *Pro T. Annio Milone;* 3. *Pro Cn. Plantio;* 4. *Pro P. Sylla;* 5. *De Aruspicum responsis;* 6. *De Provinciis consularibus;* 7. *Pro M. Celio;* 8. *Pro L. Cornelio Balbo;* 9. *In Vatinium testem;* 10. *Pro P. Sextio;* 11. *Pro Domo sua;* 12. *Ad Equites romanos priusquam iret in exilium;* 13. *Post Reditum, in Senatu;* 14. *Oratio qua populo gratias agit;* 15. *Pro M. Marcello;* 16. *Pro Q. Ligario;* 17. *Pro Rege Dejotaro;* 18. *Pro A. Licinio Archia;* 19 à 22. *In L. Catilinam;* 23. *Pro P. Quinctio;* 24. *Pro L. Flacco;* 25. *Crispi Sallustii in M. T. Ciceronem;* 26. *M. T. Ciceronis Responsio;* 27. *Pro A. Cluentio.*

Il renferme donc, de plus que le précédent, l'invective de Salluste et la réponse apocryphe de Cicéron.

Belles initiales peintes en or et en couleurs; marges superbes; conservation parfaite.

Au bas du 1<sup>er</sup> f., le cachet armorié de la bibliothèque de Fréd.-Louis Keller von Steinbock, jurisconsulte suisse, mort à Berlin en 1860.

**4. CICERO (M. T.). Orationes.** — In-fol., de 252 ff.; lettres ornées; vélin.

Manuscrit sur VÉLIN, exécuté en Italie au commencement du XV<sup>e</sup> siècle. Il commence au haut du 1<sup>er</sup> feuillet par ce titre : *De Lege Manilia. M. Tvllii Ciceronis de Lege Manilia Oratio,* etc.

Voici les discours qu'il contient : 1. *Pro Lege Manilia;* 2. *Pro A. Licinio;* 3 à 6. *In Catilinam* (IV); 7. *Cris. Sallustii in M. T. Ciceronem invectiva;* 8. *M. T. C. In Sallustium;* 9. *Pro T. Annio Milone;* 10. *Pro Cn. Plancio;* 11. *Pro P. Sylla;* 12. *Pro A. Cæcina;* 13. *Pro C. Rabirio posthumo;* 14. *Pro C. Rabirio perduellione;* 15. *Pro Roscio comœdo;* 16. *Pro Q. Ligario;* 17. *In Vatinium testem;* 18. *Ad Equites romanos pridie quam iret in exilium;* 19. *Ad Quirites in reditu suo;* 20. *Ad Senatum post reditum suum;* 21. *De Provinciis consularibus;* 22. *Pro M. Cælio;* 23. *De Lege agraria;* 24. *In L. Pisonem;* 25. *De Lege agraria, in Senatu;* 26. *De Lege agraria contra P. Rullum;* 27. *Pro M. Fonteio;* 28. *Pro M. Marcello;* 29. *Pro Rege Dejotaro;* 30. *Pro A. Cluentio;* 31. *Pro L. Placco;* 32. *Pro P. Quinctio;* 33. *Pro Domo sua;* 34. *Pro P. Sextio;* 35. *Pro L. Cornelio Balbo;* 36. *Pro Sextio Roscio Amerino;* 37. *Pro L. Murena;* 38. *De Responsis aruspicum.* — Le manuscrit finit ainsi au verso du dernier f. : *M. Tvllii Ciceronis Orationes septem* (sic) *et triginta finivnt.* Cette souscription est suivie d'une table des matières.

On connaît peu de manuscrits contenant un aussi grand nombre de discours de Cicéron. Celui-ci est, de plus, remarquable par sa belle écriture et son état de conservation.

Chaque discours commence par une grande initiale peinte et rehaussée d'or. La première page est ornée d'une riche bordure, et la grande initiale Q du mot *Quanquam*, par lequel débute le premier discours, contient au milieu une figure de vieillard à mi-corps, en vêtement bleu et en capuchon rouge, coiffé d'une calotte rouge et tenant dans la main gauche un livre ouvert. La tête est peinte avec beaucoup de finesse, et l'expression du visage fait croire à un portrait.

5. CICERO (M. T.). Epistolæ familiares. — Pet. in-fol., de 218 ff.; bordures et lettres ornées; mar. bleu, fil., tr. dor. (*Lortic*).

Superbe manuscrit italien du XVᵉ siècle, sur vélin, d'une conservation irréprochable. Il commence au haut du premier feuillet par ce titre : *M. T. C. epistolaʒ liber primus incipit. Marcus Tullius Publio Lentulo salutem plurimam dicit*. A la fin : *M. T. C. epistolaʒ liber decimvs sextvs et vltimus explicit feliciter*.

La première page est ornée sur trois côtés d'une jolie bordure en or et en couleurs. Au bas, se trouvent les armoiries écartelées des rois d'Aragon-Naples, dont la magnifique collection des manuscrits a été vendue vers 1501 par le roi Frédéric III au cardinal Georges d'Amboise, ministre de Louis XII et célèbre bibliophile.

6. QUINTILIANUS (M. F.). De Institutione oratoria. — In-fol., de 234 ff. à 2 col.; lettres ornées; vélin.

Précieux manuscrit sur vélin, exécuté en Italie au XIVᵉ siècle. Les trois premiers feuillets ont été complétés au XVᵉ siècle. Le texte commence à la première colonne par ce titre : *M. Fab. Quintilianus Triphoni Bibliopolae Sal.*, et finit au verso du dernier feuillet par ces mots : *qd' magis || petim' bonam uolūtatem*. Plusieurs mains ont concouru à la confection de ce manuscrit écrit en lettre gothique moyenne. Les titres des livres et des chapitres, ainsi que les mots grecs dans le texte, sont en rouge; grand nombre de jolies initiales peintes en or et en couleurs.

Ce volume offre un grand intérêt pour la philologie, en raison de son âge, de ses variantes qu'on trouve rarement dans les autres manuscrits connus, et d'une foule de notes ajoutées en marge. Nous nous bornerons à citer deux exemples. Au chap. 1ᵉʳ du liv. Iᵉʳ, l'édition Lemaire (p. 49) donne cette leçon : *Nunc quando in bonum verteris vitia?* leçon que le commentateur trouve peu satisfaisante. Or notre manuscrit porte (f. 3 verso) : *vitia autem quando in bonum verteris?* — Au chap. IV du même livre, on trouve dans l'édit. Lemaire (p. 102) les noms propres *Planci, Pansæ*, tandis que notre manuscrit donne très-lisiblement (f. 9 v°) *Plauti, Panse*. Bien que la signification des mots *plancus* et *plautus* soit assez identique, il est plus probable que Quintilien a employé ce dernier, sur lequel nous trouvons en marge ce commentaire : *plautus et pansa dicuntur qui pedes latos habent*.

Les manuscrits de Quintilien remontant au XIVᵉ siècle sont de toute rareté. La Bibliothèque nationale n'en possède que trois sur onze, d'après la préface de l'édit. Lemaire. Celui-ci est très-bien conservé, sauf quelques ff. atteints par l'humidité. Il avait appartenu à la famille lucquoise Minutoli-Tegrimi, dont il porte l'estampille : mais au bas du 1ᵉʳ f., on voit les armes d'une autre maison : *Écartelé d'or et de gueules, avec une croix au 2ᵉ quartier.* En dernier lieu, il provient de la bibliothèque de M. Eug. Piot.

7. LUCANUS (M. A.). Pharsalia. — In-8, de 135 ff., à 30 lignes par page; relié en vélin (*Smeers*).

Précieux manuscrit sur VÉLIN, du XIIᵉ siècle. Il commence par ce titre écrit en rouge : *Incip p'mus lib' Lvcani*, et finit au recto du dernier feuillet. Nombreuses notes interlinéaires et marginales, du temps; plusieurs plans des villes et des batailles sont dessinés en marge. Au verso du dernier feuillet, on voit la représentation de notre hémisphère et l'explication graphique des combinaisons des quatre éléments, le tout accompagné d'un texte conforme aux idées de l'époque.

Ce manuscrit, fort important pour la correction de son texte, est admirablement bien écrit et parfaitement conservé.

8. VIRGILIUS. Æneis. — Pet. in-fol., de 174 ff.; velours violet.

Très-beau manuscrit, daté de 1404. La première page est entourée d'un bel encadrement peint, avec or en relief; au bas, les armes de l'illustre maison Corsini, de Florence : *Bandé d'argent et de gueules; à la fasce d'azur brochant sur le tout.* Le texte commence, sans aucun titre, avec le premier vers de l'*Énéide*, et finit au verso du f. 173 par cette souscription : *Explicit liber eneidos pu. maronis Virgilij ‖ mantuani poete clarissimi ɔpletus (et script') año Mᵒ ccccᵒ iiijᵒ ‖ de mēs' Januar' p me B. D. Corsiñ.* On voit que c'est même un membre de la famille Corsini qui a exécuté cette copie. Chaque livre de l'*Énéide* est précédé d'un sommaire versifié.
— Le dernier feuillet contient la pièce de vers célèbre où l'empereur Auguste déplore la recommandation faite par le poëte de brûler son *Énéide*. A la fin, on lit : *Expliciūt versus octauiani cesaris augusti editi ‖ pro virgilio marone mātuano poeta clarissīo.*

Nombreuses initiales peintes; commentaires interlinéaires et notes marginales. Conservation parfaite.

9. VIRGILIUS. Poemata. — Pet. in-fol., de 82 ff.; veau brun, gaufré (*reliure italienne du* xvᵉ *siècle*).

Superbe manuscrit exécuté en Italie et daté de 1455. Il commence par ce titre : *P. Virgilii Maronis Mantvani Bv-‖colicorvm carmen incipit felīter.* Voici le contenu du volume : 1ᵒ *Bucolica*; 2ᵒ *Georgica*; 3ᵒ *Moretum*; 4ᵒ *Copa*; 5ᵒ *Est et non*; 6ᵒ *Vir bonus*; 7ᵒ *Rosetum*; 8ᵒ *Diræ*; 9ᵒ *Culex*; 10ᵒ *Priapeia*; 11ᵒ *Querela lentitudinis Priapi.* A la fin de l'avant-dernière pièce, on lit la date : 1455; la dernière est terminée (au recto du f. 82) par cette souscription : *Finis.* Θεῷ χάριν. ἀμήν. Βεντύρας. Ce dernier mot est probablement le nom grécisé d'un scribe appelé *Ventura*.

Charmantes bordures et initiales peintes en or et en couleurs, conservées dans toute leur fraîcheur; texte en rouge et en noir. Au bas de la première page, un écusson d'armoiries écartelées, entouré d'une couronne de laurier.

Les manuscrits contenant les petits poëmes de Virgile ou ceux qu'on lui attribue, et surtout les pièces libres, sont extrêmement rares.

10. VIRGILIUS. Bucolica. Georgica. Æneis. — In-12, de 225 ff.; mar. La Vallière, riches ornements genre Grolier, tr. dor. (*Duru*).

Manuscrit sur VÉLIN, exécuté en Italie au commencement du XVe siècle. Il commence par ce titre : *P. Virgilii Ma||ronis Bvcoli||corvm*, et finit au verso du dernier f. par le mot : *Finis*. Les titres sont écrits en lettres majuscules, en or, pourpre, vert, azur et violet. L'écriture du texte, en ronde très-gracieuse, semble avoir servi de modèle au caractère gravé par François de Bologne et employé par Alde pour son Virgile de 1501.

En regard de la première page, une belle composition représentant, au milieu d'un paysage, un caniche attaché par une chaîne d'or à un laurier; le tout dans un joli cadre, au bas duquel cette devise écrite en lettres d'or sur fond d'azur :

*Mas qviero aqvi la mverte
Qve vida en otra sverte.*

(J'aime mieux la mort ici que la vie autre part.)

Cette devise (*Il Cane*) serait celle d'un membre de la célèbre famille Strozzi.

Au bas des pages, CINQ ravissantes petites MINIATURES offrent des scènes de la vie pastorale et agricole. Le quatrième livre des *Géorgiques* est illustré de plusieurs ruches placées au milieu d'un pré fleuri, ce qui rappelle ce vers célèbre :

*Sic vos non vobis mellificatis, apes!*

Celle qui figure au début de l'*Énéide* représente le cheval de Troie. De charmantes initiales peintes en camaïeu ornent en outre ce délicieux manuscrit, véritable bijou.

11. VIRGILIUS. Æneis. Bucolica. Georgica. — In-fol., de 168 ff.; mar. La Vallière, ornem. à fr., tr. dor. (*Thompson*).

Manuscrit sur VÉLIN, exécuté en Italie dans la seconde moitié du XVe siècle. Il commence, sans aucun titre, par le premier vers de l'*Énéide*, et finit au recto du f. 168 par les mots : *Deo Gratias*. Entre les ff. 126 et 127, il y a une lacune depuis le vers 392 du dernier livre (XIIe) de l'*Énéide* jusqu'à la fin du poëme : chaque livre est en outre précédé d'un sommaire versifié.

Très-beau manuscrit, grand de marges, orné de nombreuses initiales peintes en or et en couleurs. Notes interlinéaires du temps. Belle reliure.

**12. HORATIUS.** Carmina. — Pet. in-fol., de 141 ff.; relié en vélin.

Superbe manuscrit sur VÉLIN, exécuté en Italie au commencement du XV° siècle. Il commence par ces quatre lignes peintes en lettres capitales en or et en couleurs : *Hominvm scri-||bit officia pra||cmatice mono||colos.* La page est décorée sur les trois côtés, en forme de la lettre E, d'une magnifique bordure dont les gracieux entrelacs se détachent sur un fond bleu, rouge ou bistre. Le milieu de la bordure, qui s'avance dans la page, offre un grand M peint en or, initiale du mot : *Mæcenas.* Dans la partie qui borde la marge inférieure, deux anges soutiennent un écusson aux armes de l'illustre famille vénitienne Morosini : *D'or à la bande d'azur.* En tête de chaque division des poésies d'Horace, se trouve une riche bordure dans le genre de celle du titre. Tous les titres sont écrits en lettres capitales en or, en outremer, en carmin et en bistre. Entre les lignes, très-espacées, du texte, sont insérées des notes explicatives en latin, d'une fort belle et très-fine écriture. Les marges, qui occupent les deux tiers des pages, offrent le commentaire du scoliaste Acron, écrit en caractères italiques très-élégants.

En regard de la page du titre, on voit un frontispice d'un goût antique, dans le style de Mantegna, peint en camaïeu et rehaussé d'or. Un faune et un satyre, jouant, l'un d'une flûte simple et l'autre d'une flûte double, se tiennent debout à côté d'un monument sur lequel on lit en lettres d'or : *Q. Oratii Flac||ci Venvsini || Carminvm || liber primvs || incipit. || M. Antonivs Mav||rocenus || Patrici||vs Venet. sibi et svis || V. F.* L'inscription de ce frontispice ajouté postérieurement indique que ce manuscrit faisait partie de la bibliothèque du patricien Marc-Antoine Morosini, littérateur et protecteur d'Alde, qui lui dédia aussi son édition de Lucain de 1502.

Le dernier feuillet contient une vie d'Horace en latin.

Ce précieux manuscrit, qui provient de la bibliothèque de M. Eug. Piot, est d'une conservation irréprochable.

**13. OVIDIUS.** Epistolæ heroidum. — In-4, de 48 ff., à 36 lignes par page; mar. vert myrte, fil. à fr., milieu, tr. dor. (*Lortic*).

Manuscrit du commencement du XIV° siècle, sur VÉLIN, exécuté en Italie. Il débute au haut de la 1<sup>re</sup> p. par ce titre écrit en rouge : *Incipit ouid.* (le reste presque effacé), et finit au recto du f. 48 par cette ligne : *Explicit liber ouidij epistolarum. deo gratias. Amen.* Il contient vingt épîtres, dont la dernière, celle de Cydippe à Aconce, s'arrête avec le 12° vers : *Quos vereor,* etc., ce qui a lieu dans tous les manuscrits les plus anciens. La vingt et unième épître, celle de Sapho à Phaon, ne s'y trouve point : on ne la rencontre que dans les manuscrits d'une date relativement très-récente (« *Sapphus ad Phaonem Epistola in nullis Heroidum Ovidianarum exemplaribus, nisi recentissimis, apparet.* » Amar, dans l'édition de Lemaire, p. 264).

Ce manuscrit est important en raison de son ancienneté ; on pourra y recueillir plus d'une variante utile. La première moitié est couverte de commentaires dus à un critique érudit du temps.

Écriture gothique, très-nette; conservation parfaite; grandes marges. Le dernier feuillet contient, écrite d'une autre main, la célèbre *canzone* de Pétrarque :

*Vergine bella che di sol vestita...*

14. OVIDIUS. Epistolæ heroidum. — In-8, de 73 ff.; veau fauve, fermoirs.

Beau manuscrit italien, de la fin du XV<sup>e</sup> siècle, sur VÉLIN. Il commence en haut de la 1<sup>re</sup> p. par ce titre : *P. Ovidii Niasonis* (sic) *Epistolarvm libe*||*r incipit feliciter. .L. primvs* || *Penelope ad Vlixem. Epistola* || *prima,* et finit au recto du f. 73 : Τελος || *P. Nasonis Heroidorvm .L. explicit* || *Finis.*

Son texte est identique avec le précédent, ce qui prouve qu'il a été copié sur un manuscrit plus ancien.

Il est écrit en belles lettres rondes. La première page est entourée d'une charmante bordure historiée, peinte en or et en couleurs; au bas, les armes : *Tranché de sable et d'argent.* Chacune des épîtres commence aussi par une initiale peinte, et tous les noms propres, par une initiale en rouge. — Conservation irréprochable.

Il porte l'estampille de la maison Minutoli-Tegrimi, et provient de la bibliothèque de M. Eug. Piot.

15. OVIDIUS. Metamorphoseon libri XV. — In-8, de 181 ff.; mar. rouge, fil., tr. dor. (*Smeers*).

Manuscrit sur VÉLIN, exécuté en Italie au XIV<sup>e</sup> siècle. Il commence par ce titre en rouge : *Incipit liber Ouidii metamorphoseos.* A partir du f. 131 jusqu'à la fin, l'écriture est d'une autre main, en lettres gothiques également. Le texte finit au verso du f. 177 par cette souscription : *Explicit liber. XV ouidij Metamorphoseos.* || Ἡ Βίϐλος τοῦ σωζομένου. + || *Deo gratias. Amen. Aṁ.* Suit une table des matières, en 4 ff. Titres des livres et initiales peintes en rouge.

Précieux manuscrit, tant en raison de son âge et de son texte très-correct, qu'à cause d'innombrables notes philologiques, littéraires et historiques dont il est couvert, notes dont la majeure partie remonte au XIV<sup>e</sup> siècle. D'après la souscription en grec rapportée ci-dessus, il avait appartenu à Sozzomeno, historien et helléniste italien du XV<sup>e</sup> siècle. Il provient en dernier lieu des mêmes collections que le manuscrit précédent.

16. OVIDIUS. De Arte amandi [De Arte amatoria]. De Remedio amoris. De Tristibus. Fasti. — In-fol., de 277 ff.; mar. vert, fil. à fr., tr. dor. (*Lortic*).

Manuscrit du XV<sup>e</sup> siècle, sur papier. Il commence par ce titre : *P. Ovidii Nasonis de Arte amandi liber primus incipit fœliciter,* et finit au recto du dernier feuillet : *Finis Sexti libri.* Les ff. 74, et 158 à 164 sont blancs.

Très-bon texte; nombreux commentaires en marges. Les manuscrits qui réunissent ces quatre poëmes sont fort rares. — Conservation parfaite, sauf quelques piqûres de vers.

**17. SILIUS ITALICUS.** De Secundo Bello punico. — In-fol., de 219 ff.; veau racine.

> Manuscrit du XVe siècle, sur VÉLIN, exécuté en Italie. En tête, figurent quatre épigrammes de Martial, dont la première est précédée de ce titre : *Martialis libro epigramatum quarto ad Silium.* A la suite, se trouve la vie de Silius, tirée des épîtres de Pline le Jeune. Riches bordures et initiales, peintes en or et en couleurs. Notes interlinéaires.
>
> Sur les plats de la reliure de ce manuscrit, beau et très-bien conservé, les armoiries portant un *sautoir de gueules;* couronne de marquis; devise : *In Sperantia.* .

**18. JUVENALIS.** Satyræ. — In-4, de 113 ff.; mar. br., fil. à fr., dent. intér.

> Précieux manuscrit du Xe siècle, sur VÉLIN. Il commence par le nom du poëte : *Juvenalis,* et s'arrête au 145e vers de la XVe satire :
>
> *Atque exercendis capiendisque artibus apti.*
>
> Malheureusement il offre les lacunes suivantes, d'après l'édition Lemaire: f. 63\*, vers 113 à 144 de la satire VIII; f. 67\*, 3 derniers vers de la même satire et les 28 premiers de la suivante; f. 68\*, vers 61 à 93 de la satire IX; f. 105\*, vers 157 à 188 de la satire XIV; f. 111\*, vers 50 à 81 de la satire XV; et 3 feuillets à la fin, contenant les vers 146 à 174 de la même satire, ainsi que les 60 derniers vers de la satire XVI, en tout huit feuillets. Malgré ces lacunes, il est d'une grande importance à cause des nombreux commentaires dont ses marges sont couvertes, commentaires qui fournissent une foule de variantes aux textes imprimés.
>
> Les classiques du Xe siècle sont fort rares. La Bibliothèque nationale possède plus de vingt manuscrits de Juvénal : quatre seulement remontent au Xe siècle, et ce sont les plus anciens. Celui qui est coté n° 8070 se rapproche beaucoup du nôtre par l'écriture, par l'espacement des lignes et par les notes marginales.

**19. JUVENALIS.** Satyræ. — In-8, de 65 ff.; mar. La Vallière, ornem. à fr. dans le style vénitien, tr. dor. (*Hagué*).

> Charmant manuscrit de la fin du XVe siècle, sur VÉLIN, exécuté en Italie. Il commence par ce titre écrit à l'encre bleue en lettres majuscules : *Ivnii Ivvenalis Aqvinatis Satyrarum liber primvs.* Au bas de la page, dans un délicieux ornement composé de rinceaux d'or parsemés de perles, sur un fond bleu, un écusson portant pour armoiries *un Donjon soutenu par deux dragons ailés.*
>
> Magnifique écriture en lettres rondes; grandes marges; conservation parfaite.

**20. TERENTIUS.** Comœdiæ. — In-4, de 148 ff.; mar. vert, fleurons, fil. à fr., tr. dor. (*Lortic*).

> Précieux manuscrit du XIIIe siècle, sur VÉLIN. Il commence par le monogramme : IHS, et une courte vie de Térence dont voici le début : *Terentius*

*affer gñe ciuis vero cartaginensis fuit.* Vient ensuite (fol. 2 r.) une épitaphe en six vers, qui nous paraît aussi inédite. Au bas de la première page, au milieu d'un ornement, un écusson rond contenant des armoiries peintes en rouge et consistant en un *échiqueté*, avec un *roc d'échiquier en chef.* Chacune des six comédies est précédée d'un argument (*periocha*) en vers par C. Sulpitius Apollinaris, et d'un prologue aussi versifié, attribué par le commentateur de notre manuscrit à Caliopius, dont le nom se lit, en effet, à la fin de chaque pièce (*ego Caliopivs recensui*), et dans lequel plusieurs critiques croient reconnaître Alcuin, le célèbre familier de Charlemagne. Le manuscrit est écrit en rouge et en noir, avec de nombreuses lettres enluminées. Les vers se suivent sans séparation. Il est couvert, entre les lignes et sur les marges, de notes et commentaires où il y aurait, même aujourd'hui, considérablement à prendre. Le texte lui-même offre beaucoup de variantes, dont plusieurs ont de l'importance et ne semblent pas avoir été jamais recueillies. A la fin du volume, est peint un curieux emblème composé de deux colonnes ou cylindres liés ensemble, supportant une pièce d'étoffe rouge, et accompagnés d'une banderole avec cette devise : *Par les . de. vois.*

Ce qui donne un intérêt capital à ce volume, c'est qu'il est une imitation en fac-similé d'un manuscrit carlovingien. Les grandes initiales ornées sont curieuses à étudier.

Conservation parfaite ; grandes marges.

**21. TERENTIUS. Comœdiæ. — Pet. in-8 carré, de 164 ff.; mar. blanc, riches ornements peints en noir, dos orné, tr. dor. (*Hagué*).**

Manuscrit du commencement du XV<sup>e</sup> siècle, sur VÉLIN. Il commence par ce titre en rouge : *Terentij Prohemium*, ce qui est la même chose que l'épitaphe du manuscrit précédent, et finit au verso du dernier f. par ces deux lignes : *Terentij. Affri Phormio explicit cõmedia vj*<sup>a</sup>. ‖ .*Deo. Gratias. Amen.*

Très-belle écriture en rouge et en noir ; jolies initiales en or et en couleurs. Les vers sont séparés. Charmant volume, d'une conservation irréprochable, et couvert d'une fort jolie reliure.

**22. SENECA. Tragœdiæ. — Gr. in-fol., de 65 ff. à 2 col.; peau de truie estampée (*anc. rel.*).**

Manuscrit de la fin du XIII<sup>e</sup> siècle, sur VÉLIN, exécuté en Italie. Le texte commence par ce titre en rouge : *Tragedie moral' senece*. Les marges et les interlignes sont couvertes de commentaires d'un érudit de l'époque. Titres et initiales en rouge.

Pierrot, dans l'édition Lemaire, déclare n'avoir pu consulter aucun manuscrit de Sénèque antérieur au XIV<sup>e</sup> siècle, ce qui fait suffisamment ressortir l'importance de celui-ci. Malheureusement, entre les ff. 17 et 18, il y a une lacune de deux feuillets contenant les vers 468 à 664 (fin) de la *Thébaïde* et les vers 1 à 158 de l'*Hippolyte.*

Le texte finit à la seconde colonne du recto du dernier feuillet, par cette souscription : *Explicit liber tragediaɤ annɕy Senece.* ‖ *deo grãs ãm. aue maria grã plena. d. t..* Suivait l'indication du nom du propriétaire ou du scribe, mais on ne peut lire que ces mots : *Iste tragedie st' mei...*, le reste étant gratté.

A la suite, vient une désignation poétique, en onze vers, des sujets de ces dix tragédies, précédée de ce titre : *Carmina magistri petri d' mogliis*, et deux intercalations, la première offrant une partie du *Chœur des Thébains*, de l'*Hercule furieux*, la seconde, une partie du *Chœur* du II° acte de l'*Œdipe*, intercalations admises aujourd'hui comme authentiques et qui ne se trouvent que dans un petit nombre de manuscrits. L'écriture de toutes ces pièces est contemporaine du manuscrit.

Sur les marges, il y a un certain nombre de dessins à la plume, fort remarquables et d'une main du temps.

## 23. SENECA. Tragœdiæ. — Pet. in-fol., de 218 ff.; mar. brun, fermoirs (*anc. rel.*).

Manuscrit du XIV° siècle, sur VÉLIN, exécuté en Italie. Il commence par un préambule dont voici le début : *Sūt ī hoc libro tragedie. X. quarum p$^a$ ẽ de* ‖ *her'le furente*, et il finit ainsi au recto du dernier feuillet : *Deo Gratias Am̄.* Une souscription finale a été grattée.

Le texte de ce superbe manuscrit est écrit en gros caractères gothiques et accompagné d'un commentaire très-considérable. Chaque pièce commence par une initiale historiée; les premières n'ont pas été achevées, et le dessin des sujets qui devaient être peints en miniature reste à découvert. Dans le cours du volume, de nombreuses petites vignettes à la plume.

## 24. PRUDENTIUS CLEMENS (Aurelius). Opera. — In-4, de 220 ff.; rel. en bois recouv. de vélin bl. estampé, fermoir. (*anc. rel.*).

Précieux manuscrit du X° siècle, sur VÉLIN. Il commence par une courte biographie du poëte, tirée de saint Jérôme et de Gennadius, intitulée : *Testimonivm de hystoria* ‖ *virorvm illvstrivm. C. XL. VIII*; elle est suivie d'une explication : *De Qvalitate metri*. Au verso du 1$^{er}$ f., se trouve une *Prelocutio*, et, à la page suivante, commencent les *Hymnes*, dont le premier est celui : *Ad Gallicinīū*. Le second livre (Περιστεφανῶν) finit au verso du f. 80. Après l'hymne en l'honneur de sainte Agnès, on lit (f. 52) : *Versvs Constantine. Constantini filie* ‖ *scripti in absida basilice quā condidit in* ‖ *honorē scē. Agnetis virginis*, pièce de vers qui paraît inédite. Le recueil de poésies intitulé : *Psychomachia*, est précédé (f. 134 v.) d'un traité en prose ajouté : *De edificatione fidei et concordie*, qui occupe presque quatre pages. L'œuvre du poëte finit au f. 299 r; au verso, commence une pièce de 168 vers dont le premier est :

*Inter florigeras fœcundi cespitis herbas;*

et le dernier (f. 202) :

*Iungat nos pariter leta sub sole dies.*

L'écriture carlovingienne de ce superbe manuscrit est d'une beauté et d'une netteté remarquables. Titres en rouge; belles initiales ornées, aussi en rouge, rehaussées d'argent. Dans plusieurs hymnes, la musique est notée en *neumes*. Chacune des poésies de Prudence est précédée de l'indication du genre de vers qui y a été employé par le poëte.

On ne connaît que quelques manuscrits de Prudence antérieurs au XIV<sup>e</sup> siècle. Celui-ci offre un texte infiniment plus correct que ceux publiés jusqu'à ce jour, et les gloses dont il est accompagné sont d'une importance toute particulière. A la vente Libri (1859), a figuré un manuscrit de ce poëte, de la même époque (vendu 2500 fr. environ), mais le nôtre est bien plus beau et plus correct.

Ce qui augmente encore sa valeur, c'est que les dix-neuf derniers feuillets contiennent un long poëme en vers hexamètres, en l'honneur de SAINT MARTIN DE TOURS, par Paulin de Périgueux, poëte latin de la fin du v<sup>e</sup> siècle. L'intitulé porte : *Incipit opvs Pavlini Petre Corcordie* (sic) || *de Vita sc̄i. Martini episcopi versibvs*. Ce poëme, publié plusieurs fois, mais d'une façon peu satisfaisante, est divisé en six livres ou chants ; notre manuscrit n'en offre que trois, représentant ensemble 889 vers. Or d'après les renseignements qui nous ont été obligeamment communiqués par M. Dorange, savant conservateur de la bibliothèque de Tours, on ne connaît en France que deux autres manuscrits de ce poëme : celui de la faculté de médecine de Montpellier (X<sup>e</sup> s.) bien complet, et celui de la Bibliothèque nationale, fonds S.-Germain-des-Prés, n° 652 (nouv. 1406) (X<sup>e</sup> s.), qui s'arrête à la fin du 2<sup>e</sup> livre.

## 25. GUALTHERUS AB INSULIS. Alexandreis. — Pet. in-fol., de 66 ff.; mar. rouge, fil., tr. dor. (*Smeers*).

Manuscrit du XIV<sup>e</sup> siècle, sur VÉLIN. Il commence immédiatement par le prologue de l'auteur, en prose : *Moris est usitati...*, prologue suivi d'un sommaire développé des dix livres du poëme qui finit au recto du dernier f., par cette souscription : *Explicit. x'. & ultim' liber alexandreidos. deo grās. am̄*. Notes interlinéaires et marginales ; lettres ornées.

Ce poëme, où Gautier de Lille, dit de Châtillon (XII<sup>e</sup> siècle), célèbre les exploits du héros macédonien, était, à la fin du treizième siècle, expliqué dans les écoles, comme le fut plus tard l'*Énéide*. Les manuscrits en sont peu communs aujourd'hui. Celui-ci est très-bien conservé ; il provient de la collection Minutoli-Tegrimi, et en dernier lieu de la bibliothèque de M. Eug. Piot.

## 26. VILLADEI (Alexander de). Doctrinale. — In-fol., de 44 ff., à 27 lignes par page; mar. vert, fil., fleurons, tr. dor. (*Lortic*).

Manuscrit sur VÉLIN, de la fin du XIII<sup>e</sup> ou du commencement du XIV<sup>e</sup> siècle, exécuté en France. Il commence ainsi au haut du 1<sup>er</sup> feuillet :

*Scribere clericulis paro* || *doctrinale nouellis*,

et finit à la dernière page par cette souscription : *Explicit liber doctrinalis Magistri* || *Alexandri Deo Gratias. Amen.*

La grande initiale du premier mot (*Scribere*) semble présenter le portrait de l'auteur (?) peint d'une façon magistrale. Notes interlinéaires et marginales.

On connaît le succès prodigieux, et bien immérité, qu'obtint au moyen âge cette grammaire latine en vers, composée en 1209 par notre compatriote Alexandre de Villedieu. Elle fut d'un usage constant jusqu'en 1514.

27. GALFRIDUS MONEMUTENSIS. Historia Britonum. — In-4, de 246 ff.; ais de bois recouv. de cuir.

Manuscrit du XIII<sup>e</sup> siècle, sur VÉLIN. Sur le feuillet de garde, on lit, d'une écriture du XV<sup>e</sup> siècle : *Historia Britannica quā de Britānico incerti auctoris in Latinū sermonē transtulit Galfridus Monemutensis. Insertaque est pphetia Merlini eodem Galfrido interprete.* Le texte commence, sans aucun titre, par ces mots : *Cvm multa mecum et de multis sepius...*, et il finit au recto du f. 133.

M. Paulin Paris, dans l'introduction de son livre des *Romans de la Table ronde*, a esquissé l'histoire de la polémique, qui se continue encore des deux côtés du détroit, sur les origines des romans de Bretagne. Geoffroi de Montmouth, avec son *Historia Britonum*, y joue le plus grand rôle. Cette histoire, dont notre manuscrit offre une des plus belles copies, a été écrite, selon M. P. Paris, de 1135 à 1150; mais Geoffroi de Monmouth avait, à cette dernière date, remanié et retouché la première rédaction. Les exemplaires qui contiennent, comme celui-ci, le texte définitif, sont rares.

La seconde partie du volume renferme un *Liber pœnitentialis*, écrit à la même époque.

Jolies lettres ornées; conservation parfaite. Sur le premier plat de la reliure, à l'intérieur, se trouve collé un feuillet de vélin contenant un fragment d'un vieux poëme allemand.

28. PICCOLOMINI (Æneas Sylvius). De Duobus amantibus Eurialo et Lucretia, etc. — Pet. in-fol., de 51 ff.; mar. vert, comp. à fr., tr. dor. (*Bauzonnet*).

Manuscrit de la fin du XV<sup>e</sup> siècle, sur VÉLIN. Il commence ainsi : *Eneae Siluij. poetae Senensis De duobus amantibus. Eu‖rialo et Lucretia opusculum ad marinum Sosinum ‖ fœliciter incipit. Praefacio.* Ce beau roman, écrit en 1444 par celui qui fut plus tard le pape Pie II, et dont il a paru plusieurs traductions françaises, finit au r. du f. 28. — A la suite, vient : *Oratio pape Pij habita in conuentu Mantuano VI<sup>o</sup> ‖ K'las octobres anno MCCCCLVIII<sup>o</sup>*, discours éloquent, dans lequel le souverain pontife cherchait à provoquer une nouvelle croisade contre les Turcs; un autre appel à la croisade, daté du 11 novembre 1463, termine le volume.

Charmant manuscrit italien, orné de riches bordures et initiales. Conservation irréprochable.

## AUTEURS FRANÇAIS

**29. LE VER (Firmin). Dictionnaire latin-français, suivi d'une grammaire.** — In-fol., de 471 ff. à 2 col. ; ais de bois recouv. de parchemin.

Manuscrit sur VÉLIN, daté de 1440. Dans ses *Observations sur l'Orthographe* (2ᵉ édit., 1868), M. Ambroise Firmin-Didot a étudié avec soin ce monument lexicographique précieux à bien des titres ; nous nous bornons donc à emprunter quelques passages à son travail.

« L'ouvrage le plus ancien et le plus important pour l'histoire de la lan-
« gue française et les origines de son orthographe est le Dictionnaire latin-
« français, encore *inédit*, commencé en 1420 et terminé en 1440 par Firmin
« Le Ver, prieur des Chartreux de Saint-Honoré-lez-Abbeville, et écrit tout en-
« tier de sa main. Ce manuscrit, inconnu à Du Cange et qui lui eût été si utile,
« est un in-folio sur vélin, de 942 pages de 86 lignes, contenant environ 30,000
« mots latins en usage au commencement du XVᵉ siècle, avec leurs corres-
« pondants français. Ce grand travail, auquel toute la communauté de Saint-
« Honoré a dû collaborer avec son prieur, commence ainsi (nous ne repro-
« duisons pas les abréviations) : *Incipit Dictionarius a Catholicon et* ‖ *Hu-*
« *gutione atque a Papia et Britone* ‖ *extractus atque a pluribus aliis libris* ‖
« *gramaticalibus compilatus et hoc* ‖ *secundum ordinem alphabeti* ». — A la
« fin, avant la grammaire (f. 461 r.) : *Explicit liber iste qui proprie nominari*
« *debet dictionarius.... ego Firminus Verris, de villa Abbatisville, in Pontivo,*
« *Ambianensis diocesis oriundus, religiosus professus ac huius domus beati Ho-*
« *norati prope dictam villam Abbatisville, Cartusiensis ordinis, prior indignus,*
« PER VIGINTI ANNORUM CURRICULA ET AMPLIUS, *cum maxima pena et labore in-*
« *simul congregavi, compilavi et conscripsi....... Qui dictus dictionarius anno*
« *dn̄. millesimo CCCCᵒ quadragesimo mensis aprilis die ultimo completus fuit et*
« *finitus..... Cest liure est et appartient* [ *aux chartreux près dabbeuille* : mots
« grattés et rétablis ] *en pontieu de leuesquiet damiens. Qui lara le rende. Ex-*
« *plicit.*

« Je n'insisterai pas sur l'intérêt que ce beau manuscrit, d'une écriture
« soignée et très-lisible, présente pour l'histoire de notre langue, dont il offre
« le tableau complet à une époque bien déterminée... Le soin apporté par
« l'auteur au classement des mots, soin que je n'ai pu constater dans aucun
« des glossaires manuscrits que j'ai vus ; la justesse des synonymies et des
« définitions, en font une œuvre à part, un *corpus* général de notre vieux
« langage en même temps que du latin, à l'époque qui précède immédiate-
« ment celle où les érudits de la Renaissance allaient, non plus seulement
« introduire dans le français une couche nouvelle de mots de forme latine,
« mais le replonger vivant dans le moule du latin littéraire de Cicéron et de
« Virgile, en substituant un calque romain à la forme propre au vieux lan-
« gage français et conforme à ses procédés phoniques. »

M. Didot a constaté qu'un grand nombre de mots français ne se trouvent que dans ce dictionnaire, et que près d'un sixième de mots latins manquent complétement aux glossaires latins et à Du Cange lui-même.

## 30. BEUVE D'ANSTONE. — FERABRAS D'ALIXANDRE. —

In-4, de 52 et 78 ff. de 27 lignes par page; ais de bois recouv. de cuir (*reliure du temps, très-fatiguée, dans un étui en parchemin*).

Manuscrit sur VÉLIN, de la fin du XII<sup>e</sup> ou du commencement du XIII<sup>e</sup> siècle. Ce précieux volume, à en juger par le genre de sa vieille reliure, avait très-probablement appartenu à un jongleur. Il provient de l'Angleterre, où il avait sans doute été porté à l'époque de la grande vogue des chansons de geste françaises.

Au sentiment de M. Paulin Paris, notre manuscrit semble offrir une des plus anciennes formes de ces deux célèbres poëmes, et à ce titre c'est un monument très-important pour la philologie et pour notre histoire littéraire. La chanson de *Beuve d'Anstone*, encore *inédite*, est assurément une des plus belles de nos temps épiques. Elle n'est conservée que dans un petit nombre de manuscrits, tous postérieurs au nôtre. La Bibliothèque nationale en possède deux; l'un du XIII<sup>e</sup> siècle, l'autre du XIV<sup>e</sup>. La versification rappelle ici le texte de la Chanson de Roland du célèbre manuscrit d'Oxford. Malheureusement, il est incomplet du commencement, et offre encore une lacune de deux feuillets dans la partie conservée. Il commence par ces vers :

Il wunt prendre mlt' estreytement.
A son col pendunt vn kartayne pesant.

et finit par ces mots : *Explicit b' de hampton. Amen.*

La chanson de *Ferabras* ou *Fierabras* a été publiée en 1860, mais dans une forme beaucoup moins ancienne que celle de notre manuscrit dont on ignorait encore l'existence à cette date. Ce qui est fâcheux, c'est qu'il offre deux lacunes d'un feuillet chacune, et trois autres lacunes assez considérables. Il commence ainsi :

Seyns fetes pes si u'plet si oez
Chanson fere et orible ia meylur n'orez;

et finit au verso du dernier feuillet par cette souscription : *Explicit de ferabras dalixandre.* Il y a peu d'années, on a découvert à la bibliothèque de l'Escurial un manuscrit bien complet de *Fierabras*, contemporain du nôtre, mais qui offre des différences sensibles.

## 31. BENOIT DE SAINTE-MORE. Le Roman de Troie. — In-4, de 132 ff. à 2 col.; ais de bois recouv. de mar. vert, comp. à froid.

Manuscrit du XII<sup>e</sup> au XIII<sup>e</sup> siècle, sur VÉLIN, d'une écriture fine et très-jolie. La grande popularité de ce poëme est attestée par le nombre exceptionnel des copies qu'on en possède, ce qui n'a lieu pour aucun autre poëme de ce genre. M. A. Joly, qui a publié une savante édition de ce roman, dit de *Troie la grant*, en a signalé vingt-six manuscrits, mais il n'a pas connu le nôtre, qu'il faut ranger parmi les plus importants, bien qu'il soit incomplet du commencement et de la fin. Le premier vers du premier feuillet conservé correspond au vers 1443 de l'édition de M. Joly, ce qui permet d'évaluer cette lacune à 8 ou 9 feuillets. Voici notre début :

> Veintre [et d] onter & iustisier,
> Qui auroiz nul enconbrier.

Le dernier vers :

> Cil q̃ despoille les boissons,

correspond au vers 27,223, de sorte que la lacune de la fin (2880 vers environ) représente 18 feuillets. Une partie du f. 45 a aussi été enlevée. A l'exception du premier feuillet, assez mal conservé, tous les autres offrent une lecture facile, et le copiste a fait preuve de soin et d'exactitude dans sa transcription. Ce volume provient de la collection Libri.

32. LONGUION (Jacques de). Le Vœu de paonne. — In-4, de 79 ff. ; miniatures et lettres ornées ; veau br., comp. à fr. (*anc. rel., fatiguée*).

 Manuscrit du commencement du XIV<sup>e</sup> siècle, sur VÉLIN, orné de huit miniatures très-grossièrement exécutées, mais assez intéressantes pour les costumes. La première, qui occupe le haut du premier feuillet, représente une société de huit personnes à table ; un varlet apporte sur un plat un paon recouvert de son plumage. Au dessous, ce titre : *Si comence le voue de paonne*. Le texte, qui semble accuser un scribe anglais, commence ainsi :

> A lentree de may qe yverns vait a declin,
> Qe cil oyseloun gay chauntent en lour latin ;
> Boys e pres reverdissent countre le douz temprin (printemps) ;

et finit par ces vers :

> Enpoisonez i fust einz qe passast la nee (*sic*).
> James de tiel seignour nert fait restoree.
>  Amen. Amen.

A la suite, on lit, d'une écriture du XV<sup>e</sup> siècle : *A moy le mieulx. Roos*. Au premier feuillet, on trouve écrite cette mention : *au duc de Dalmatie*. Sur la garde du plat de la reliure, un ex-libris armorié (*d'azur à la fasce d'argent, accompagnée de trois croix recroisettées de même, 2 et 1 ; au chef d'or, au lion naissant de gueules*), avec la couronne ducale fermée, et la devise : *E Cruce Leo*. Dans le haut, la mention : *Ms. 69*. Les deux feuillets de garde en vélin, qui précèdent le manuscrit, contiennent un fragment de compte de grande maison, d'une écriture anglaise du XV<sup>e</sup> ou du XVI<sup>e</sup> siècle.

Ce texte des *Vœux du paon* forme la seconde partie ou la première continuation de la chanson de geste qui porte ce nom, et qui complète le cycle des gestes d'Alexandre. La Bibliothèque nationale en possède deux manuscrits qui offrent avec celui-ci de nombreuses variantes (voy. P. Paris, *les Manuscrits français*, t. III). La troisième suite de ces *Vœux du paon* est l'œuvre d'un jongleur nommé Brisebarre, qui l'a appelée le *Restor du paon*.

**33. LORRIS** (Guill. de) et **MEUNG** (Jean de). Le Roman de la Rose. — Testament et codicile de Jean de Meung. — In-fol., de 180 ff. à 2 col.; miniatures, bordures et lettres ornées; mar. orange, compart. en mosaïque, doublé de mar. rouge, avec semis de fleurs de lis, tr. ciselée; étui en chagrin rouge (*Lortic*).

Fort beau manuscrit sur VÉLIN, du commencement du XIVe siècle, et par conséquent contemporain de Jean de Meung, continuateur de Guillaume de Lorris. Il est orné de DEUX GRANDES MINIATURES et de TRENTE ET UNE PETITES, à fond d'or ou à damier. Elles sont toutes d'une grande finesse. Celle qui commence le volume est divisée en quatre compartiments dont chacun contient une miniature indépendante; nous en donnons une reproduction réduite dans le catalogue illustré (deux petites miniatures y sont aussi reproduites presque en grandeur de l'*original*). La page entière est entourée d'un cadre historié combiné avec deux grandes initiales.

Le texte commence par ce titre en rouge, sur toute la largeur de la page : *Ce est li romans de la Rose. Ou lart damours est toute enclose*. La continuation de Jean de Meung débute par cette rubrique (fol. 30 v°, 2e col.) : *Ci cōmēcę le roumās maistre* || *Jehan de meun*, et le roman entier finit par ces vers (fol. 149 v°) :

> Que tout quanq' iai recite
> Est fine z pure verite.
> Explicit le roman de la rose
> Ou lart damours est toute ēclose.

Les manuscrits plus modernes ont généralement à la suite 42 vers.

Dans toute cette partie, les feuillets 49, 106 à 113 et 130 à 137 sont d'une écriture du XVe siècle.

Le *Testament* de Jean de Meung commence au f. 150, par une grande miniature représentant la sainte Trinité adorée par deux hommes et deux femmes à genoux; la page est entourée d'un cadre historié. Le texte finit (fol. 179 r°) par ces mots : *Explicit le testamt maistre Je* || *han de meun.* || *alleluya*.

Le texte de ces deux poëmes offre pour ainsi dire à chaque ligne des leçons préférables à celles des éditions de Méon et de Fr. Michel. On n'y trouve pas encore les sommaires versifiés des chapitres qui n'apparaissent que dans les manuscrits postérieurs.

Le *Codicile* commence au verso de l'avant-dernier feuillet. Il est d'une écriture du XVe siècle, et très-complet, conformément à l'édition de Méon, bien qu'une note autographiée de M. Monmerqué déclare qu'il y manque les deux dernières strophes. Au bas du dernier feuillet recto, on lit la signature : *Thomassin*, qui parait être de la même main que l'écriture du *Codicile*.

La reliure, remarquable par la beauté du dessin à la Grolier et le fini de l'exécution, est un digne ornement de ce superbe manuscrit parfaitement conservé.

**34. LORRIS** (Guill. de) et **MEUNG** (Jean de). Le Roman de la Rose. — Testament de Jean de Meung. — Pet. in-4, de 189 ff. (le f. 157 est blanc) à 2 col.; miniatures, bordures et lettres ornées; mar. la Vallière, compart. à froid, doublé de mar. vert, avec plats richement dorés à petits fers, tr. dor.; étui en chagrin brun (*Duru*).

Manuscrit de la fin du XIVᵉ siècle, sur VÉLIN, orné de DEUX GRANDES MINIATURES et de SOIXANTE-HUIT PETITES, du beau style français, pleines de naïveté et de grâce. Plusieurs sont un peu libres (f. 135, 137, etc.). La première, divisée en quatre compartiments, contient quatre sujets, et la page est entourée d'un encadrement. Le titre en rouge, disposé sur deux lignes à deux colonnes, est ainsi conçu :

> Ci cōmence vne vraie histoire     Qui est de ml't haute memoire
> Quen nōme rōmans de la rose     Ou lart damours est tout ēclose.

La continuation de Jean de Meung commence au verso du f. 34 : *Ci cōmence maistre Jehan de || meun a parfaire ce liure.* Elle finit au recto du f. 156 par ces vers :

> Ainsi oi la rose vermeille
> Atant fu iour z ie mesueille.
> Explicit.

Le manuscrit précédent a vingt-quatre vers en plus. Au verso du même feuillet, il y a, de la même écriture, deux pièces contre les femmes, formant ensemble trente-quatre vers, marqués par des signes de renvois : ce sont sans doute des intercalations au texte.

En tête du *Testament* (fol. 158), se trouve une belle et grande miniature représentant la sainte Trinité entourée d'emblèmes de quatre évangélistes. Ce poëme est terminé par une invocation à la sainte Vierge, pièce de vingt vers, qui ne paraît pas se trouver dans d'autres manuscrits. Elle commence ainsi :

> Marie Vierge fille et mère
> Ancelle du souuerain pere.

Ce délicieux manuscrit est recouvert d'une superbe reliure, un des chefs-d'œuvre de Duru pour le dessin et la dorure en plein des plats intérieurs.

Ce qui ajoute encore à sa valeur, c'est qu'il avait appartenu à JEAN MAROT, dont la signature : *Iohannes Marovs*, figure au bas du f. 158.

35. LE COMBAT DE TRENTE BRETONS CONTRE TRENTE ANGLAIS. — In-4, de 8 ff. à 33 lignes par page; miniature; mar. rouge, fil., tr. dor. (*Capé*).

Manuscrit sur VÉLIN, de la fin du XIVᵉ siècle.

Le poëme héroïque en l'honneur du célèbre Combat des Trente n'était connu jusqu'à ce moment que par le manuscrit conservé à la Bibliothèque nationale, et d'après lequel ce poëme a été publié deux fois, d'abord par de Fréminville, ensuite par Crapelet. La découverte de notre manuscrit est d'une grande importance au point de vue historique et littéraire. Il est plus ancien et beaucoup plus correct. S'il n'offre que 499 vers, tandis que celui de la Bibliothèque nationale en compte 519, c'est que ce dernier présente de fréquentes interpolations, évidemment postérieures : en revanche, on n'y trouve pas certains passages qui figurent dans le nôtre et qui contiennent de précieux détails historiques, complétement nouveaux. Les noms des combattants sont en général écrits ici bien plus correctement. Ainsi nous trouvons dans l'autre manuscrit : *Guiffrai de Boues, Pinctinien Tritran, Alain de Carramois, Hanguet Capus, Morisce de Trisquidy*, etc., tandis que le nôtre porte plus régulièrement : *Geffray du Boys, Pestivien Tristan, Alain de Keranraes, Huet Captus, Morice de Trezeguidy*. Évidemment le copiste avait sous les yeux un modèle qui se rapprochait bien plus de la leçon originale. Plusieurs des noms propres qui diffèrent dans notre manuscrit peuvent donner matière à beaucoup de controverses, ces noms des combattants n'ayant été rapportés par les historiens que d'après ceux du poëme lui-même.

Notre manuscrit commence par une miniature qui occupe le tiers de la page et représente les combattants en ordre de bataille. Le premier vers est :

Seignours, or escoutez et trestous bons barons.

Le poëme finit par la souscription : *Explicit la bataille de trante*.
Très-belle écriture. Conservation irréprochable.

## 36. CHARTIER (Alain).— Poésies. — In-fol. allongé, de 156 ff.; veau fauve, compart. en mosaïque, tr. dor. *(anc. rel.)*.

Superbe manuscrit de la seconde moitié du XV° siècle, sur vélin, d'une fort belle écriture, et dans une admirable reliure du XVI° siècle, digne en tout point de Grolier, auquel il a très-probablement appartenu. Il a successivement passé par les mains de plusieurs personnages de Lyon. A l'intérieur du plat supérieur de la reliure, il porte l'ex-libris de Jean-Philibert Peyson de Bacot, procureur général en la cour des monnaies de Lyon; et sur le plat opposé, celui de Claude Ruffier, trésorier de la ville de Lyon. Il a appartenu depuis à M. Petit-Didier et à M. de Monfalcon. Antérieurement, il avait fait partie de la bibliothèque du poëte et bibliophile normand Moisant de Brieux dont la signature se trouve au premier et au dernier feuillet. De plus, de Brieux a mis sur le 1er f. cette note : « Alain Chartier, autheur de « ce liure, estoit Normand et historiographe et poëte du roy Charles sep- « tieme, ainsy que dit Garnier sur Ronsard, t. 2, p. 1358 », et à la fin du volume, il a écrit trois beaux sonnets de sa composition, sans doute inédits : au moins ne les trouve-t-on pas dans le recueil qu'il a publié à Caen en 1671.

Ce précieux manuscrit commence par une table des matières intitulée : *Cy cōmence la Table de ce present* || *Liure ensuiuant auquel sont contenuz plusieurs traittiez*. En voici le contenu : 1° L'Ospital d'amours ; — 2° Huit Ballades satyriques ; — 3° La Belle Dame sans mercy ; — 4° Traittié en manière de prières en amours ; — 5° Le Lay de paix ; — 6° Le Bréviaire des nobles ; — 7° Le Psaultier des Vilains ; — 8° Le Débat du cuer et de l'œil ; — 9° Le Débat du Réveille-matin ; — 10° Le Livre des quatre dames ; — 11° La Destruction de Troye abregiée ; — 12° Le Miroir de mort.

M. Paulin Paris, qui avait scrupuleusement étudié ce manuscrit il y a bien des années, a constaté que les pièces qu'il contient ne sont pas toutes d'Alain Chartier, dont les poésies n'ont d'ailleurs jamais été bien distinguées de celles de ses contemporains. Ainsi ni l'*Hopital d'amours*, ni le *Psautier des Vilains*, ni le *Débat du cœur et de l'œil*, ni les *Huit Ballades* ne sont de lui. Parmi ces dernières, l'une est d'Eustache Deschamps; six sont *inédites*, de même que les n°s 4, 7 et 12 de la table. Pour ce qui concerne les poésies déjà imprimées, elles fourmillent, dans toutes les éditions, de fautes qui dénaturent le véritable sens, tandis que le texte de notre manuscrit est excellent. Même à la suite des pièces déjà publiées, on y trouve quelquefois des quatrains et des rondeaux inédits.

37. CHARTIER (Alain). Le Triomphe de l'Espérance. Allégorie morale en vers et en prose. — In-4, de 95 ff.; miniatures et lettres ornées; mar. brun, fil. à compart., milieu en mosaïque, tr. dor. (*anc. rel.*).

Manuscrit sur VÉLIN, du commencement du XVI° siècle, totalement INÉDIT et orné de QUATRE charmantes MINIATURES en camaïeu.

Nous reproduisons l'excellente notice que M. Paul Lacroix lui a consacrée dans le catalogue de la librairie Fontaine (1874, n° 451; prix : 2,500 fr.).

« Ce beau et précieux manuscrit, qui provient de la vente des manuscrits
« de S. A. R. M$^{me}$ la duchesse de Berry (22 mars 1864), est très-mal décrit
« dans le catalogue de cette vente célèbre, où il a été vendu 910 francs, plus
« les frais, par suite d'une description aussi fautive et aussi insuffisante. Le
« rédacteur du catalogue a cru que ce manuscrit renfermait *le Curial* dont
« les copies sont assez communes dans les bibliothèques publiques, et non
« *l'Espérance*, qui est fort rare et qui mérite une attention spéciale parmi les
« œuvres d'Alain Chartier. Nous renvoyons cependant au catalogue de 1864
« pour les curieuses annotations écrites sur les gardes du manuscrit, qui
« appartenait à messire Jacques Thiboust, écuyer, sieur de Quantilly, notaire
« et secrétaire du roi, et *esleu* en Berry, à qui le *grenetier* de Bourges,
« Pierre Jobert, sieur de Souppize, en avait fait présent. On aurait pu ajou-
« ter que c'est aussi le même Jacques Thiboust qui possédait au seizième
« siècle un autre manuscrit des œuvres d'Alain Chartier, conservé aujour-
« d'hui à la Bibliothèque nationale, dans l'ancien fonds des mss., n° 727². ²,
« manuscrit très-intéressant, qui ne contient pas l'*Espérance*, mais dans le-
« quel une note de Jacques Thiboust nous donne la date de la mort du
« poëte, décédé au château de Mehun-sur-Yèvre, en 1461, date que Vallet
« de Viriville lui-même n'a pas connue. Ce manuscrit, provenant de la du-
« chesse de Berry qui l'avait gardé à cause de son importance historique
« plutôt encore qu'en raison des miniatures attribuées à Lucas de Leyde,
« contient une sorte de mystère allégorique, qui n'a pas de titre et que les
« bibliographes ont désigné d'une manière fautive. Du Verdier, dans sa *Bi-
« bliotheque françoise*, l'appelle : *Moral de Raison, Entendement et de l'acteur*;
« Vallet de Viriville, dans la *Biographie générale* (article d'Alain Chartier),
« l'intitule : *l'Espérance ou Consolation des trois vertus, c'est asscavoir Foy,
« Espérance et Charité*. La Charité est de trop ; il n'en est pas question. En
« revanche, personne n'a parlé des autres personnages qui figurent dans
« ce mystère avec l'*acteur* ou Alain Chartier : Mélancolie, Indignation, Dé-
« fiance et Désespérance. Quelques observations analytiques feront com-
« prendre l'importance exceptionnelle de ce mystère, qui a été composé

« certainement par ordre de Charles VII, pour rendre à ses partisans la foi
« et l'espérance au moment même où Jeanne d'Arc allait apparaître pour
« sauver *le royaume des lys*. Vallet de Viriville a constaté le premier que cet
« ouvrage patriotique avait été fait et publié dix ans après l'invasion de la
« Normandie par les Anglais, c'est-à-dire en 1428, et, comme le dit le Nor-
« mand Alain :

> Au dixième an de mon dolent exil.

« Le poëte ou l'acteur, qui s'était retiré à la cour du pauvre petit *roi de*
« *Bourges*, s'écrie tristement :

> Las! nous chétis et de male heure nez,
> Avons esté à naistre destinez,
> Quant le hault pris du royaume dechiet
> Et nostre honneur en grief reprouche chiet;
> Qui fut jadis franc, noble et bien heuré,
> Or est fait serf, confus et espeuré.....
> En l'advenir que penser ne savons,
> Fors que petit d'espérance y avons,
> Quand nous voyons France cy decheoir
> Et à nous tous du dechiet mescheoir.

« Alain Chartier se laisse aller au cours de ses sombres pensées. Paraît une
« vieille toute décrépite, Mélancolie, qui lui jette sur sa tête un voile de
« deuil et le fait tomber sur un lit où il se livre à toute sa douleur. Alors
« se présentent trois autres vieilles : Indignation, Défiance et Désespérance,
« qui lui font le plus triste tableau de l'état de la France et qui ne lui an-
« noncent que des malheurs. Mais voici Entendement qui lui conseille de
« mieux voir les choses et qui lui amène Foy, pour chasser les horribles
« vieilles qui se sont emparées de lui. Foy l'admoneste et l'encourage ; il
« s'abandonne à elle et se déclare prêt à lui obéir. Foy fait descendre du
« ciel l'Espérance, et l'Acteur écoute avec une respectueuse admiration les
« grandes vérités morales que Foy et l'Espérance évoquent à l'envi en fai-
« sant appel aux plus nobles et aux plus héroïques sentiments. L'Acteur
« oublie son découragement et ses chagrins les yeux tournés vers l'Espé-
« rance. Voici les dernières paroles de cette vertu théologale :

« Par ceste digression deppendant de la demande dessus dicte, peulx-tu
savoir que oraison et sacrifice prouffitent à conserver et restablir les choses
privées et publiques : surtout prans pour confirmacion *Valere* (Maxime), qui
te dit par arrest *que les seigneuries anciennes furent tousiours restablies tant
comme servirent et sacrifièrent duement à la divinité.* »

« On appréciera maintenant quelle pieuse et touchante idée Madame la
« duchesse de Berry attachait à la possession de ce livre, qui l'avait suivie dans
« l'exil de sa famille et qui lui rappelait sans cesse que Charles VII, accablé
« par la *mélancolie*, tourmenté et menacé par *l'indignation*, *la défiance* et *la*
« *désespérance*, conserva du moins la *foi*, qui lui ramena *l'espérance*. Ce livre
« était donc une sorte de talisman, dont la malheureuse princesse ne se sépara
« point sans regret.

« Le poëme ou le mystère de *l'Espérance* ne se trouve pas dans les éditions
« gothiques des œuvres d'Alain Chartier. Quant à ce manuscrit, sa rareté est

« encore rehaussée par la belle composition des quatre miniatures en gri-
« saille, qu'on n'a pas hésité à attribuer à Lucas de Leyde ; il ne faut pas ou-
« blier que la première de ces miniatures offre un portrait d'Alain Chartier,
« dans lequel on peut chercher une ressemblance traditionnelle, car on lit au
« bas son nom : *M* *Alain Chartier*, quoiqu'il ne soit pas nommé dans l'ou-
« vrage, où il est seulement qualifié *l'acteur*. »

Nous donnons au catalogue illustré la reproduction de la dernière de ces miniatures.

38. LE DÉBAT DE LA NOIRE ET DE LA TASNÉE. — LE TRAICTÉ ET DÉBAT D'ENTRE LE GRIS ET LE NOIR. — BALLADES ET RONDEAUX. — In-4, de 71 et 3 ff. ; miniatures et lettres ornées ; mar. rouge, fil., doublé de mar. bl. parsemé de Φ Φ au milieu des losanges à petits fers, tr. dor., fermoirs de vermeil (*Bauzonnet-Trautz*).

Très-beau manuscrit de la fin du XVᵉ siècle, sur vélin, orné de trois charmantes miniatures, dont la première est reproduite au catalogue illustré. De nos jours, il a appartenu successivement à Méon, puis à M. de Soleinne, après le décès duquel il a été acheté à l'amiable par M. le baron J. Pichon, dont les armes figurent sur les plats de cette riche reliure et le monogramme couronné au dos. Il est d'une conservation irréprochable.

Du premier poëme, dont il existe plusieurs éditions du XVIᵉ siècle et deux réimpressions modernes, on ne connaît qu'un autre manuscrit : il provient du duc de La Vallière et fait aujourd'hui partie de la Bibliothèque nationale. D'après les dernières recherches de M. de Montaiglon, ce *Débat* fameux aurait été composé entre 1446 et 1487. Les deux princesses auxquelles les deux demoiselles, nommées l'une la Noire et l'autre la Tannée, à cause de la couleur de leurs habits, conviennent de soumettre leur différend amoureux, seraient non pas Louise de Savoie, mère de François Iᵉʳ, et Jeanne, duchesse d'Orléans, fille de Louis XI, mais Marguerite de Rohan, comtesse d'Angoulême, aïeule de François Iᵉʳ, et Marie de Clèves, femme de Charles, duc d'Orléans, père de Louis XII. M. de Montaiglon exprime aussi, sous toutes réserves, l'opinion que cette pièce en huitains a peut-être été composée par Simonet Caillau, familier de Charles d'Orléans.

Le *Débat d'entre le gris et le noir* est encore INÉDIT. Il commence au verso du f. 22 par ces vers :

> Couché soubz une sauxe envers
> Sur ung lit battu d'herbe vert,

et finit au recto du f. 61 de cette manière :

> Ainsi que de rime on devise
> Qu'il n'en soit ja trop mal traicté.
> Explicit.

A la suite, viennent sept ballades et onze rondeaux, terminés par une longue pièce en stances de neuf vers. La première de ces ballades et trois des rondeaux sont insérés dans les œuvres de Charles d'Orléans, sous le nom de Simonet Caillau.

Trois feuillets ajoutés à la fin de ce manuscrit contiennent aussi plusieurs poésies, d'une écriture différente, mais contemporaine. Sur le dernier, on lit : « *Je prometz sur ma foy à vous, Madame, que des incontinent que seray au Mans feray faire vostre livre et le vous envoyray.* G. DE LUXEMBOURG. » « Cette signature, dit l'auteur de la notice sur ce manuscrit dans « le catalogue de la riche bibliothèque de M. le baron J. Pichon (n° 479), « et la mention du Mans conviennent parfaitement à Guillemette de Luxem« bourg, mariée à A. de Sarrebruck, comte de Braine. C'est à cette époque « la seule personne de la maison de Luxembourg dont le nom commence par « un G.; elle avait d'ailleurs bien des motifs pour aller au Mans. Isabeau de « Luxembourg, sa tante, était comtesse du Maine, et son père, Thibaut, « entré dans les ordres après la mort de sa femme, était évêque du Mans. »
Ce manuscrit a été acquis au prix de 1,800 fr.

39. PORCHIER (Étienne). Le Livre des trois âges. — In-fol., de 19 ff.; miniatures et lettres ornées; mar. la Vallière, fil. à compart., doublé de mar. orange, avec un semis de fleurs de lis, tr. dor., étui en mar. bl. (*Lortic*).

Manuscrit de la seconde moitié du XV<sup>e</sup> siècle, sur VÉLIN, également précieux au point de vue de l'art, de la littérature et de l'histoire. Il est orné DE DOUZE MINIATURES (la plupart de la grandeur des pages), exécutées par un des meilleurs peintres de l'École de Touraine dont Jehan Foucquet est le plus illustre représentant. La première a pour sujet la *Sainte Trinité*, accompagnée de la Vierge à genoux; les 2°, 3°, 4° et 5° offrent des épisodes de chasses princières aux faisans et aux perdrix, aux canards sauvages, aux cerfs et aux sangliers; les 6°, 7°, 8° et 9° représentent des scènes, à signification allégorique, empruntées à la vie pastorale : dans l'une, le pasteur tond une brebis (voir la reproduction au catalogue illustré); dans une autre, il assomme le loup qui a fait une victime, etc. La 10° miniature, et c'est la plus importante, nous fait voir le roi LOUIS XI JOUANT AUX ÉCHECS, dans une des salles de son château de Plessis-lès-Tours, en présence de quatre courtisans debout (voir la reproduction en camaïeu au catalogue illustré). La 11° nous offre le très-curieux spectacle d'une bataille entre deux armées commandées chacune par son souverain. A gauche, est celle de France; le roi est facile à reconnaître à son armure dorée, à la housse fleurdelisée de son cheval et à son bouclier avec trois fleurs de lis. Sur le premier plan, on aperçoit un guerrier couvert d'une armure d'acier, monté sur un cheval blanc dont les brides et les harnais sont brodés aux initiales A. N; son bouclier porte un *lion d'or sur un champ de gueules*. Au fond, flottent la bannière royale et celle du dauphin de France. Les combattants, à pied et à cheval, portent tous sur leurs vestes les lettres L, R, D, F (Louis, Roi de France). Le souverain de l'armée ennemie attire le regard par l'expression de son visage entièrement découvert. Son bouclier a pour armoiries un *dragon d'or*, qui figure aussi sur une bannière et sur les vestes des piétons. On remarque dans sa troupe beaucoup de guerriers au visage noir, dont la bannière porte un croissant. La composition de ce petit tableau plein de mouvement est vraiment remarquable, et rarement on en rencontre d'analogues dans les peintures de cette époque. Très-probablement l'artiste a voulu y représenter une action historique, mais il est difficile de mettre un nom à cette bataille. Ne serait-ce pas une bataille supposée entre les Francs et les Sarrasins, ou une bataille véritable entre saint Louis et les mécréants? La dernière miniature est une personnification du titre de ce poëme. Dans une chambre à cheminée où brille une bûche enflammée, un vieillard, soutenu par un homme et par une femme, s'assied dans un fauteuil, tandis que six petits garçons et une fillette se livrent aux jeux de l'enfance : ce sont *les Trois Ages*.

Ce qu'il y a de précieux dans ce manuscrit, c'est qu'il nous offre dans plusieurs miniatures, surtout dans les 6e, 7e, 8e et 9e, une série des aspects divers du fameux château du Plessis-lès-Tours.

Ce poëme, encore totalement inconnu et INÉDIT, a été écrit par ordre du roi Louis XI, comme on le verra plus loin, et le présent exemplaire a été fait pour quelqu'un de la famille royale, sinon pour le roi lui-même. Tout d'abord le premier feuillet contient une épître dédicatoire en six huitains. Elle est d'une écriture courante du XVe siècle, ce qui permet de supposer qu'elle peut être de la main du poëte lui-même, tandis que le texte du manuscrit est d'une belle écriture gothique, tracée par un scribe expérimenté. On lit dans cette épître :

> Regard aurés aux personnages,
> SINES, au vifz et à leurs dis.
> Je croy que assés trouverés sages
> Chescun des mots quy y sont dis.

Dans la première miniature, de nombreuses dalles portent l'initiale A; dans les peintures de chasses, les personnages ont sur les habits ou les ornements de leurs chevaux les initiales : LN, AN, BE, PS, BV, ME, N, A, etc., qui désignent probablement les noms respectifs de grands seigneurs et dames de la cour à cette époque.

Pour faire connaître tout l'intérêt de ce manuscrit, nous reproduisons une note que M. Paulin Paris avait adressée à M. Firmin-Didot, en 1854, après avoir examiné ce volume.

« Ce manuscrit est précieux et contient un poëme, dont je ne crois pas
« qu'il existe d'autre exemplaire. Ce n'est pas le *Livre des quatre âges de*
« *l'homme* qui a été imprimé et qui était l'ouvrage de Philippe de Navarre,
« jurisconsulte du XIIIe siècle; c'est le *Livre des trois âges de l'homme* :
« Jeunesse, Maturité, Vieillesse. Le nom de l'auteur peut se retrouver, grâce
« à l'anagramme contenu dans ces vers (f. 2 v°) :

> Cil dont le nom *en reproche n'y siet*,
> Est contenu qui bien à point l'assiet,
> Lequel n'est pas en rimer moult habile,
> Combien qu'en ayt un petit[et] le stile.
> Par manière d'un petit passetemps,
> Pour consoler toutes sortes de gens,
> A compilé ce petit codicile.

« Or cet anagramme *En reproche n'y siet* figure également dans un manus-
« crit du *Rosier des guerres*, ouvrage que je reconnais maintenant avoir eu

« le tort d'attribuer autrefois à Louis XI, lequel s'est en réalité contenté
« d'en donner le dessein et d'y ajouter certaines maximes. Le véritable au-
« teur est *Estienne Porchier*, comme l'avait admis Lacroix du Maine, appa-
« remment d'après une tradition conservée de son temps. Sans l'autorité de
« cet ancien bibliographe, on pourrait trouver presque aussi bien dans l'a-
« nagramme : *Estienne Percheron*. Voici les vers du manuscrit du *Rosier des*
« *guerres* qui nous mettent sur la voie de l'auteur :

> De par son humble et obeissant subject,
> Dont le nom est *en reproche n'y siet :*
> Car qui à point les lectres en assiet
> Trouver le peult, se ne fault en son giet.

« Ces vers ne m'avaient pas convaincu quand j'ai décrit le manuscrit 7032
« de notre cabinet (*les Manuscrits françois*, t. IV, p. 124) : mais aujourd'hui,
« la vue du poëme des *Trois Ages*, composé par le même *En reproche n'y*
« *siet*, ne me permet plus d'attribuer *le Rosier des guerres* à un autre auteur.
« Le complément de preuve s'en trouve dans le quatrain suivant placé à la
« fin de l'avant dernier feuillet des *Trois Ages* :

> Qui de ceste art ditte chevalerie
> Veult plus savoir pour conquerir grans terres,
> Quérir le fault ou *Rosier* dit des *Guerres*
> Que ay fait piéça pour *vostre* seignorie.

« C'est donc un fait très-important établi par le poëme des *Trois Ages* mieux
« qu'il ne l'était auparavant : car l'anagramme d'Estienne Porchier ne se
« trouvait que dans un seul des nombreux manuscrits anciens du *Rosier des*
« *guerres*. On pouvait en contester la sincérité, ou supposer que cet ana-
« gramme appartenait à l'un des *copistes* et non à l'*auteur* du livre du *Rosier*
« *des guerres* : maintenant la supposition n'est plus permise.

« Le poëme des *Trois Ages* n'est pas un chef-d'œuvre, il s'en faut de beau-
« coup ; mais cependant la dernière partie qui traite de la guerre et qui
« donne les leçons de cet art aux conducteurs d'armée est extrêmement re-
« marquable. Les leçons sortent du lieu commun des descriptions précé-
« dentes de la chasse et des plaisirs de la jeunesse. Elles sont dignes de
« celui que le roi Louis XI avait précédemment chargé de rédiger son *Ro-*
« *sier*.

« Les *Trois Ages* furent composés entre les années 1470, date de la nais-
« sance de Charles VIII, et 1483, date de la mort de Louis XI, car Estienne
« Porchier recommande ses vers à la bienveillance du roi et du jeune dau-
« phin, son fils. Il les réunit tous deux dans la prière finale du dernier
« feuillet.

« Les miniatures de ce manuscrit sont très-curieuses pour le costume et
« les ameublements. Elles sont d'une assez grande finesse, et se recomman-
« dent encore spécialement aux amateurs de la chasse. Le château qui se
« trouve dans le fond de la plupart de ces miniatures est toujours le même,
« et semble devoir être le Plessis-lès-Tours, séjour de Louis XI. Les 6°, 7°,
« 8° et 9° pourraient bien faire allusion au gouvernement du roi, qui tond
« les brebis de près, mais sans atteindre le cuir ; qui sépare les galeuses des
« saines, qui punit le gardien du troupeau qui n'a pas empêché le loup d'en-

« trer dans la bergerie, et qui enfin fait lui-même bonne garde. Dans la 10ᵉ on
« pourrait reconnaître les traits de Louis XI dans le joueur d'échecs de droite.
« La bataille de la 11ᵉ est fort intéressante pour les armes défensives et of-
« fensives de cette époque. Enfin, dans la dernière, on devra distinguer le
« foyer, le fauteuil du vieillard, le lit, et un groupe d'enfants à droite qu'un
« possesseur trop scrupuleux a mutilé, sans doute parce que les jeux de l'en-
« fant et de la demoiselle lui ont paru dépasser les bornes de la liberté per-
« mise, et trop bien rappeler une épisode de l'enfance de Gargantua. »

Les miniatures sont en général bien conservées, sauf les éraillures, sensibles surtout dans les bleus du ciel et de l'eau. Les versos des ff. 5, 6, 7, 8 et 10, et le recto du f. 11 sont blancs.

Ce manuscrit a été cédé à M. Didot par M. L. Chalon, docteur en droit, qui l'avait reçu de sa sœur, Mᵐᵉ Marie Delacroix, supérieure des jeunes économes à Lyon. Il a subi quelques restaurations et a été recouvert d'une riche reliure.

**40.** MARGUERITE D'ANGOULÊME, reine de Navarre. La Coche ou le Débat d'amour. Poëme. — In-4, de 45 ff.; miniatures et lettres ornées; mar. rouge, fil à fr., doublé de mar. bleu, riches compartiments à petits fers dorés en plein, tr. dor. (*Bauzonnet-Trautz*).

Précieux manuscrit du XVIᵉ siècle, sur VÉLIN, orné de ONZE MINIATURES des plus curieuses, dans chacune desquelles la reine de Navarre est représentée. Il provient de la bibliothèque de M. le baron Pichon, dont le chiffre couronné figure au dos de la reliure. Sur le recto blanc du premier feuillet, on lit, d'une écriture mal formée : *A Paris ce... bre... 1540*, et deux autres lignes illisibles.

On ne connaît que trois manuscrits de ce poëme imprimé dans le t. II des *Marguerites de la Marguerite* : celui de la bibliothèque de l'Arsenal, celui que possédait le duc de la Vallière et dont on ignore le sort ultérieur, et le nôtre, *le seul qui soit enrichi de miniatures*. Comme il serait superflu d'ajouter quoi que ce soit à la notice que le savant bibliophile, M. L. Potier, a consacrée à ce dernier dans le catalogue de la bibliothèque de M. le baron Pichon (nº 516), nous nous bornons à la reproduire, en remarquant toutefois que la devise de la reine ne se trouve pas sur chaque miniature, mais sur cinq seulement.

« Un extrait des comptes de la reine de Navarre, retrouvé par M. le comte
« de la Ferrière dans les archives du château de Couterne, appartenant à
« la famille de Frotté, fait reconnaître dans ce manuscrit celui pour lequel
« la reine de Navarre fit payer, en 1541, 50 écus d'or à Adam Marcel, son
« chapelain, pour le rembourser des frais qu'il avait faits à Paris pour le
« faire écrire, enluminer de onze histoires à la devise de la reine, et relier
« en velours blanc.

« Les onze *histoires*, ou miniatures, sont décrites dans un manuscrit qui
« était chez le duc de la Vallière (t. II, p. 337 et suiv.) [et aussi dans
« un ms. de la bibliothèque de l'Arsenal]. Ces descriptions étaient, sans
« aucun doute, celles destinées à faire connaître au miniaturiste les inten-
« tions de la reine, et elles sont des plus circonstanciées.

« Nous donnerons comme exemple la onzième, qui s'applique à la plus
« curieuse miniature.

« Cy endroit est la onzième et dernière histoire, qui contient comment la
« royne de Navarre baille son livre à madame la duchesse d'Estampes,
« toutes deux estans en une chambre fort bien tapissée et parée. La dicte
« dame d'Estampes ayant une robe de drap d'or frizé, fourrée d'hermyne
« mouchetée, une cotte de toylle d'or incarnat, esgorgetée, et dorée avec
« force pierreries. La royne de Navarre, tant en cette hystoire que les au-
« tres, est habillée à sa façon accoustumée, ayant un manteau de velours
« noir couppé ung peu sous le bras. Sa cotte noire, assez à hault collet,
« fourrée de martres, attachée des plingues par devant ; sa cornette assez
« basse sur la teste, et apparest ung peu sa chemise froncée au collet. »

« La devise de la reine dont il est parlé dans le compte est : *Plus vous que*
« *moy*. Cette devise est répétée sur cinq miniatures.

« Les armoiries qui figurent en tête de ce volume ne sont pas celles de la
« duchesse d'Étampes, comme l'a cru M. Le Roux de Lincy, qui a décrit
« avec soin ce manuscrit dans le tome I, p. CLXXXVII, de son édition de
« l'*Heptaméron*, mais celles du comte de Vertus, beau-frère de la duchesse
« d'Étampes. Cette dame aimait beaucoup la comtesse de Vertus, sa sœur, et
« le duc d'Étampes prétendait qu'elle l'avait ruiné pour enrichir cette sœur
« chérie. Le roi lui-même (Henri II) consentit à déposer en 1556, dans
« une enquête ouverte à ce sujet. Il paraît néanmoins très-probable que ce
« manuscrit est celui offert par la reine de Navarre à la duchesse d'Étampes,
« dont les armes auront été recouvertes ultérieurement par celles du comte
« de Vertus, à qui il aura été donné par sa belle-sœur.

« Une miniature, celle qui représente la *coche* ou voiture, a un peu souffert,
« et il y a un petit trou au bas de la robe de la duchesse d'Étampes, dans
« la XIe et dernière. »

Ajoutons que ce précieux manuscrit a été adjugé à M. Didot pour la somme
de 8,220 fr.

41. HOMÈRE. Les cinquième et sixième livres de l'Iliade, tra-
duits en vers français par Hugues Salel. — In-8 carré, de
81 ff., réglé; mar. br., fil. à compart., large bordure à rinceaux, fleurs de lis et les initiales FF au milieu des plats,
tr. dor. (*rel. du XVIe siècle*).

Beau manuscrit, fort bien écrit sur VÉLIN fin et blanc. C'est l'exemplaire
présenté vers 1530 au roi FRANÇOIS Ier, à qui Salel offrait successivement
sa traduction manuscrite, qu'il n'a pas poursuivie au-delà du commencement du treizième chant. Il est revêtu d'une élégante reliure à la Grolier,
parfaitement conservée. L'ornementation et les fleurs de lis sont en or ; les
lettres F étaient en argent qui s'est oxydé sous l'action du temps.

42. FIERABRAS ou la Conquête des Espagnes par Charlemagne
(en prose). — In-fol., de 117 ff.; initiales ornées; mar. la
Vallière clair, riches compart. à fr., tr. dor. (*Duru*).

Manuscrit du XVe siècle, sur papier. Les six premiers feuillets contiennent
la table des chapitres. Le texte commence par un préambule de l'auteur

dont voici les premiers mots : « *Saint Pol docteur de verité nous dit,* etc. », et
il finit ainsi : « *A laquelle* [*salvacion*] *puissent finablement paruenir tous ceulx
qui voluntiers le liront, orront ou feront lire. Amen. Explicit. Deo Gratias.* »

On sait que cette compilation eut un succès immense, et que depuis le
XVe siècle elle n'a cessé d'être réimprimée jusqu'à ce moment. La première
édition en a été donnée à Genève en 1478. Le compilateur, qui était Suisse,
déclare avoir entrepris cette œuvre à la demande d'un chanoine de Lausanne
qui est appelé Henri *Bolmier* dans l'édition originale, quelquefois *Bolonnier*
dans les éditions postérieures, et *Bolomier* dans quelques autres, ainsi que
dans le présent manuscrit. Il ne s'est nommé ni dans les manuscrits ni dans
les plus anciennes éditions, tandis que dans celle de Lyon, 1489, on l'appelle
*Jehan Bagnyon,* et dans celle de Lyon, 1501, *Jehan Baignon petit citoyen de
Lausanne,* nom que nous révélons pour la première fois. Le lieu de son origine
n'a été rapporté dans aucune édition ; mais notre manuscrit le fait connaître
de cette façon dans l'épilogue placé à la fin du roman : « Et se aulcu-
« nement en tout cestuy livre j'ay parlé aultrement que bon françois, sans
« langaige substancieux plain de bon entendement, à tous facteurs et clercs
« humblement j'en demande pardon. Car se la plume a mal escript, le cuer
« n'a pensé que bien dire : Et aussi *je suis natif de Savoie en Waux,* sans
« apprendre la langue françoise originale, etc. », ce qui veut dire qu'il était
du pays de Vaud, alors soumis au duc de Savoie.

Ce roman, composé vers le milieu du XVe siècle, est pour la Suisse romande
le plus ancien monument de son histoire littéraire.

Notre manuscrit, en dehors duquel nous ne connaissons d'identique que
celui de la bibliothèque de Genève, offre beaucoup de différences avec le
texte imprimé. Il est parfaitement conservé et a de grandes marges. La
Bibliothèque nationale possède un manuscrit de ce roman en prose (n° 2172 nouv., anc. f. fr.), mais il ne commence ni ne finit de même que le nôtre.

**43. LE ROMAN DE JOSEPH D'ARIMATHIE, LA VIE DE MERLIN ET LA QUÊTE DU SAINT GRAAL.** — In-4, de 125 ff. à 2 col.; lettres ornées; relié en parchemin vert, armorié, tr. rouge (*rel. du XVIIIe siècle*).

Précieux manuscrit sur vélin, daté de 1301. Il est d'une importance exceptionnelle pour l'étude des origines et du développement des romans de la Table ronde au sujet desquels la controverse ne semble pas encore épuisée. Les trois parties de ce manuscrit constituent en effet *la première forme en prose* de ces fameux romans dont l'influence sur le goût littéraire en Europe fut si considérable. M. Paulin Paris, qui a jeté le plus de lumière sur ces questions obscures, regarde cette rédaction en prose comme une version anonyme du poëme du *Saint Graal* attribué à Robert de Borron (XIIe siècle), poëme que nous ne possédons pas en totalité. M. E. Hucher, qui a publié assez récemment (1875) une partie de ce manuscrit, voit dans ce texte la première donnée de tous les *Romans* dits *de la Table ronde*. Suivant M. Hucher, contre le sentiment de M. P. Paris, Robert de Borron aurait fait le roman en prose sur lequel se serait réglé le poëme en vers, publié par M Francisque Michel.

Le grand intérêt de notre manuscrit ne se rapporte pas à la première partie (*le Roman de Joseph d'Arimathie*), mais à la seconde qui commence à la suite du récit du couronnement d'Artus. À partir de là nous avons un texte probablement UNIQUE, car malgré toutes les recherches on n'a pas pu en trouver un autre manuscrit. Dans le cadre de l'histoire d'Artus, ce texte nous donne la première rédaction de la légende de *Perceval*, dernier dépositaire du saint Graal, légende plus simple, mieux coordonnée, moins surchargée d'éléments parasites que celle que Gautier Map a fondue et travestie dans son roman de la *Quête du saint Graal*. C'est le nôtre qui a inspiré à Chrestien de Troyes son célèbre poëme de *Perceval le Gallois*.

Le titre porte : *Ci comence le romanz des pro‖phecies Merlin*, titre complètement inexact. Le *Saint Graal* est suivi non des *Prophéties*, mais du livre de *Merlin* (f. 18 v°) auquel il sert de prologue. Puis, à la suite, vient le livre de *Perceval* ou la *Quête du saint Graal* (f. 92 v°), qui n'est pas même séparée ici du roman de Merlin par une grande initiale. Le volume est terminé par la mort du roi Artus et le récit de la diffusion de ses aventures. Il finit par cette souscription : *Ci fenist le romanz des propheci‖es Merlin. Il est au...* (mot effacé) ‖ *et fust fait lan de nostre Seygnor* ‖ M° CCC° P° (1301).

Ce manuscrit, d'une belle conservation, avait appartenu à l'illustre d'AGUESSEAU dont les armes se trouvent sur les plats, et les masses de chancelier de France, sur le dos de la reliure.

## 44. AVENTURES DES PRINCIPAUX CHEVALIERS DE LA TABLE RONDE. — In-fol., de 153 ff. à 2 col.; basane noire, bord. dorée.

Manuscrit sur VÉLIN, d'une très-bonne écriture de la première partie du XVe siècle. La place pour les miniatures et les lettres ornées a été réservée en blanc; la première page est entourée d'une large bordure historiée, en or et en couleurs. Au haut de cette page, on lit : *De la Bibliothèque de M. le marquis d'Aix à la Serraz*; au bas : *Laurentij Pyorheti (?) Camberianj*.

Ce roman commence par ce sommaire en rouge : *Cestui liure parle de Giron et de Galhot le brun et de Segurans le brun, et de tous ses bons chl'rs du temps du roy. Vterpendragon. encore parle de tous les bōs cheualiers qui furent ou temps du roy Artus*. Le texte débute ainsi : *Cy endroit dit le compte et la vraye histoire le tesmoigne Que le roy Vterpendragon tenoit chascun an acoustumeint vne grande court en la grant plaine du chasteau de vmbre qui estoit la plus belle playne la plus delictable et la plus planteureuse que len trouuast en tout le monde*, etc. Il finit au recto du dernier feuillet par ces phrases : *Que vous en diroye par toute la court se fait jois et feste de ce que ceste bataille estoit si bien finée. Car grāt doubte auoient qu'il n'en sourdeist mal bien grāt. Laudetur deus.*

Sur le plat intérieur de la reliure, on a collé deux feuillets de papier; le premier contient cette note d'une vieille écriture : « Eñ dieu laffin. SALLIN. « Ce present liure est vng viel romant contenant les entreprises, prouesses « et faitz d'armes de plusieurs cheualliers de la Table ronde fondée par le « roy Vterpandragon de la Grand Bretaigne du temps dudit Roy que de ce- « luy du Roy Artus son filz. Non jamais imprimé. Se doibt garder pour son « antiquité. SALLIN. » Le second feuillet est occupé par une longue note en

italien que le savant abbé C. Gazzera, ancien bibliothécaire de l'Université
de Turin et correspondant de notre Académie des inscriptions, avait consacrée
à ce manuscrit pour le marquis d'Aix à la Serraz, note où il constate que
cet ouvrage est INÉDIT. Nous ajouterons qu'à notre connaissance ce manuscrit est UNIQUE.

C'est une suite d'aventures nouvelles, attribuées à des héros de la Table
ronde qui tous ont leur histoire dans laquelle ces aventures ne figurent pas.
Ces héros sont : *Giron le Courtois, Lancelot, Tristan, Palamède, Ségurade, Gauvain, Uterpendragon* et *Artus*. L'auteur paraît avoir voulu continuer les romans plus anciens de la Table ronde, et il l'a fait souvent assez heureusement, en conservant le respect des traditions autorisées dans les livres antérieurs. Son ouvrage est d'une lecture attrayante et écrit d'une bonne prose.

45. MAP (Gautier). Lancelot du Lac (dernière partie). La Quête
du Saint-Graal. La Mort d'Artus. — In-fol., de 237 ff. à 2
col.; miniatures, lettres ornées ; mar. la Vallière, riches compart. à froid, tr. dor. (*Hagué*).

Précieux manuscrit du milieu du XIIIe siècle, sur VÉLIN, qui paraît nous
offrir le plus ancien texte de la célèbre rédaction en prose de Gautier Map.
Il commence par une miniature passablement effacée. Il offre cette dernière
partie du *Lancelot* distinguée sous le nom du *livre d'Agravain*, et dont on
peut voir l'analyse dans le 5e vol. des *Romans de la Table ronde* mis en nouveau langage par M. Paulin Paris (1877; pp. 297-330). Premières lignes : « Ci
« endroit dit li contes que quant Agrauains se fu partiz de ses compaignons,
« si come uos auez oi qu'il erra. ij. iorz et plus sanz auenture trouer qui a
« conter face et en toz les leus ou il uenoit, fust en uile, fust en bois, deman-
« doit noueles de lacelot a toz ceus que il encontroit... » La Bibliothèque
nationale de Paris possède dix manuscrits du même roman et du même
siècle que le nôtre, auquel cependant tous nous paraissent être postérieurs.
Cinq de ces manuscrits sont plus ou moins incomplets. Le nº 771 nouv.
(7185¹ anc.) commence au même endroit que le nôtre et par le même texte,
tandis que la rédaction correspondante dans les autres manuscrits s'en éloigne plus ou moins complétement. *Lancelot du Lac* finit dans le nôtre (fol. 129
rº) par cette phrase : « si fenist ici mestres Gautier (en abrégé) Map son liure
et commence le seint graal. »

*Le Saint Graal* (ou plutôt la *Quête du Saint Graal*) commence ainsi : « A
« la ueille de la pentecoste quant li compaignon de la table reonde furent
« uenu a Kamaalot et il orent oi le seruisse et len uoloit metre les tables
« heure de none. lors entra en la sale a cheual une mlt bele damoisele... »
L'initiale A de cette phrase renferme une assez grande miniature représentant cette scène. Cette partie finit ainsi (fol. 183 vº) : « Quant il orent mengie
« a cort li rois fist auant uenir les clers qui metoient en escrit les auentures
« au cheualiers de laienz et quant Boorz ot contees les auentures del seint
« graal telles come il les auoit ueues si furent mis ses escrit et gardees en
« lalniere (*sic*) de Salebieres dont mestre GAUTIER MAP les trest a fere son
« liure del seint graal por lamor del roi Henri son seignor qui fist lestoire
« translater de latin em francois. Si se test atant li contes que plus nen dit
« des auentures del seint graal ».

La *Mort d'Artus* débute en ces termes au feuillet suivant au bas d'une miniature un peu dégradée : « Apres ce que mestres Gautier Map ot treitié « des auentures del graal asez sofisament, si come il li semblot, si fu auis « au roi Henri son seigneur que ce quil lauoit fet ne deuoit pas sofire se il « ne racontoit la fin de cels dont il auoit fet deuāt mētiõ... » La fin est « ainsi conçue : « Si se test ore atant mestres Gautier Map de lestoire, quar « bien a tot mene afin selonc les choses qui en auindrent et define ci son « liure qui apres ce nen poroit uous raconter chose qui ne mentist. Explicit « la mort du roi Artus. »

Le présent manuscrit est d'une bonne conservation. Chaque alinéa commence par une initiale peinte en or et en couleurs ; la plupart de ces initiales sont très-fraiches. Le volume est bien complet, sauf un morceau enlevant du texte au f. 116, et une lacune entre les ff. 214 à 236 qui a été comblée, au XV⁰ siècle encore, au moyen de 21 ff. copiés sur papier.

En tête, figure un fragment de huit feuillets de vélin, contenant, en français, d'une écriture du XV⁰ siècle, des détails biographiques sur Galien et ses principales sentences.

La signature : *Lyonnet doureille* (XV⁰ siècle) se rencontre plusieurs fois dans ce volume.

## 46. NOMS, ARMES, DEVISES ET CARACTÈRE DES CHEVALIERS DE LA TABLE RONDE. — Pet. in-fol., de 155 ff.; dont le dernier blanc ; 144 miniatures et lettres ornées ; veau racine, tr. dor. (*anc. rel.*).

Beau et curieux manuscrit du XV⁰ siècle, sur VÉLIN. Il commence par ce titre en rouge : « *Se sont les noms, armes et* ‖ *blasons de cheualliers et cōpaignõs de la table ronde* ‖ *au temps que ilz iurerent la queste* ‖ *du sainct Graal a Camaloth le io*ʳ ‖ *de la penthecouste. Et par la vertu diuine estoiēt tous a ce iour assem*‖*bles.* Vient ensuite un court historique de chacun des chevaliers de la Table ronde en commençant par leur chef, le roi Artus. Chaque notice est précédée d'une grande miniature fort bien dessinée, représentant les armes de chacun des chevaliers, au nombre de CENT QUARANTE-QUATRE, avec leurs devises. Ces notices sont presque exclusivement consacrées à la louange des qualités physiques ainsi que des penchants des chevaliers voués à la quête du Saint-Graal. Elles s'arrêtent au verso du f. 134. Les 15 ff. suivants contiennent la description de la manière dont on faisait les tournois sous le roi Vterpendragon et de son fils Artus, roi de la Grande-Bretagne. Les 5 derniers ff. renferment vingt articles d'un règlement relatif aux devoirs des compagnons de la Table ronde. A la fin, l'auteur déclare avoir puisé des renseignements pour son travail « *tant au liure de maistre Hélie, maistre Robert de Borron, maistre Gautier Moablebrec (sic, pour Gautier Map) que de maistre Rusticien de Pise qui en parlant en leurs liures la ou sont escrips les grans faictz de tous les cheualliers de la Table ronde.* »

Cette singulière compilation doit être du dernier quart du XV⁰ siècle. Elle diffère complètement, comme texte et comme blasons, d'un tout petit volume intitulé : *la Devise des armes des chevalliers de la Table ronde*, dont il existe deux éditions du XVI⁰ siècle.

Nous ne connaissons pas d'autre manuscrit de ce texte qui soit enrichi de miniatures. Celui-ci porte le cachet de la bibliothèque de Dinan dont il est sorti par suite d'un échange. Conservation parfaite.

47. **JEHAN DE PARIS, ROY DE FRANCE.** Roman en prose. — In-fol., de 70 ff.; mar. La Vallière, riches compart. à froid, tr. dor. (*Lortic*).

Manuscrit sur papier, d'une belle et grosse écriture du XV° siècle. Il commence par ce titre en rouge : *Cy commence vng noble et tres excellāt romant nomme Jehan de paris roy de france*, et finit ainsi : *je prie a Dieu quil nous doint grace que y puissions paruenir. Amen.* Au-dessous, on lit : *Ce livre est à moy Je‖han Sala.*

L'histoire de Jehan de Paris, qui a toujours joui d'une grande popularité, est un des meilleurs et des plus anciens romans français dans le genre comique. Jusqu'en 1856, on avait cru qu'il a été composé entre 1525 et 1535, à l'occasion de la lutte que François Ier soutint contre le roi Henri VIII d'Angleterre et l'empereur Charles-Quint, et l'on voyait le roi de France lui-même dans le héros du roman. Quelques littérateurs, Villemain entre autres, ont pressenti le peu de fondement de ces appréciations, et c'est précisément notre texte (dont on ignorait l'existence avant 1856 et qui à cette date appartenait à un savant Suisse très-connu, M. E.-H. Gaullieur), qui a complétement justifié leur opinion car l'écriture de ce manuscrit est sûrement du XV° siècle. Or cette constatation a une grande importance pour notre histoire littéraire. M. A. de Montaiglon, à qui on doit tant d'excellentes publications, a profité de cette découverte pour donner une nouvelle et dernière édition de ce roman (Paris, 1867, in-16). Dans la préface, il a démontré que le sujet de cette charmante production est le MARIAGE DE CHARLES VIII AVEC ANNE DE BRETAGNE; la victime de la verve comique de l'auteur n'est autre que l'archiduc Maximilien d'Autriche, le concurrent évincé. Le nom du romancier est inconnu, mais on le croit Lyonnais. Bien que son œuvre soit parfaitement originale, il dit, dans le prologue, avoir translaté cette *histoire joyeuse d'espaignol en langue françoise*, sans doute pour mieux cacher sa personnalité. Il est probable qu'il appartenait à l'entourage de la reine Anne, et M. de Montaiglon, à l'aide d'ingénieux rapprochements, insinue que c'est peut-être un nommé Pierre Sala, auteur d'un autre ouvrage resté en manuscrit et où il est beaucoup question de Charles VIII.

En dehors de notre manuscrit, on n'en connaît qu'un second qui appartient à la Bibliothèque nationale. Le nôtre avait une lacune de 7 ff., qui ont été refaits avec une étonnante habileté.

## AUTEURS ITALIENS.

48. **DANTE.** La Divina Commedia. — In-fol., de 82 ff. à 2 col.; miniatures et bordures; mar. La Vallière, très-riches compart. à froid dans le style vénitien, tr. dor. (*Hague*).

Très-précieux manuscrit sur VÉLIN, daté de 1378. Il commence par ce titre en rouge : *Primuz. Ca. inferni comedie dātis alage'ij de florēcia ī q° autor p°* ‖

üfacit exordiū suū. scd'o. dicit ad quē locū accessit. tcio° quō ‖ fuit inpedit'. ẛ quarto ubi inuenit uirgilium. La première page est entourée d'une riche bordure historiée, et l'initiale N du premier vers de l'épopée contient une miniature relative au début même du premier chant de l'*Enfer* : elle représente Dante au moment où, assailli par un lion et une louve, il rencontre Virgile. La seconde miniature, placée au commencement du *Purgatoire* (fol. 27 r°), nous fait voir Dante dans une barque dirigée par Virgile, et la troisième, qui décore le livre du *Paradis*, représente Dieu dans la gloire céleste, et, plus bas, le poëte conduit par Béatrice. Les pages ornées de ces miniatures sont en outre entourées de bordures historiées dans le même genre que celle de la première page, mais différentes de composition. L'écriture de ce manuscrit est superbe, et son ornementation intéresse l'histoire de l'art. Tous les arguments des chants sont en latin et écrits en rouge.

La *Divina Commedia* finit au verso du f. 77, par cette souscription : *Explicit Liber Comedie Dantis ala ‖ gerij de florentia Gloriosi Teologi. ‖ excelentis filosophi placidi poete. ‖ Deo Gratias. Amē. Amen, Amen.* Au-dessous, en rouge : *Manus scriptoris saluetur onibz ‖ horis. Amen.* Au feuillet suivant, après un titre ainsi conçu : *In hoc capl'o ǫtinent' diuisioēs toti' lib' comedie dantis Alagherij d' floēntia*, commence une longue analyse de ce grand poëme, en vers italiens dont les premiers sont :

O uoi che siete dal uerace lume
Alquanto illuminati nella mente;

et les derniers (même f., verso, 2° col.) :

La qual gli uenne per uoler diuino
Nel meçço del camin della sua uita.

Après, vient une autre pièce de vers dont le titre et le début sont : *In hoc capl'o continent' declaratioēs vocabuloɀ metaphoriçatoɀ toci' libri comedie dantis predcī.*

Pero che sia piu fructo e piu dilecto
A color canno [che hanno] uog [i]a di sapere ;

et qui se termine ainsi (f. 79 v°) :

E cosi tutol [tutto'l] suo dire si comprende
Fortificando la cristiana fede.

A la suite, se trouvent deux épitaphes en latin qui ont été gravées sur le mausolée de Dante, de six vers chacune; la première, qui nous parait inédite, est de la composition d'un nommé Minchino Mezzano (?) de Ravenne, d'après cet intitulé : *Infrascriptum primum Epithaphium scultum est in archa Dantis et factum fuit per discretum viruan f. Minchinum meçanum de Ravenna.* La seconde, attribuée à tort à Dante lui-même, porte ce titre : *Infrascriptum Epitaphium scultum est in archa dicti auctoris et nuperrime factum per quemdam, qui est infrascripti tenoris :* c'est celle qu'on lit encore sur le tombeau du poëte.

Le feuillet suivant, dont la moitié a été coupée, commence par cette importante souscription écrite en rouge, que nous reproduisons en complétant les nombreuses abréviations : *Ego Franciscus. M'. Ture olim de Cesena et nunc hītor* (habitator) *Pens'.* (sic), *hunc librum Comedie Dantis Alagherii de Florencia scripsi* (suit une ligne effacée). *Quem complevi in annis domini nostri Jesu Christi. M°CCC°LXXVIII, et die ultima mensis setenbris, tempore Domini Urbani pp.* (papæ) *VI, indictione prima, inter quem papam et cardinales erat quæstio et sisma, quia cardinales aserebant ipsum non esse papam, ex eo quod eum elegerunt timore Romanorum, et non eorum propria voluntate.*

Ainsi, comme le constate le copiste, ce manuscrit a été terminé l'année même où, à la suite de l'élection du pape Urbain VI, commença le grand schisme d'Occident qui dura cinquante et un ans.

Plus bas est écrite, d'une autre main, une pièce de vers latins en l'honneur de Dante, signée : *Daniel Furlanus.*

Le dernier feuillet, qui avait été laissé en blanc, contient un petit traité latin relatif au régime à observer pendant les épidémies et aux moyens curatifs (*De Regimine et Remediis contra Epidimias*). Il a été composé en 1399, selon cette souscription finale : *Explicit utilis tractatus ad liberationem epithimie, compositus... sub annis domini MCCCLXXXXVIIII, per magistrum Johannem Cunbarbam* (?), *civem leodomemsem.* Ce traité, un des plus anciens sur la matière, nous paraît inédit.

A la première page, figure l'estampille de la célèbre bibliothèque du cardinal Joseph-René Imperiali, illustre prélat, grand protecteur des lettres, mort en 1737.

Ce manuscrit, à notre connaissance, n'a jamais été décrit. Colomb de Batines ne le connaissait (II, 210) que par une simple mention qu'en avait faite Fontanini comme se trouvant dans la collection du cardinal Severoli. Il doit assurément être classé parmi les plus importants textes de Dante. Sur environ cinq cents manuscrits connus de la *Divine Comédie*, il n'y en a qu'une dizaine qui soient antérieurs au nôtre, et dans ce dernier nombre il en est deux à peine qui soient exécutés avec une intelligente exactitude. Celui que nous venons de décrire se rapproche beaucoup du plus célèbre de tous, du manuscrit du Vatican, écrit, dit-on, par Boccace. Nous avons pu le constater, en conférant notre texte avec celui de l'excellente édition critique du Dante, donnée par C. Witte (Berlin, 1862, in-4).

C'est donc, en présence du nombre toujours croissant des admirateurs du grand poëte italien, un véritable événement que l'apparition d'un nouveau manuscrit de son œuvre immortelle. Il avait été acheté à l'amiable par M. Didot, au prix de 7,000 fr., non relié.

49. PETRARCA (Fr.). Rime. — In-4, de 146 ff.; lettres ornées; mar. rouge, riches compart. en or, dent. int., tr. dor. (*rel. anglaise*).

Manuscrit du XVIe siècle, sur VÉLIN, d'une très-belle écriture et fort bien conservé. Il a dû être exécuté peu de temps après la mort du poëte, survenue en 1374 ; c'est, en tout cas, un des plus anciens que l'on connaisse.

Les trois premiers feuillets contiennent une table alphabétique des pièces. Le texte commence directement par ce vers du premier sonnet :

Voi ch'ascultate in rime sparse il suono.

Au bas de la page, figure un écusson armorié où l'on ne distingue qu'un *rond (? tourteau)* sur fond d'argent.

Cet important manuscrit comprend toutes les poésies de Pétrarque en langue vulgaire. Les *Trionfi* commencent au f. 117, et finissent par cette souscription : *Francisci Petrarce Laureati Poete Triūphus VI'. et ultimus explicit*. Cette dernière partie surtout contient de nombreuses notes et commentaires qui paraissent être de la même main que le manuscrit.

La reliure porte à l'intérieur l'ex-libris d'un amateur, avec un *lion* pour armoiries, et les initiales E. C. H., qui figurent aussi sur le second feuillet de garde au bas d'une ligne d'écriture fournissant cette mention : *Questo manoscritto è venuto da Carpentras*.

50. NOBILI (Guglielmo de'). Canzoni, Sonetti ed Epitaffi in lode di P. P. Leone X e della sua famiglia. — In-4, de 61 ff., dont le premier blanc; veau brun, compart. en or et à froid, tr. dor. (*anc. rel. ital.*).

Manuscrit sur papier, du commencement du XVIe siècle, d'une belle écriture. Ce recueil de poésies, en l'honneur du pape Léon X et de sa famille, commence au verso du second feuillet par un sonnet intitulé :

*Sonetto del subiecto del libro : cioè argumento.*

Au bas de la page, se trouve, en or et en couleurs, l'emblème collectif de la maison de Médicis, composé d'un bouquet de roses et de laurier environné de flammes et portant au milieu une bague ornée d'un diamant (emblème de Côme de Médicis, dit *l'Ancien*), et un joug (emblème du pape Léon X); sur une banderole, on lit ce mot : G. L. O. V. I. S. : d'après l'évêque Giovio, c'est la devise de Julien II de Médicis, duc de Nemours; lu à rebours, ce mot donne : *Si volg* [e] (elle tourne), allusion au revirement de la fortune en faveur de ce prince après bien des années d'exil. Au-dessous, d'une autre écriture, ce distique :

A tre sorelle et la misera madre
Povere, grande, aflitte, et sanza padre.

*Sanza*, au lieu de *senza*, conformément à la prononciation florentine.
Au feuillet suivant, commence un long poëme héroïque sur les faits et gestes des Médicis, en huitains, qui débute par ce vers :

Marte Tritonia el fulgorar delle aste.

L'initiale M, enluminée, est composée de quatre morceaux de bois vert enflammés (emblème de Pierre II de Médicis); elle fait corps avec une petite bordure où on lit la devise : *Suave*, sur une banderole entourant un joug (emblème personnel de Léon X). Au bas de la page, figurent les armoiries de LÉON X à qui cet exemplaire avait appartenu, armoiries surmontées de la tiare, accompagnées des clefs de Saint-Pierre, et de l'emblème. Le poëme finit au recto du f. 56 de cette manière :

Hor fornitho il cantare, faro mie scuse
Con lui, col ciel, col vulgo et con le Muse.
*Finis. Composto per Guglielmo de Nobili.*

Viennent à la suite sept pièces de vers en l'honneur de Léon X, un sonnet adressé à Giuliano de Médicis, un autre à Lorenzo de Médicis, et des épitaphes de Côme, de Pierre (fils de Côme de Médicis), de Samson, de l'empereur Justinien, de Salomon, et de Laurent de Médicis, *le Magnifique*. Le volume finit ainsi :

*Salve, Viva et Vale. Finis.*

Tels sont les côtés intéressants de ce manuscrit.

# HISTOIRE

## AUTEURS GRECS ET LATINS, ANCIENS ET MODERNES.

51. JUSTINUS. Ex Historiis Trogi Pompei. — Pet. in-fol., de 115 ff.; lettres ornées; rel. en parchemin.

    Beau manuscrit du XVe siècle, sur VÉLIN, exécuté en Italie. Il commence par ce titre en rouge : *Epitoma Ivstini ex Historiis Trogi Pom||peij totivs orbis incipit. Liber primvs,* et finit ainsi : ... *ad cultiore uite usum traductii i formā prouicie redegit. Deo Gratias.* Il est bien complet.

    L'intérêt principal de ce manuscrit consiste en ce qu'il a appartenu au célèbre bibliophile et helléniste florentin, GIANNOZZO MANETTI (1396-1459), qui occupe une place considérable dans l'histoire de la renaissance des lettres, et qui fut le secrétaire du pape Nicolas V, cet illustre collectionneur de manuscrits. Au verso du feuillet de garde, on trouve non-seulement sa signature : *Jannoçij Manettj*, mais aussi, de sa main, une table des chapitres, avec des renvois aux feuillets correspondants, et des notes marginales dans le cours du volume.

    Au recto de ce même feuillet de garde, une note constate qu'il avait été acquis en 1811 : *ab Equite de Magistris*, par *Aloysius Marsuzi*, avocat de la curie romaine. Il porte en outre l'ex-libris armorié (*d'azur au lion d'or passant, accompagné de trois fleurs de lis*), avec la devise : *La Vertu est la seule noblesse.*

52. JUSTINUS. Epitome in Trogi Pompei historias. — SALLUSTIUS (C. Cr.). Catilinaria et Jugurthina Bella. — FLORUS (L. A.). Epitome rerum romanarum (fragment). — Pet. in-fol. carré, de 100 ff. à 2 col.; lettres ornées; ais de bois recouv. de velours rouge et d'une plaque en métal doré, avec émaux de Limoges, pierres gravées et ivoire sculpté.

    Manuscrit du XVe siècle, sur VÉLIN. Il commence, sans aucun titre, par le texte de JUSTIN qui finit au verso du f. 58, avec le mot : *Explicit*. Dans cette partie, les ff. 53, 54 et 57 ont été arrachés, et deux autres ff. sont écornés.

    Ce texte offre beaucoup de variantes. L'une d'elles réduit à trente-deux ans le règne de Sémiramis après la mort de Ninus (fol. 1 v°), tandis que d'autres manuscrits portent quarante-deux ans.

    Les ff. 59-60 contiennent une pièce de vers dont le premier est :

    Si dat$^r$ ire tuas p̄ti numine ad aures,

et les derniers :

> Tu modo quod superest suspensa corrige peña.
> Hec mea censure carmina reddo tue.

C'est un petit poëme latin où la France personnifiée demande qu'on fasse la paix. Il contient des allusions aux guerres récentes contre les Anglais, et parle d'un Piccinino, apparemment un des célèbres capitaines italiens de ce nom au XVᵉ siècle. Ce poëme ferait croire que le manuscrit a été exécuté par un scribe français, vers 1450.

A la suite, vient le texte de SALLUSTE qui finit au f. 90 v°, par cette souscription : *Qui cupis ignotū iugurte nosce' letū ǁ tarpeie rupis puls' ad yma ruit ǁ licet necatū referāt in carc'e pl'es.*

Le f. 91, laissé en blanc, était destiné à recevoir les premiers chapitres du texte de FLORUS, car le feuillet suivant commence à la fin du chap. IV (règne d'Ancus Marcius) : *... futurum, ut totius mundi opes*, etc. L'œuvre de cet historien s'arrête ici au milieu du chap. XVIII du second livre, avec ces lignes : *Quippe sine muro, sine turribus, modico edita tumulo apud flumen Silata vel Sica, quatuor milibus Celtiberorum quadraginta...* Il faut remarquer que, dans l'édition de ce classique donnée par M. D. Nisard, on trouve : *apud flumen Durium sita*, au lieu de : *Silata vel Sica*. Des divergences semblables se rencontrent fréquemment dans le cours de notre manuscrit.

Titres en rouge et jolies initiales en or et en couleurs, d'une grande fraîcheur.

Au premier feuillet, au-dessus des premières lignes du texte, on lit : *Ex dono Henrici Goessens* (?)... *conventus dive Elisab...... ecclesia Beghinarum* (?)....

Mais ce qu'il y a de plus précieux dans ce volume, c'est une reliure de la plus grande richesse et d'un intérêt capital pour l'histoire de l'art. Dans le milieu, se trouve enchâssé un ivoire sculpté d'un beau travail, représentant le Crucifiement. A gauche de la croix, la sainte Vierge et saint Jean qui lui prend la main, derrière eux, les saintes femmes en pleurs ; à droite de la croix, deux groupes de soldats. Au-dessous de la croix, deux bustes d'anges. Cet ivoire, à en juger par les costumes, les armes et les armures, doit dater du XIIᵉ siècle. Il est entouré d'une bordure frappée et dorée ; une seconde bordure, en saillie, formée de quatre superbes plaques en émaux cloisonnés de Limoges, plaques séparées par des carrés en filigranes relevés par des cabochons, complète cet ensemble harmonieux. Ces carrés en filigranes sont au nombre de huit, dont chacun est accompagné de quatre cabochons : quatre d'entre eux portent dans leur centre une intaille antique. A chaque coin du plat, des pédicules fleurdelisés enserrent de grands cabochons en cristal de roche.

Cette description ne pourra donner qu'une faible idée de ce chef-d'œuvre d'orfévrerie qui remonte au moins au XIIIᵉ siècle ; nous renvoyons les curieux à la reproduction que nous en donnons dans le catalogue illustré.

Ce beau volume provient de la collection Libri (1864).

53. ARRIANUS. De Gestis Alexandri magni. Historia Indica. (Traduction latine par P.-P. VERGERIO.) — In-fol., de 162 ff. (le feuillet 127 et le recto du suivant sont blancs); bor-

dures et lettres ornées; mar. brun, ornem. à froid, tr. dor. (anc. rel. ital.).

Superbe manuscrit du XVe siècle, sur VÉLIN. Il commence par une épître du traducteur : *Ad Sigismvndvm de Luçenborch Romanorvm* ‖ *Imperatorem et Vngarie Bohemieq= Regem* ‖ *Petrvs Pavlvs Vergerivs Prohemivm incipit.* Dans cette épître, Vergerio rappelle que c'est par ordre et pour l'usage personnel de l'empereur Sigismond qu'il avait entrepris cette traduction de l'expédition d'Alexandre le Grand. La première page est bordée des trois côtés par un encadrement fort simple, mais gracieux, peint en or et en couleurs. Au-dessus de la bordure supérieure, on lit : *Ihesv. Maria. Johannes.* Au bas de la page, figurent ces armes : *Palé d'or et d'azur de six pièces*; l'écusson est supporté par deux anges soufflant chacun dans une trompette ornée d'une banderole, dont l'une porte la lettre N, et l'autre le chiffre V, qui désignent évidemment le pape NICOLAS V, le plus illustre des bibliophiles du XVe siècle. Ce qui confirme cette attribution, c'est qu'au f. 42 vo, dans la bordure qui orne la marge extérieure, on voit un ange portant un écusson où, sur un fond de pourpre, sont peintes en blanc *les clefs de saint Pierre en sautoir, surmontées de la tiare*, emblèmes du souverain pontificat. Dans la partie inférieure de la bordure, on aperçoit un hibou peint en or.

L'*Expédition d'Alexandre* commence au f. 2 ro et finit au f. 139 ro par cette souscription : *Finis Gestorvm Alexandri. Lavs Deo*; elle est immédiatement suivie de sa continuation : *Arriani de Rebus Indicis et navigacione classis Alexandri ex India in Persidem. Liber VII'*, ainsi terminée : *Finis Rervm Indicarvm. Deo Gratias.* IACOBVS ÇASSENHEM *scripsit.*

Chaque livre commence par une charmante initiale en or et en couleurs. Notes marginales.

Pierre-Paul Vergerio, dit *l'Ancien*, attaché au service de l'empereur Sigismond, fit cette version, dans un latin pur et élégant, entre 1417 et 1419, alors qu'il était presque octogénaire. L'ouvrage d'Arrien était encore inconnu aux Occidentaux (« *Latinis vero prorsus incognitum, tandem quasi longo postliminio in patriam revocarem* »; épître dédic.), et cette traduction est aussi la première qu'on ait faite d'un auteur grec au commencement de la Renaissance. Elle ne fut jamais imprimée, et les manuscrits en sont rares au point que le savant Hallam s'exprime à ce sujet en ces termes : « Elle existe, *dit-on*, dans la bibliothèque du Vatican, mais elle est fort peu connue (*Hist. de la litt. de l'Europe*, t. I, p. 100). »

Conservation irréprochable; grandes marges.

54. **LIVIUS PATAVINUS** (Titus). Historiarum libri. — In-fol., de 218 ff.; lettres ornées; ais de bois recouverts de veau brun, ornem. à froid dans le style vénitien, tr. dor. (anc. rel. ital.).

Très-beau manuscrit sur VÉLIN, daté de 1425. Il commence par ce titre en rouge : *Titi Liuij patauini uiri clarissimi ab urbe condita liber p'mus* ‖ *incipit. prohemium. I. res gestæ ppl'i. r. domi forisqz.* Une charmante bordure, peinte en or et en couleurs, encadre cette page de trois côtés, et contient, enlacée dans ses gracieux entrelacs, l'initiale F du mot *facturus* qui commence le texte; dans sa partie inférieure, elle renferme un blason. Le texte finit ainsi au recto du dernier feuillet : *Titi Liuii predicti ab urbe condita liber decimus et ultimus huius decadis explicit. deo gratias. Bononie Año dñi MCCCCXXV°.*

55. POLYBIUS. Historiarum libri superstites, e græco in latinum sermonem conversi per Nicolaum Perottum. — Pet. in-fol., de 226 ff.; bordures et lettres ornées; velours vert.

Très-beau manuscrit sur VÉLIN, exécuté en Italie au XV<sup>e</sup> siècle. Il commence ainsi : *Nicolai Perotti in Polybivm ‖ Historicvm prohemivm in‖cipit feliciter.* Cette première page est ornée d'une jolie bordure peinte en or et en couleurs, et s'étendant de la marge de fond à la marge supérieure. Le texte de ce prologue commence aussi par une belle et grande initiale enluminée. Au bas de la page, se trouve une couronne de laurier peinte en or et en couleurs; le milieu a été laissé en blanc pour un blason. Chacun des cinq livres de cette histoire est orné en tête d'une belle initiale. Le texte finit par cette souscription : *Nicolati* (sic) *Perotti liber qvintus Historiarvm Polybij finit. Lege fœliciter.*

Cette traduction des cinq premiers livres de Polybe, faite par Perotti, sur la demande du célèbre pape Nicolas V, a été imprimée à Rome en 1473, mais les exemplaires en sont des plus rares.

56. EUTROPIUS. Historiæ Romanæ Epitome. — SALLUSTIUS. In Ciceronem Invectiva. — CICERO. In Sallustium. — MACROBIUS. In Somnium Scipionis M. T. Ciceronis Expositio. — Pet. in-fol., de 88 ff.; lettres ornées; mar. rouge, compart. à froid, tr. dor. (*Lortic*).

Manuscrit du XV<sup>e</sup> siècle, sur vélin. Il commence par ce titre : *Evtropivs exterarvm romanarvmqz rervm.* Le texte débute par une ravissante initiale P, peinte sur un fond d'or pointillé. Chacun des dix livres est orné d'une belle initiale enluminée, et les chapitres commencent par de grandes majuscules peintes alternativement en bleu et en rouge. Eutropius finit au bas du f. 34 r<sup>o</sup> par cette phrase : *quin ad maiorem scribendi diligentiam conseruamus. Explicit.*

L'invective de SALLUSTE et la réponse de CICÉRON occupent les six pages et demie suivantes.

Le commentaire de MACROBE du Songe de Scipion, exposé dans la République de Cicéron, commence au f. 37 v<sup>o</sup> par un chapitre préliminaire qui ne figure pas dans l'édition publiée sous la direction de M. D. Nisard, et qui débute ainsi : *Cvm in Aphricam venissem, a Malio consule ad quartam legionem tribunus militum...* Le texte de ce traité est accompagné de dessins géométriques à l'appui des observations de l'auteur, et il est terminé par cette souscription : *Macrobii in Somnivm Scipionis a Cicerone editvm comentvm explicit. Amen.* Τελος.

On sait que c'est un passage de ce commentaire qui fit naître chez Christophe Colomb l'idée de la sphéricité de la terre et de l'existence des antipodes.

Notre texte d'Eutrope et de Macrobe, dont les manuscrits ne sont pas communs, offre beaucoup de variantes avec les éditions imprimées.

Jolie écriture, fine et nette. Grandes marges. Conservation parfaite.

57. **SALLUSTIUS (C. Cr.). Catilinaria et Jugurtina Bella.** — Pet. in-fol., de 90 ff.; bordures et lettres ornées; mar. brun, ornem. à fr., tr. dor. (*anc. rel. ital.*).

Superbe manuscrit italien du XV<sup>e</sup> siècle, sur VÉLIN. Il commence par ce titre en lettres d'or : *Crispi Salvstii de Bello Cateli‖nario liber primvs feliciter ‖ incipit*. La page est entourée d'un admirable encadrement, digne du célèbre Attavante. Il est composé d'enroulements variés, dans lesquels se jouent des anges et des oiseaux. L'initiale O qui commence le texte, et qui fait corps avec le cadre, renferme une délicieuse miniature représentant un savant, à mi-corps, tenant un livre. Dans la partie inférieure de l'encadrement, sont placés quatre anges, très-finement dessinés, dont deux tiennent une couronne de laurier au milieu de laquelle un rond a été réservé pour recevoir un blason. Riches initiales enluminées. Notes marginales. Le texte finit ainsi : *Crispi Sallvstii de Bello Ivgvrtino ‖ liber feliciter explicit. Finis*.

La conservation de ce charmant manuscrit, dont le texte est excellent, ne laisse rien à désirer.

58. **CÆSAR (J.). De Bello Gallico, Civili, Alexandrino, Africano et Hispanensi Commentaria.** — In-fol., de 143 ff., dont le premier et le dernier blancs; encadrement et lettres ornées; mar. rouge, compart. en or, tr. dor. (*Lortic*).

Superbe manuscrit sur VÉLIN, daté de 1443, vieux style. Il commence par la *Guerre des Gaules*, sans aucun titre. La première page est entourée d'un encadrement du plus beau style italien du XV<sup>e</sup> siècle, peint en or et en couleurs et composé de rinceaux gracieusement combinés, d'anges, d'oiseaux et de chimères. Dans la marge extérieure de droite, un groupe de guerriers commandés par César, qui est couronné de laurier et couvert d'une somptueuse armure. Au bas de la page, quatre anges, d'un beau dessin, supportent ou accompagnent une couronne de laurier au milieu de laquelle est un écusson d'armoiries : *Coupé : au 1<sup>er</sup>, d'azur à une Sirène au naturel; au 2°, de gueules à un pal d'argent*. Aux côtés, les initiales M. I.

Les sept livres de commentaires sont suivis de la continuation de Hirtius (fol. 58 r°) qui s'arrête au f. 66.

Vient ensuite le commentaire sur la *Guerre civile*, ainsi terminé (fol. 106 v°) : *Auli Hircij viri clarissimi de bello ciuili C. Julij cesaris liber XI' explicit. Incipit vij. de bello Alexandrino*.

La *Guerre d'Alexandrie* finit par cette souscription (fol. 118 r°) : *Explicit xij de bello pharnacis. Sequit' xiij de bello Jube*.

La *Guerre d'Afrique* a pour souscription (fol. 133 v°) : *Auli hircij de bello affricano cesaris liber viij' explicit. Eiusdem incipit xiiij' de bello hispanësi contra filios Magni Pompeij*.

La *Guerre d'Espagne* finit par cette phrase : *quarum laudibus et virtute to-*

*tus in orbe terrarum mondus exultat. Amen.* Le copiste a ajouté de lui-même les derniers mots à partir de : *totus.*

Voici la souscription finale qui donne le nom du scribe, Guillaume Mazzola, et la date : *Explicit liber xiiij. de bello hispanensi Julij Cesaris contra Cn. Pom. et Sextum Pom. filios magni Pompeij. Amen finitus p. me Guill'mum mazolam die penultima Januarij* 1443.

Au-dessous, on lit ces sentences relatives à l'utilité des études historiques : *Tullius primo de Oratore dicit : Historia est temporum testis, lux, veritas, vita memorie, magistra vite, nuncia vetustatis. Aristoteles pro Rhetoricorum dicit : Historie antiquorum utiles sunt ad dandum bona consilia civitati.*

Ce manuscrit contient donc tout ce qui nous reste de César. Pour donner une idée de la valeur du texte, nous citerons quelques noms propres des peuples gaulois, tirés du livre VI, chap. 75, de la Guerre des Gaules. Ainsi notre manuscrit écrit *Segusianis*, et non *Segusiavis*; il contient la bonne version *Ambluaretis*, au lieu de *Ambivaretis*; il donne *Blenoviis*, au lieu de *Brannoviis*, mais la bonne leçon serait *Blannoviis*; il écrit *Eleucijs* et *Balbalis*, tandis que presque tous les manuscrits portent *Eleutetis* ou *Eleutheris*, et *Gabalis*; il donne la bonne version *Helvetiis*, au lieu de *Helviis*; et au même livre, chap. 90, il contient *Ambibaretos*, comme les meilleurs manuscrits, au lieu de *Ambivaretos*.

Les nombreuses initiales, peintes en couleurs, sont d'un genre particulier et d'un goût exquis. Notes marginales.

Sur le feuillet de garde, en regard de la première page, on trouve les noms des propriétaires de ce manuscrit au XV$^e$ siècle, dans une note ainsi conçue : *Hec C. Jullij Cesaris Comentaria illustris eques et patricius venetus dominus* JACOBUS ANTONIUS MARCELLUS *mihi* JOHANNI MICAELLI CARRARO *dono dedit anno sup'. Millesimum quadrigentesimum quinquagesimo sexto* (1456), *pp. q. munus ei nostra nosqz deberi sempiternum confitemur.* Plus tard, le prénom de *Micaelli* a été surchargé à la plume de celui de *Guidono*. Très-probablement, les armoiries et les initiales dont nous avons parlé plus haut sont celles de ce Jacques-Antoine Marcello, patricien de Venise. Sur le premier feuillet de garde, on lit : *Complet. Le* 24 *avril* 1839. *J. J. de Bure l'aîné.*

Ce beau manuscrit, d'une écriture soignée, est parfaitement conservé et très-grand de marges.

59. SUETONIUS. Vitæ XII Cæsarum. — In-4, de 169 ff.; lettres ornées; mar. bleu, fil à fr., tr. dor. (*Lortic*).

Beau manuscrit du XV$^e$ siècle, sur papier. Il commence par ce titre : *Caij Suetonij tranquilli de vita duodecim Cesaȝ ‖ liber primus. Caius Julius Cesar incipit.* La première page est encadrée dans une bordure enluminée, très-simple, mais fort jolie. Le texte finit par les mots : *deo gracias.* La place pour les mots grecs a partout été laissée en blanc. Notes marginales.

Chaque biographie commence par une grande et belle initiale en or et en couleurs. Grandes marges. Conservation parfaite.

60. VALERIUS MAXIMUS. De Dictis factisque memorabilibus. — In-fol., de 166 ff.; bordures et lettres ornées; mar. bleu foncé, fil., tr. dor. (*Lortic*).

Très-beau manuscrit du XVe siècle, sur VÉLIN, exécuté en France. Il commence au verso du premier feuillet par la table des chapitres qui finit à la page suivante. Le *prologus* (fol. 3 r°) est précédé de ce titre : *Valerii Maximi factorū et* || *dictorū memorabiliū lib'.1' icipit*. Au-dessus, un écusson armorié : *D'azur à un oiseau* (la tête est effacée, mais c'était probablement un *Faucon*) *d'or; au chef d'argent à deux bandes d'azur, chargées d'un cœur de gueules*. Cet écusson touche à une belle bordure, en or et en couleurs, formant un angle droit à l'intérieur duquel est placée la grande initiale enluminée U, du mot *Urbis* par lequel débute le prologue.

Le neuvième livre de Valère Maxime finit au f. 155 v.°; il est suivi de l'*Epitome* de C. Titus Probus qui est terminé par cette souscription : *Decimi libri Caij titi probi epithoma desinit*. A la suite, vient un petit traité sur l'organisation politique, civile et administrative chez les Romains ; il commence par une liste de sept rois de Rome. Enfin, le volume est terminé par une table alphabétique des matières.

Deux copistes ont concouru à la confection de ce manuscrit. Il ne contient pas au premier livre les vingt-quatre exemples qu'on ne rencontre que dans un très-petit nombre de copies. Les marges sont enrichies de nombreuses notes. Au dernier feuillet, on lit ces vers d'une écriture du XVIe siècle :

> Dieu tout puissant l'homme bon favorize
> Communément le meschant il mesprize.

Les manuscrits de Valère Maxime sont rares. Celui-ci est fort bien conservé.

61. **CASSIODORUS** (Magnus Aurelius). Epistolæ. — In-fol., de 265 ff.; bordures et lettres ornées; mar. brun, compart. en argent et à froid, tr. dor. et ciselée (*anc. rel.*).

Admirable manuscrit du commencement du XVIe siècle, sur beau VÉLIN, avec des marges superbes. Il commence, sans aucun titre, par la préface de l'auteur : *Cvm disertorvm* || *gratiam aut commvnibus fa*||*bvlis*.... Cette première page est ornée de deux délicieuses bordures se touchant à angle droit. Celle de la marge supérieure renferme, au milieu des rinceaux d'or sur un fond pourpre, un rond coupé de pourpre et de sinople, soutenu par deux anges, et contenant les armoiries du pape LÉON X *pour qui ce manuscrit a été fait*. La bordure de la marge intérieure renferme les différents emblèmes de ce souverain pontife, encadrés dans une composition du plus beau style renaissance, qui se détache merveilleusement sur un fond en or mat. Dans le haut, est l'emblème de Laurent le Magnifique, père de Léon X, emblème composé de trois plumes, blanche, rose et verte (symbole des trois vertus théologales), placées au milieu d'une bague et accompagnées de la devise : *Semper*. Il a été porté par tous les membres de la maison de Médicis. Plus bas, dans un médaillon, figure l'emblème personnel de Léon X, consistant en un joug, avec la devise : *Suave*. Il est surmonté de la lettre N, dont nous ignorons la signification. Le tout est accompagné de branches de rosier fleuries qui font aussi partie de l'emblème. La grande initiale C qui commence le texte est fort belle. On y voit, au milieu, un portrait d'homme, à mi-corps, tenant un livre : c'est sans doute Cassiodore.

Chacun des douze livres commence par une riche initiale fleuronnée ; chaque chapitre, et il y a en plus de 470, est orné d'une majuscule en or sur un fond de couleur.

Le texte finit par cette rubrique : *Cassiodori viri spectabil' liber explicit.*

On connaît la rareté des manuscrits des lettres politiques de Cassiodore, œuvre remarquable et la seule pour ainsi dire qui nous fournisse des renseignements sur l'état social et politique des Romains sous la domination des Goths. On ne saurait en rêver un plus bel exemplaire. Notez que la reliure elle-même a été faite pour Léon X, dont elle porte les armes peintes sur les deux plats : c'est un superbe échantillon de l'art italien au XVI° siècle.

Il provient de la collection de M. L. Double.

62. **PETRUS, monachus Vallium Sarnay (PIERRE DE VAUX CERNAY). Gesta Simonis, comitis de Monteforte.** — In-fol., de 71 ff., à 2 col. ; mar. brun, fil. à fr., tr. dor.

Manuscrit du XV° siècle, sur vÉLIN, d'une belle écriture, avec rubriques. Il commence par ce titre : *Gesta nobilis viri dñi Symonis* || *comitis de Môteforti des'cpta per* || *frēm petrū monachū vallium* || *sarnay cist'cien' ordĩs prologus* || *huius operis*, et finit ainsi : *Explicit gesta seu hystoria.... Amen. Bndicamus dño. Deo gracias.* La place pour les initiales des chapitres a été laissée en blanc.

Il suffit de rappeler que Pierre de Vaux-Cernay, historien français du XII° siècle, a été le témoin oculaire de la guerre des Albigeois, à la suite de l'armée de Simon de Monfort, pour faire ressortir l'intérêt de ce rare manuscrit où il y a à récolter bon nombre de variantes inédites. A la fin, se trouve une lettre du célèbre capitaine adressée aux sénéchaux à l'effet de donner aide et protection aux couvents et églises fondés par saint Dominique ; nous la croyons inédite.

Grandes marges ; conservation parfaite. De la bibliothèque du marquis de Morante.

### AUTEURS FRANÇAIS.

63. **LES GRANDES CHRONIQUES DE FRANCE, dites de Saint-Denis.** — Gr. in-fol., de 404 ff. ; miniatures, bordures et lettres ornées ; cuir de Russie, ornem. à fr. ; doublé de tabis ; fermoirs en argent repoussé (*Gruel*).

Superbe manuscrit de la fin du XIV° ou du commencement du XV° siècle, sur vÉLIN. En tête, figurent deux grandes et belles miniatures, reliées par un cadre commun. L'une représente probablement la construction de la cathédrale de Saint-Denis ; l'autre, le couronnement de Charlemagne. Le texte commence ainsi : *C'est le prologue du translateur.* || *Cil qui ceste œuvre* || *cōmence a tous ceulx qui ceste* || *histoire liront Salut...* La chronique s'arrête à l'avénement de Charles VI, ce qui correspond au chap. CX de l'édition due aux soins de M. Paulin Paris ; elle ne contient pas les deux derniers chapitres, celui du couronnement et celui du pillage de la Juiverie, qu'on ne rencontre que dans les manuscrits postérieurs. Elle est ainsi terminée : ... *lesquels le* cõscentirent et orent || agreable et cetera. Amen. || Cy fenissent les faiz du bon roy Charles le quint ain||si nommez.

La première page est entourée d'un bel encadrement. Des bordures et une quantité considérable d'initiales de diverses dimensions ornent ce précieux volume : elles sont toutes remarquables par la finesse et l'élégance du dessin, aussi bien que par leur fraîcheur.

Il provient de la collection d'Armand Bertin qui l'avait acheté en Angleterre. Dans le catalogue de vente de la bibliothèque de cet amateur distingué, nous relevons cette note : « Une main sacrilége avait enlevé au commencement « une miniature qui remplissait la moitié d'un feuillet, et dans le cours du « volume un certain nombre de lettres ornées. Ces imperfections ont été ré- « parées avec la plus grande habileté et avec le soin le plus minutieux [par « un excellent calligraphe, M. Victor Rougé]. »

En effet, il faut en être prévenu pour s'en apercevoir.

**64. CHRONIQUES DE NORMANDIE.** — In-fol., de 257 ff.; miniatures et lettres ornées ; rel. molle en parch.

Admirable manuscrit du XV<sup>e</sup> siècle, sur VÉLIN, d'une belle et grande écriture gothique, semblable à celle du célèbre manuscrit des Chroniques de Froissart que possède notre Bibliothèque nationale. Il est orné de QUINZE GRANDES MINIATURES, d'une beauté et d'une finesse rares.

La première, placée en tête, représente la DESCENTE EN NORMANDIE DU FAMEUX ROLLON, ou ROU; puis Robert, premier duc de cette province. C'est un ravissant petit tableau. Un vaisseau aborde devant une ville fortifiée dont on admire les beaux édifices : c'est indubitablement Rouen. Sur les murs de la ville, des guerriers sont réunis autour d'un chef qui tient un sceptre à la main ; d'autres guerriers à pied et à cheval sortent de l'enceinte fortifiée pour se porter au-devant des conquérants. A droite, au second plan, un autre navire vient de débarquer, sur une île dont ne voit qu'une partie, une petite troupe à la rencontre de laquelle vient un détachement de cavaliers. Derrière eux, apparaît une magnifique église à tours élevées, renfermée dans une enceinte également fortifiée. Au fond, le fleuve est bordé par une chaîne de monticules, sur l'un desquels se dresse un gibet avec le corps d'un pendu. Au-dessous de cette miniature, commence le texte par ces mots, sans aucun titre : *Pour ce que ceulx de bonne voul||enté qui tendent venir a hon||neur selon Dieu...* L'initiale P, richement enluminée, renferme un écusson armorié : *de gueules à trois chevrons d'or*; l'écu est sommé d'un heaume avec ses lambrequins et ayant pour cimier deux bras tenant un cœur. Ces armes reparaissent aussi dans une initiale, au fol. 151 r°. La page entière est encadrée dans une bordure historiée d'un grand luxe.

La seconde miniature (fol. 24 r°) représente le MARIAGE DU DUC ROU AVEC GILLE OU GISÈLE DE FRANCE, en présence du roi Charles le Simple, père de la dame (912). La cérémonie a lieu sous un riche portique, au milieu d'une nombreuse assistance. La finesse d'expression de toutes les têtes est vraiment extraordinaire, ainsi que la beauté des monuments d'architecture.

Dans la troisième (fol. 35 v°), nous assistons au DÉPART DU DUC GUILLAUME, dit *Longue-Épée*, DE LA VILLE D'AMIENS, ET A SON ASSASSINAT à PÉ-

QUIGNY-SUR-SOMME PAR LES GENS D'ARNOUL, COMTE DE FLANDRE (942). Remarquables spécimens d'architecture.

Dans la quatrième (fol. 74 r°), RICHARD SANS PEUR FAIT REBATIR L'ÉGLISE DE FÉCAMP.

La cinquième (fol. 88 r°) est composée de deux parties ; dans celle de droite, on voit porter à Fécamp le duc RICHARD II, dit *le Bon*; dans celle de gauche, il est représenté sur son lit de mort, au milieu de son entourage (1027).

La sixième (fol. 89 r°) représente la PRISE DU CHATEAU D'ALENÇON PAR LE DUC ROBERT I<sup>er</sup>, dit *le Diable*, père de Guillaume le Conquérant.

Dans la septième (fol. 101 r°), le même ROBERT I<sup>er</sup>, atteint d'une maladie pendant son pèlerinage à Jérusalem (1035), se fait porter en litière par des Éthiopiens, ce qui lui faisait dire en plaisantant « qu'il allait au paradis, mené par des diables ». (Voir la reproduction au catalogue illustré.)

La huitième (fol. 138 v°), divisée en deux compartiments, représente d'un côté ÉDOUARD, ROI D'ANGLETERRE, SUR SON LIT DE MORT, de l'autre, le COURONNEMENT D'HÉRALD.

La neuvième (fol. 155 v°) a pour sujet le DÉBARQUEMENT DE GUILLAUME LE CONQUÉRANT SUR LES COTES D'ANGLETERRE ET LA BATAILLE D'HASTINGS (14 oct. 1066).

La dixième (fol. 160 v°) nous fait assister à un épisode de la BATAILLE D'HASTINGS, au moment où les Normands simulent la fuite pour faire sortir les Anglais de leurs « hourdis ». Au fond, on voit *l'Abbaye de la bataille*, fondée par le duc Guillaume sur le champ d'Hastings.

Dans la onzième (fol. 167 r°), les familles de l'armée vaincue viennent enlever leurs morts après la bataille. LE CORPS DU ROI HÉRALD OU HAROLD EST TRANSPORTÉ PAR DES RELIGIEUX AU MONASTÈRE DE WATHAM. Au fond, *l'Abbaye de la bataille*. (Voir la reproduction au catalogue illustré.)

La douzième (fol. 176 r°) représente d'un côté les FUNÉRAILLES DE GUILLAUME LE CONQUÉRANT, de l'autre, le COURONNEMENT DE GUILLAUME LE ROUX, par Lanfranc, archevêque de Canterbury (1087).

Dans la treizième (fol. 186 r°) est représentée la chasse à Newforest (aujourd'hui le parc de Southampton) où le duc ROBERT II, dit *Courtcheuse*, trouve la mort (1100).

La quatorzième (fol. 213 v°) représente la BATAILLE DU MANS, entre HENRI II, roi d'Angleterre, et le roi de France Philippe-Auguste, assisté du prince Richard *Cœur de Lion* (1189). A droite, la ville du Mans en flammes; au fond, des embarcations garnies de troupes.

Enfin, dans la dernière (fol. 244 v°), nous avons sous les yeux le SIÉGE DU CHATEAU DE CHALUS où Richard Cœur de Lion, alors roi d'Angleterre et duc de Normandie, est mortellement atteint de la flèche de Bertrand de Gourdon (1199). Chalus est situé au centre du plateau du Limousin, mais le miniaturiste, pour produire plus d'effet, a pris la licence d'y figurer un port de mer. (Voir la reproduction au catalogue illustré.)

Ces peintures nous offrent un des plus beaux spécimens de ce que l'art français a produit au XV<sup>e</sup> siècle. Elles fournissent en outre de précieux détails pour les costumes, l'ameublement, les cérémonies religieuses, l'architecture, la construction navale, les armes et les armures, etc. Ce n'est pas tout. Le volume renferme en outre plusieurs centaines d'initiales enluminées, de dimensions variées : les plus grandes ont presque sept centimètres carrés. Chacune d'elles présente au milieu un sujet d'ornement ou un sujet de genre, délicieusement peints en camaïeu, or ou blanc, sur un fond de couleur. On y voit des animaux réels ou fantastiques, des pièces héraldiques, des fleurs, des luttes, des tournois, des scènes des mœurs, plusieurs sujets de danse des morts, etc. Tous les bouts de lignes sont garnis de tirets diaprés. La liste des chevaliers qui ont pris part à la conquête de l'Angleterre (fol. 163 à 166) est entourée d'un grand luxe; chaque ligne de cette liste commence par une belle majuscule peinte.

Le texte finit par cette phrase : *Cest an sesunirent* (sic) *les crestiens de toutes terres a eulx croisier pour aler en Jherusalem concquerre la sainte terre.* L'auteur anonyme finit son histoire à la paix de 1217 entre Henri III, roi d'Angleterre, et Philippe-Auguste. Sa rédaction est cependant postérieure à 1250, car, vers la fin, il fait mention du rachat de saint Louis.

Plusieurs extraits de ce manuscrit ont été donnés au siècle dernier dans les t. XI et XIII du *Recueil des historiens des Gaules et de la France*, publié par les religieux bénédictins de la congrégation de Saint-Maur. Il appartenait à ce moment à Charles-Antoine BERNARD, marquis d'Averne, maréchal des camps et armées du roi ; depuis, il passa, par héritage, entre les mains de M. de Vauquelin d'Ailly qui a mis son nom sur le parchemin de la reliure.

## 65. CHRONIQUES ABRÉGÉES DES ANCIENS ROIS ET DUCS DE BOURGOGNE. — In-4, de 15 ff.; miniatures; velours rouge, milieu, coins et fermoirs de cuivre repoussé (*rel. du temps*); étui en mar. vert.(*Lortic*).

Manuscrit de la fin du XVe siècle, sur VÉLIN, de la plus haute importance. C'est une suite de ONZE MINIATURES couvrant la page et accompagnées d'un texte très-court. Le sujet principal de chacune de ces miniatures occupe les deux tiers de la page ; au-dessous, dans une riche bordure, il y a invariablement trois lignes de texte.

Le recto du premier feuillet est blanc ; au verso, se trouve une miniature formant frontispice. Dans une galerie somptueuse dont le côté droit laisse voir des rayons chargés de volumes reliés, un clerc vénérable, richement vêtu et de haute stature, enroule autour d'un pilier sculpté l'extrémité d'un grand rouleau sur lequel on lit, en lettres d'or : *S'ensieuent aulcunes croniques ex* || *traittes daulcuns anciens registres et* || *aultres enseignemens danciens roix* || *princes et pluisz saintes personnes is*||*sus de la tresnoble et anchienne maisō*|| *de bourgongne.* A gauche, au-dessus d'une frise, deux lions soutenant un écu aux armes primitives de Bourgogne.

En regard de ce frontispice, se trouve la seconde miniature qui offre trois sujets distincts, mais liés étroitement entre eux. A gauche, sainte Marie-Madeleine assiste, à Aix en Provence, au baptême administré par saint Maximin à TROPHIME, premier roi de Bourgogne, ainsi qu'à sa femme, que la sainte avait convertis à Marseille. Au milieu, ÉTIENNE, le second roi légendaire, quitte son palais pour accomplir un pèlerinage à *Saint-Victor de Marseille* où il fait porter la *croix de saint André,* par reconnaissance pour sainte Madeleine qui l'avait ressuscité, ainsi que sa mère. Cette croix est devenue depuis l'enseigne des ducs de Bourgogne. Dans la partie droite, est représentée la scène de la résurrection dont nous venons de parler. Les trois lignes de texte par lesquelles commence cette chronique sont ainsi conçues : *Lan quatorse apres la resurrecti‖on nostre sr la glorieuse mag‖delaine par sa predication cō[verti]*... Le texte continue à la page suivante. (Voir dans le catalogue illustré la reproduction, par la gravure sur bois, de ce curieux petit tableau.)

Dans la troisième miniature (fol. 3 r°), CHILPÉRIC I<sup>er</sup>, roi de Bourgogne, accompagné de sa suite, accueille, à la porte d'une église, saint Oyant et sainte Luxicine (Lucienne), qui « *furent disciples de monsr saint Iehan evangeliste et apporterent l'appocalipse en Bourgongne.* » Il fonda pour eux l'abbaye de Saint-Oyant (?).

La quatrième miniature (f. 4 v°) représente, dans un petit compartiment à gauche, le Martyre de SAINT MAURICE, neveu de Sigismond IV, roi de Bourgogne, et de plusieurs de ses compagnons; le reste de la peinture nous laisse voir l'intérieur d'une belle église romane où s'accomplit LE BAPTÊME DE CLOVIS, sous les yeux de sainte Clotilde. Le bon patriote bourguignon qui a rédigé le texte ne manque pas, à cette occasion, de décocher à ses ennemis d'alors ce trait malin qui caractérise l'époque : « *Et estoient christiens les « roix de Bourgongne longtemps avant qu'il y eust roy crestien en France.* »

La cinquième miniature (fol. 5 v°) nous fait assister à la grande bataille où « THIERRY [II], roy de Bourgogne, desconfist LOTHAIRE [Clotaire], roy « de France, II<sup>e</sup> de ce nom, l'an VI<sup>c</sup> V (605). » L'artiste, d'accord en cela avec la légende, y représenta, planant au-dessus des armées, « ung angèle quy « sur le peuple tenoit une espée toute nue. » Il s'agit probablement de la bataille d'Étampes dont la date est fixée par les historiens à l'année 604.

Dans le sixième tableau (fol. 7 v°), GÉRARD DE ROUSSILLON, le célèbre héros des chansons de geste, remporte une victoire sur le roi de France. Au fond, on voit *l'abbaye de Vezelay*, fondée par Théochus, roy de Bourgogne, père de Gérard, et terminée par ce dernier; sur la route, on distingue le cortége qui y transporte le « *corps de la glorieuse Magdelaine, comme il ap-« pert en sa légende.* »

La septième miniature (fol. 9 v°) représente SAINT BERNARD au moment où il prend possession, avec les moines de Cîteaux, de la célèbre *abbaye de Clairvaux*. On lit au bas : « Saint Bernard, chapelain de la Vierge Marie, des-« cendy de la maison des roix de Bourgogne. » Il était, en effet, allié par sa mère Aleth (diminutif d'Élisabeth) à la première maison des ducs de Bourgogne. Cette page, remarquable pour la partie architectonique, est reproduite en gravure sur bois au catalogue illustré.

La huitième (fol. 10 v°) représente l'EMPEREUR FRÉDÉRIC BARBEROUSSE, « *frère de Boson, roy de Bourgogne,* » en vêtements impériaux, la couronne sur la tête, l'épée haute dans une main et le globe dans l'autre. Il sort d'un palais, suivi de ses barons. A droite, on voit la mer et deux vaisseaux garnis de guerriers : il faut probablement y reconnaître l'expédition de Barberousse pour la croisade.

Dans la neuvième (fol. 13 r°), PHILIPPE LE BON, duc de Bourgogne, est assis sur le trône entouré de ses barons et chevaliers de la Toison d'or. Sur les marches du trône, repose un lion; à gauche, un valet nègre caresse un lévrier blanc.

La dixième (fol. 14 r°) nous montre CHARLES LE TÉMÉRAIRE sur son trône, entouré des chevaliers de la Toison d'or et des officiers de sa cour. Au dehors du palais, les domestiques des seigneurs bourguignons avec leurs chevaux; sur le premier plan, on voit le palefroi blanc du duc, richement caparaçonné. (Voir la reproduction, en chromolithographie, de cette miniature au catalogue illustré.)

Dans la onzième (fol. 15 r°), divisée aussi en deux compartiments, MAXIMILIEN, archiduc d'Autriche (plus tard le célèbre Maximilien I$^{er}$, empereur d'Allemagne), accompagné de ses barons, remet une épée de chevalier à son jeune fils Philippe (plus tard Philippe le Beau, roi de Castille et père de l'empereur Charles-Quint) qui lui est présenté par sa mère MARIE DE BOURGOGNE, fille unique de Charles le Téméraire. La duchesse est accompagnée des dames de sa cour. Au fond de la salle, est représenté le *Lion* de Flandres, assis sur le parquet. A travers les vitres de deux grandes fenêtres, on voit, dans le lointain, les monuments d'une ville. Dans le compartiment gauche, attenant à cette miniature, est représentée l'entrée du palais ducal : un hallebardier se tient au pied du perron; le *Lion* de Flandres est couché dans une niche. Au fond, on aperçoit en partie une belle église gothique et des maisons. On trouvera dans le catalogue illustré une reproduction, en gravure sur bois, de cette curieuse miniature.

Ces miniatures sont autant de petits tableaux, intéressants à étudier au point de vue du costume, des armes, des armures, de l'architecture et de l'histoire de l'art. Les paysages en sont ravissants. Les bordures placées au-dessous offrent ce qu'il y a de plus parfait en ce genre à cette époque. La richesse et la variété des dessins, le choix heureux des sujets d'ornementation, l'harmonie des couleurs, tout s'y trouve réuni. Toutes, elles ont un fond or mat, pointillé, sur lequel se détachent, en relief, des branches d'arbustes peintes en grisaille, des fleurs, des fruits, des singes, des oiseaux, des papillons, des insectes, des êtres fantastiques, enfin des créatures humaines, telles qu'une dame avec un chien, une demoiselle pinçant de la guitare, un berger jouant de la musette, un archer lançant sa flèche sur un oiseau qui s'envole.

A quelle école appartient l'artiste qui a exécuté ces belles peintures? On ne peut, à notre avis, le rattacher à l'école flamande. La simplicité dans la composition, la naïveté d'expression des figures et du style en général, enfin certains défauts caractéristiques le rapprochent de l'École française. Nous pensons que le miniaturiste était de la Bourgogne proprement dite, peut-être de Dijon même.

Reste à savoir pour qui a été fait ce somptueux manuscrit. Il faut d'abord remarquer qu'il a été conçu dans une idée politique. D'un bout à l'autre, le texte est un panégyrique exalté de la puissance et du grand rôle historique du duché de Bourgogne. L'auteur augmente le nombre de ses anciens souverains, l'appelle royaume, et ce n'est qu'en approchant des temps modernes, qu'il juge à propos de soutenir que c'est par l'effet de la haine et par trahison que ce titre fut changé en celui de duché. Bien que le manuscrit soit postérieur à la réunion de la Bourgogne au royaume de France, opérée par Louis XI, non-seulement notre chroniqueur ne parle point de ce grand fait historique, mais il affirme les droits des héritiers de Charles le Téméraire sur ce pays, et octroie au jeune Philippe, fils de Maximilien d'Autriche, le titre de duc de Bourgogne. *C'est donc une sorte de protestation contre l'annexion de ce duché*, et, comme telle, elle ne pouvait être adressée qu'à celui qui y était le plus directement intéressé. L'auteur enregistre la mort de

HISTOIRE.

Marie de Bourgogne (1481), et finit ainsi sa chronique (fol.15 v°) : « Desdiz Maximilian et Marie, *duc d'Austrice et ducesse de Bourgongne*, est descendy « Phelippe, *duc de Bourgongne* et conte de Flandres, leur seul fil, et n'auoit « iceluy que trois ans et IX mois au trespas de lad. feu Marie, sa mère. » Le manuscrit ne doit donc pas être de beaucoup postérieur à cette date, et il est forcément antérieur au 16 février 1486, où Maximilien, qualifié ici *duc d'Autriche*, fut élu roi des Romains.

De tout ce qui précède, il résulte pour nous presque la certitude qu'il a été exécuté pour ce même Maximilien (depuis empereur Maximilien I<sup>er</sup>) : soit directement, soit qu'il lui ait été offert par quelque ardent légitimiste bourguignon de cette époque. On remarquera même que le portrait de ce prince, zélé protecteur des arts, est assez ressemblant.

Nous n'insisterons pas davantage sur l'intérêt exceptionnel qu'offre ce manuscrit unique, dont les peintures sont d'une fraîcheur et d'une conservation parfaites. Il a été acquis par M. Didot, en 1865, pour une somme supérieure à son pesant d'or : celle de dix mille francs.

66. LE TRESPAS DE L'HERMINE REGRETÉE (Funérailles d'ANNE DE BRETAGNE, reine de France, par un anonyme). — In-4, de 40 ff. (les deux derniers sont blancs); miniatures et lettres ornées; mar. rouge, fil., tr. dor. (*Derome*).

Admirable manuscrit sur vélin, exécuté vers 1515. Ce récit détaillé des funérailles d'Anne de Bretagne, rédigé par un témoin oculaire qui a gardé l'anonyme, diffère, tant par le style que par certains détails fort importants, de la relation officielle, écrite, sur l'ordre de Louis XII, par Pierre Choque, dit *Bretagne*, roi d'armes de la défunte (voir le n° suivant). Il est ENTIÈREMENT INÉDIT, et mériterait d'être publié. De plus, il est orné de cinq miniatures (non compris le titre) d'une grande beauté.

A la première page, est peint un drap noir, chargé d'une croix blanche au milieu de laquelle, sur une tablette fixée au drap par une épingle, on lit le titre du volume : Le. Tres=‖pas. de. ‖ ther=‖mine. ‖ regre=‖tee. Cette croix est cantonnée de quatre écussons aux armes de la reine, mi-parties de France et de Bretagne et entourées de la cordelière.

Le texte commence au feuillet suivant, en ces termes : « *Or prions Dieu pour les ames des trespassez. Singulierement et tres expressement pour celle de tres haulte, tres puissante, tres illustre et tres magnanime princesse Madame Anne*, etc. » L'auteur anonyme de cette rédaction devait être un des officiers intimes de la princesse et de ceux qui l'ont le plus regrettée. Une douleur profonde, pénétrée de sentiments élevés, perce sous sa plume, et rien que le choix de ce titre mélancolique semble témoigner de la sincérité de ses regrets.

La première des miniatures (fol. 5 v°) (elles sont toutes de la grandeur des pages) représente la Reine morte, couchée sur un lit de parade, dans sa chambre du château de Blois. Le visage de la reine, noble et calme, est d'une grande beauté. Autour d'elle, les dames de son service, vêtues de deuil, ainsi que des religieux et des religieuses, assis ou à genoux, disent des prières.

La seconde miniature (fol. 12 v°) nous fait voir l'Intérieur de l'église

Saint-Sauveur a Blois, au moment où l'évêque de Paris dit la messe devant le somptueux catafalque de la reine. Cette miniature est reproduite en gravure sur bois dans le catalogue illustré.

Les deux miniatures suivantes sont placées l'une en regard de l'autre (fol. 27 v° et 28 r°) et forment ainsi un tableau du plus bel effet. C'est l'Arrivée du cortége funèbre a l'église Notre-Dame de Paris. Le cardinal Jean de Luxembourg, archevêque du Mans, assisté de l'évêque de Paris et d'un nombreux clergé, vient, à la porte de la cathédrale, au-devant du corps de la reine, qui est couvert d'un drap d'or surmonté d'une effigie de cette princesse, et porté par les *Henouards* (mesureurs de sel de Paris). Les quatre présidents du Parlement, vêtus de leurs chapes écarlates fourrées de menu vair, tiennent chacun un des coins du drap. Derrière le corps, quatre écuyers, vêtus de deuil, portent le *paile* (dais) qui surmontait le corps pendant la marche, tandis que d'autres personnages, tous en grand deuil, ont à la main des torches aux armes de la reine. Le devant des maisons, sur le parcours du cortége, est tendu d'un drap bleu à flammes d'or.

Enfin, la dernière miniature (fol. 36 r°) représente l'Ensevelissement du corps de la reine dans le caveau du chœur de la cathédrale de Saint-Denis. Le cardinal du Mans jette sur la dépouille mortelle une pelletée de terre, tandis que Pierre Choque, roi d'armes de Bretagne, reçoit, des mains du grand écuyer, la couronne ducale pour la poser sur le cercueil. La cérémonie représentée dans ce petit tableau, supérieurement exécuté, ainsi que le texte qui s'y rapporte, *ne nous sont connus que par le présent manuscrit* : c'est ce que M. Le Roux de Lincy a signalé dans sa belle monographie d'Anne de Bretagne.

On ignore le nom du miniaturiste, qui compte, en tout cas, au nombre des meilleurs artistes de la cour de Louis XII. Les cinq compositions ci-dessus diffèrent complétement de celles qui ornent la relation officielle des funérailles (voir le n° suivant). Elles sont fort bien dessinées, et ce qui frappe surtout, c'est le jeu naturel et l'expression vraie des physionomies.

Le texte, dont chaque paragraphe commence par une initiale peinte en or sur un fond rouge ou bleu, finit ainsi : « *Lors commença ledit roy d'armes* « *Bretaigne à crier à haulte voix en ladicte salle, disant : La trescrestienne* « *royne et duchesse nostre souveraine dame et maistresse est morte! Chascun se* « *pourvoye! Finis.* »

Ce manuscrit avait appartenu au siècle dernier au chancelier d'Aguesseau, ce que constate une assez longue note sur le feuillet de garde. Il y portait le n° 4859. D'après cette note, il était relié en velours noir, avant d'avoir été revêtu de sa couverture actuelle. Un second enregistrement, signé par le bibliothécaire du chancelier, figure au verso du titre. Mais ce beau volume a une provenance bien plus illustre encore. Il figure, en effet, au catalogue de la riche collection de manuscrits du GRAND CONDÉ, catalogue publié par M. Le Roux de Lincy dans le *Bulletin du bibliophile*, 1860. Bien que l'indication se borne à cette mention : *N° 185. Le Trépas de l'hermine regrettée*, l'identité nous paraît hors de doute, attendu qu'on n'en connaît pas d'autre exemplaire. En 1862 il figurait au catalogue raisonné d'une belle série de manuscrits faisant partie de la librairie Techener : il y était coté 5,000 fr.

Ce précieux manuscrit est dans un état de conservation parfaite.

## HISTOIRE.

**67. FUNÉRAILLES D'ANNE DE BRETAGNE** (par Pierre CHOQUE, dit *Bretagne*, roi d'armes). — Pet. in-fol., de 64 ff.; miniatures et lettres ornées; mar. noir, doré en plein, tr. dor. (*anc. rel.*).

Superbe manuscrit sur VÉLIN, exécuté vers 1515. C'est la relation officielle des cérémonies funèbres, relation dont nous avons parlé ci-dessus. Louis XII en fit exécuter un certain nombre d'exemplaires, qui furent tous ornés de ONZE MINIATURES, toujours les mêmes, représentant les principaux épisodes des funérailles, et dont le célèbre peintre Jean Perréal, dit *Jean de Paris*, avait fourni les modèles. Ces exemplaires ont été distribués, chacun avec une dédicace spéciale, aux princes du sang et aux parents de la défunte. On en connaît aujourd'hui près de vingt exemplaires, dont dix sont conservés à la Bibliothèque nationale. On n'en cite qu'un seul appartenant à un particulier : c'est celui de la célèbre collection de sir Thomas Phillips, au château de Middlehill.

Notre manuscrit commence au verso du 1ᵉʳ feuillet par une petite miniature représentant un écusson aux armes de la reine, surmonté d'une double couronne et supporté par un ange à genoux et par un lion. Une hermine, avec la devise : *A ma Vie*, est placée au-dessous. Plus bas, la lettre N enluminée devait commencer la dédicace qui n'a pas été faite. Le texte est précédé de ce titre en rouge : *Comemoration et auertissement de la ‖ mort de trescrestiẽne, treshaulte, trespuis‖sante et tresexcellante princesse ma tresdoubtée ‖ et soueueraiñe dame. Ma dame Anne, deux foiz roy‖ne de France, duchesse de Bretaigne, seulle heritiere ‖ d'icelle noble duché. Contesse de Montfort, de Riche‖mõt, d'Estampes et de Vertuz. Ensaignement de ‖ sa progeniture Et complainte que faict Bretai‖gne, son premier herault et l'un de ses roys d'armes.* Suit d'abord cette *Complainte* en vers, puis la *Généalogie* de la reine, « faitte en termes rudes et ryme selon les ystoires antiques », qui se poursuit pendant vingt et une pages. Nous arrivons ensuite à la relation du décès et des funérailles de la reine.

Voici les sujets des dix autres miniatures : 1º Exposition du corps sur un lit de parade, dans la salle d'honneur du château de Blois (fol. 12 rº); — 2º Ensevelissement du corps (fol. 14 rº); — 3º Prière autour du cercueil (fol. 16 vº); — 4º Signe étrange qui a été vu au-dessus de la ville de Suze, et en plusieurs lieux du Piémont, de la Savoie, etc., le jour du décès de la reine (fol. 19 rº); — 5º La Chapelle ardente à l'église Saint-Sauveur à Blois (fol. 26 rº); — 6º Le Cortége funèbre à Paris ; le cercueil est porté par les *hénouards*, et accompagné par les présidents du Parlement (fol. 42 rº); — 7º La Chapelle ardente à Notre-Dame de Paris (fol. 44 rº); — 8º La Chapelle ardente à l'église de Saint-Denis (fol. 46 vº); — 9º L'Exposition du cœur de la reine dans la chapelle de l'église des Carmes, à Nantes (fol. 57 rº); — 10º La Boîte d'or, en forme de cœur, surmontée d'une couronne et couverte d'inscriptions gravées, dans laquelle fut enfermé le cœur de la défunte (fol. 61 rº).

Quoique inférieures à celles du précédent manuscrit, ces miniatures sont fort belles et d'une grande fraîcheur. Elles ont été reproduites dans les *Monuments de la monarchie françoise*, de Montfaucon, t. IV.

Sur les marges sont peintes les armoiries des principales villes que traversa le cortége funèbre, telles que Blois, Orléans, Janville, Étampes et Paris. Chaque paragraphe du texte commence par une initiale enluminée.

Au milieu de la relation, on a intercalé des rondeaux, en forme d'épitaphe, complaintes de mort, etc., dus à la plume d'André de la Vigne, secrétaire de la reine et auteur de quelques bonnes pièces de notre théâtre comique. On y trouve aussi d'autres pièces de vers écrites par des anonymes. Cette relation a été publiée par MM. Merlet et de Gombert en 1858.

La reliure de ce volume est digne d'attention. Elle paraît avoir été exécutée au XVIe siècle, dans l'atelier des Ève peut-être. Les plats sont parsemés de fleur de lis, d'hermines et d'A couronnés. Au milieu, dans un riche fleuron, on voit les armes d'Anne de Bretagne. La dorure à petits fers est remarquable ; le tout est parfaitement conservé.

Ce manuscrit a figuré au même catalogue que le précédent, au prix de 3,000 fr. Depuis, il a reparu, à la vente Libri (1864).

M. Techener a fait reproduire le dessin de cette belle reliure dans son *Histoire de la bibliophilie*.

68. **TERRIER DU MARQUISAT DE BREVAL.** — In-fol., carré, de 86 ff.; miniatures; mar. noir, compart. et fleurons en argent et en mosaïque, tr. dor. (*anc. rel.*).

Manuscrit du XVIe siècle, sur VÉLIN. Il est intitulé : *Procés verbal de la refformacion de la forest de Breval et du Brueil de Gainville, pour haulte et puissante dame Madame Dianne de Poytiers, duchesse de Valentinois, contesse de Maulevrier, dame d'Annet et de Breval*. Ce titre est répété sur le feuillet de garde.

C'est l'exemplaire même de DIANE DE POITIERS, dans sa reliure originale, portant sur les plats les emblèmes de la duchesse : trois croissants entrelacés, entourés d'un cadre formé d'arcs ; et, au dos, le chiffre de Diane et d'Henri II.

Le recto du feuillet qui suit le titre est entièrement occupé par un grand écusson aux armoiries paternelles de Diane (de Saint-Vallier) ; le fond de la page est peint en bleu, parsemé de flammes d'or.

Au recto du feuillet suivant, figurent ses armoiries personnelles : *Parti : au 1er, d'azur à huit croisettes d'or passées en orle autour d'un écusson d'azur bordé d'or et chargé d'un autre écusson d'argent ; qui est* DE BRÉZÉ ; *au 2e, écartelé : aux 1 et 4, d'azur à six besants d'argent ; au chef d'or ; qui est* DE SAINT-VALLIER ; *au 2, d'azur semé de fleurs de lis d'or ; au franc quartier d'argent, à trois croissants de gueules ; au 3, d'argent aux emmanchés de sable ; qui est* DE RUFFI. L'écu en losange est surmonté d'une couronne ducale, et entouré de la cordelière de veuve. Aux coins de la page, sont peints en or deux arcs et deux carquois garnis de flèches. Le fond est peint en bleu et parsemé de lunes d'or.

Au recto du feuillet suivant, on voit les armes de son mari, Louis de Brézé, surmontées de la couronne de comte et entourées du collier de Saint-Michel. Le fond peint en bleu est parsemé de pensées.

Ces trois pages sont encadrées dans une bordure noir et or.

Le procès-verbal en question date du 1er avril 1544. Il a été dressé pardevant Paul de Villemor, conseiller du roi. On y trouve l'historique de la propriété de la forêt de Breval et autres lieux.

# HISTOIRE. 55

A la suite de ce volumineux document, on a ajouté les pièces suivantes :

1° Note adressée au prince de Tingry au sujet de la rénovation des terriers du marquisat de Breval lui appartenant ; sur papier, sans signature ;

2° Nomination à la charge de garde-pêche dans la rivière d'Eure, et de garde-chasse dans le marquisat de Bréval, d'un nommé Clair-Joseph Peret, habitant de la paroisse de Bué ; original en parchemin, daté du 21 septembre 1771, signé par Charles-François-Christian de Montmorency-Luxembourg, prince de Tingry, et scellé de son cachet ;

3° Copie sur parchemin de deux actes émanant du roi Philippe V (1317 et 1318), à l'effet de constater que la châtellenie de Breval a toujours été du domaine du Roy.

Le volume entier et la reliure sont parfaitement conservés.

69. **STATUTS DE L'ORDRE DE SAINT-MICHEL.** — In-4, de 44 ff., miniatures et lettres ornées ; mar. noir, compart. fleurdelisés, tr. dor. (*reliure du XVI*e *siècle*).

Manuscrit du XVIe siècle, sur beau VÉLIN et d'une belle écriture ronde. Il commence ainsi, sans aucun titre : *La table des chappitres du liure de* || *lordre du treschrestien Roy de France* || *Loys vnziesme. A lhonneur de sainct* || *Michel.*

Ces statuts de l'ordre de Saint-Michel, créé par Louis XI au château d'Amboise, le 1er août 1469, comptent 92 articles. En tête (fol. 7 r°), se trouve une miniature de toute beauté, admirablement conservée, et occupant les deux tiers de la page : elle représente la réception d'un chevalier de l'ordre. Elle est entourée, ainsi que quatre lignes de texte écrites au-dessous, d'un beau cadre style Renaissance, avec les armes de France au bas. Nous en donnons une reproduction au catalogue illustré.

Chaque paragraphe de la table et du texte commence par une charmante initiale en or et en couleurs.

De la bibliothèque Yemeniz.

---

70. **DIPLOME** délivré à **MARIE-ANTOINETTE**, dauphine de France, par l'Académie des sciences et des beaux-arts d'Augsbourg, en qualité de membre honoraire. — In-fol., de 3 ff. ; relié en velours rouge.

Original en parchemin, daté du 28 avril 1770, et signé : *Johann Daniel von Herzberg, Præses ; — Johannes Esaias von Nilson, Director ; — Hieronymus Andreas Mertens, Secretarius.*

En tête, figurent les armes de l'Académie, dessinées à la plume. Les noms, prénoms et titres de la Dauphine, ainsi que les premières lignes du diplôme, occupent trois pages, et sont écrits en beaux caractères gothiques, avec un grand luxe d'ornements. Le calligraphe de l'Académie des beaux-arts d'Augsbourg a produit ici un chef-d'œuvre du genre.

# IMPRIMÉS

# IMPRIMÉS

## BELLES-LETTRES

### I. LINGUISTIQUE

71. Etymologicum magnum (en grec). (A la fin : ) *Imprimé à Venise par Zacharias Calliergi, aux frais du noble et illustre Nicolaos Blastos, de Crète*, 1499. Gr. in-fol.; veau fauve, fil., tr. dor.

>Édition *princeps*. Chef-d'œuvre de typographie, remarquable par la beauté des types grecs et par le luxe de son illustration. Le célèbre Marc Musurus a fait insérer en tête une préface fort intéressante pour l'histoire littéraire. M. Didot a consacré à ce beau livre une longue étude dans son ouvrage sur *Alde Manuce* (p. 546 à 561).
>
>Exemplaire Renouard, très-pur et presque à toutes marges.

72. MANUTIUS. Aldi Manutii Romani Rudimenta Grammatices latinæ linguæ. (A la fin : ) *Ven. (apud Aldum), mense febr. D I.* (1501). In-4; mar. rouge, fil. à froid, fleurons, tr. dor. (*Hardy*).

>Première et très-rare édition, avec les deux appendices. Alde a placé en tête une curieuse épître qui touche à des questions délicates de pédagogie. Voir Didot, *Alde Manuce.*
>
>Très-bel exemplaire, grand de marges.

73. DESPAUTERIUS (Joh.). Commentarii Grammatici. *Parisiis, ex off. Rob. Stephani*, 1537. In-fol.; veau fauve, fil., tr. dor. (*Boyet*).

>Une des plus belles impressions de Rob. Estienne.
>
>Superbe exemplaire, réglé, aux armes du comte d'Hoym, provenant de la bibl. Morante.

74. GASPARINI Pergamensis Orthographiæ liber fœliciter incipit. — GUARINI Veronensis de diphthongis libellus fœliciter incipit. (*Absque nota.*) In-4, de 223 ff. dont 4 blancs, et 9 ff., sans ch., recl. ni sign.; lettres rondes; mar. bleu, fil., riches compart. sur les plats, tr. dor. (*Lortic*).

Édition extrêmement rare. C'est un des quatre premiers livres imprimés par Martin Crantz, Ulrich Gering, Michel Friburger, dans le local qu'ils occupaient à la Sorbonne, avec les caractères des *Epistolæ* du même auteur et dans la même année (1470), car la fonte n'est pas fatiguée.

Magnifique exemplaire.

75. JANUA (Joh. de). Catholicon. (A la fin :) *Altissimi presidio... hic liber egregius. catholicon. dñcie incarnacionis annis* M. cccc. lx. (1460) *Alma in urbe maguntina... confectus est.* Gr. in-fol., goth.; relié en 2 part. en mar. bleu, riches comp., tr. dor. (*Masquillier*).

Édition *princeps*, attribuée aux presses de Gutenberg. Le volume commence, sans intitulé, par ces mots : (P) *Rosodia quedā ps'grāmatice nuncupatur...* La page est entourée d'un encadrement peint en or et en couleurs. Nombreuses initiales enluminées.

Superbe exemplaire, de la bibl. Borluut de Noortdonck.

76. Catholicon abbreviatum. (A la fin :) *Exaratum per Ioannem Lambert. commorantem in vico sancti Iacobi*, 1506. In-4, goth., à 2 col.; mar. bleu, tr. dor. (*Trautz-Bauzonnet*).

Curieux dictionnaire latin-français. Cette édition fort rare, reproduit la première, encore plus rare, imprimée à la fin du XVe siècle par A. Cayllaut.

Exemplaire Yemeniz, de toute beauté et non rogné aux marges inférieures.

77. ESTIENNE (Robert). Traicté de la grāmaire Francoise. *L'Oliuier de Rob.'Estienne*. In-8; marg. rouge jans., tr. dor. (*Trautz-Bauzonnet*).

Première édition. La date (1557) est exprimée dans le texte à la dernière page. Très-bel exemplaire, grand de marges (H.: 0,163).

78. ESTIENNE (Henri). Traicté de la conformité du language François auec le Grec. S. *l. n. d.* (marque de *H. Estienne*). Pet. in-8 ; mar. rouge, fil. à fr., tr. dor. (*Smeers*).

Édition originale, qui contient les différents passages supprimés dans la suivante, entre autres le morceau dirigé contre le pape. A la fin, se trouve un avis au lecteur, terminé par un passage sur l'orthographe du livre : cet avis ne figure pas non plus dans la seconde édition.

79. ESTIENNE (Henri). Traicté de la conformité dv langage

françois auec le Grec. *A Paris, par Robert Estienne*, 1569. In-8; mar. bleu jans. (*Trautz-Bauzonnet*).

<small>Seconde édition. Exemplaire Yemeniz, d'une grande pureté, réglé, et non rogné (H.: O, 185).</small>

## II. RHÉTORIQUE

*Rhéteurs et orateurs, anciens et modernes.*

80. DEMETRII Phalerei de Elocvtione (en grec). *Florentiæ, apvd Ivntas*, 1552. In-8; mar. brun, fil. à compart., tr. dor. (*anc. rel.*).

<small>Première édition publiée séparément. Exemplaire en *grand papier*, couvert d'une fort belle reliure aux armes de Médicis *parti* de Malatesta. Il avait en effet appartenu à FRANÇOIS-MARIE DE MÉDICIS, grand-duc de Toscane, qui en a fait présent à son précepteur Antonio Angeli, selon la note autographe de ce dernier, écrite sur un feuillet de garde, et datée du 1er sept. 1552. De la collection Renouard.</small>

81. CICERO. M. Tullii Ciceronis Rhetoricorum secundus tomus. *Apud Seb. Gryphium, Lugduni*, 1546. In-16, de 631 pp.; mar. rouge, fil., tr. dor. (*anc. rel.*).

<small>Exemplaire ayant appartenu à JEAN RACINE dont il porte la signature, et des notes autographes en vingt-sept endroits du volume. De la collection Brunet.</small>

82. (CICERO, de Oratore.) *Venetiis, Valdarfer*, 1470. In-fol.; mar. bleu, comp. à froid, orn. dor. sur les plats, tr. dor. (*Lortic*).

<small>Superbe exemplaire à grandes marges de cette édition rare, premier ouvrage sorti des presses de Valdarfer.</small>

83. FICHET. Gulielmi Ficheti Rhetoricorum libri tres. *In Parisiorum Sorbona* (*Ulrich Gering, Martin Crantz et Michel Friburger*, 1471). Pet. in-4; mar. bleu, plaque à froid sur les plats, comp. à filets, tr. dor.

<small>Un des premiers livres imprimés à Paris. Les deux ff. d'épîtres prél. que l'on rencontre dans quelques exemplaires ne se trouvent pas dans celui-ci, bien complet du reste et très-beau. Quant à la date de ce volume, il faut consulter un travail remarquable de M. Madden et qui sera peut-être le dernier mot sur la question de l'*Origine de l'imprimerie de Paris* (à la suite de ses *Lettres d'un bibliographe*; Vᵉ série; Paris, 1878, in-8).</small>

**84. Oratores græci.** Orationes horvm rhetorvm : Aeschinis. Lysiæ. Alcidamantis... græce. Orationes infrascriptorvm Rhetorvm : Andocidis, Isæi, Dinarchi, etc. (A la fin :) *Venetiis, apud Aldum, et Andream Socerum mense Aprili. M.D.XIII* (1513). 2 part. en 1 vol. in-fol. — Isocratis orationes. Alcidamantis contra dicendi magistros, etc. (A la fin :) *Venetiis in œdibvs Aldi et Andreæ Soceri...... M.D.XIII* (1513.). — Ensemble 2 vol. in-fol.; mar. rouge, fil., compart., tr. dor. (*Bozérian jeune*).

Première édition de ce vaste recueil dont les beaux exemplaires, comme celui-ci, sont très-recherchés. L'épître dédicatoire d'Alde contient beaucoup de détails intéressants pour l'histoire du mouvement littéraire au XVIe siècle.

Exemplaire réglé, à grandes marges.

**85. BOSSUET.** Oraison funèbre de Henriette Marie de France, reine de la Grand'Bretagne prononcée le 16 novembre 1669... par Monsieur l'Abbé Bossuet, nommé à l'Evesché de Condom. *Paris, Séb. Mabre Cramoisy*, 1669. — Oraison funèbre de Henriette Anne d'Angleterre, duchesse d'Orléans, prononcée à Saint-Denis le 21 jour d'Aoust 1670, par Messire Jacques Benigne Bossuet: *Ibid.*, 1670. — En 1 vol. in-4; mar. rouge, fil., tr. dor. (*anc. rel.*).

Édition originale.

Exemplaire de Bossuet lui-même, selon toute probabilité, car il porte l'ex-libris de son neveu et héritier, J.-B. Bossuet, évêque de Troyes.

**86. BOSSUET.** Oraison funèbre de Marie Terese d'Austriche, infante d'Espagne, reine de France... prononcée à Saint-Denis le 1er sept. 1683 par Messire J.-B. Bossuet. *Paris, S. Mabre Cramoisy*, 1683. In-4 ; mar. noir, fil. à froid. (*anc. rel.*).

Édition originale. Vignette gravée par Séb. Le Clerc.
Exemplaire en *grand papier*. Haut.: 285 millim.

**87. BOSSUET.** Oraison funèbre de... Michel Le Tellier, chevalier, chancelier de France. Prononcée... le 25 janvier 1686. *Paris, par S. Mabre Cramoisy*, 1686. In-4; veau fauve, fil., tr. dor. (*Lortic*).

Édition originale. En tête, est placée une vignette allégorique offrant le portrait du chancelier, gravée par J.-L. Roullet; et à la fin, un charmant cul-de-lampe gravé par S. Thomassin : l'un et l'autre d'après J. Parrocel.
Exemplaire grand de marges (H. : 245 mill.), mais un peu piqué.

**88. BOSSUET.** Oraison funèbre de Louis de Bourbon, prince de Condé, premier prince du sang. Prononcée dans l'Eglise de Nostre-Dame de Paris le 10 mars 1687. Par Messire J.-B. Bossuet. *Paris, S. Mabre Cramoisy*, 1687. In-4 ; mar. noir, fil. (*anc. rel.*).

Édition originale.

Très-bel exemplaire portant cet envoi de la main de BOSSUET : *Madame Darminuillier de la part de Monseigneur de Meaux* (probablement Anne du Blé, femme d'Henri de Beringhen, seigneur d'Armainvilliers).

On y a joint une lettre autographe du GRAND CONDÉ, adressée, croyons-nous, à Turenne. Elle commence ainsi : « Je ne suis pas surpris, Monsieur le maréchal... » et contient ce curieux passage : « On dit que M. de
« Montecuculy s'est montré d'un avis contraire aux ordres qu'il avoit reçus
« de sa Cour, et que la raison qu'il en a donnée étoit vostre présence à la
« tête des armées du roy. Si la chose est, cet avis vous fera beaucoup d'hon-
« neur et à luy aussi. »

### III. POÉSIE

#### 1. *Poëtes grecs et latins.*

89. Gnomæ monostichæ, sive sententiæ ex diversis poetis, secundum ordinem alphabeti; accedit Musæi poematium de Herone et Leandro, cura I. Lascaris (en grec). *S. l. n. d.* In-4, sans titre, de 18 ff.; mar. rouge jans., tr. dor. (*Trautz-Bauzonnet*).

Édition très-rare, exécutée en lettres capitales. On croit qu'elle est sortie des presses d'Alopa, à Florence, de 1494 à 1500.

Exemplaire Yemeniz, en parfaite condition.

90. Vetustissimorum authorum georgica, bucolica, et gnomica poemata quæ supersunt (græce et latine, cum annot. ex edit. Joan. Crispini). *Apud Crispinum*, 1569. 4 part. en 1 vol. in-16; mar. bleu, dent., doublé de moire, tr. dor. (*Bozérian*).

Charmant exemplaire, couvert d'une jolie reliure. De la bibl. Yemeniz.

91. (Anthologia epigrammatum græcorum, græce, cura Io. Lascaris.) (A la fin :) *Impressum Florentiæ, per Laurentium Francisci de Alopa venetum*, 1494. In-4; veau rouge, tr. dor. (*reliure en mosaïque et peintures appliquées sur les plats, signée par Jos. Lehrner, de Vienne*).

Première édition de l'Anthologie de Planude, et l'un des cinq volumes imprimés par Alopa en lettres capitales grecques.

Cet exemplaire contient l'épître de Lascaris à Pierre de Médicis qui a été supprimée dans les exemplaires distribués en septembre 1494, époque de l'entrée des Français en Italie.

## BELLES-LETTRES.

92. Florilegium diversorum epigrammatum in VII libros (en grec). (A la fin : ) *Venetiis, in œdibus Aldi, mense Novembri,* 1503. In-8 ; velours vert, tr. dor.

>Superbe exemplaire, sur *papier fort*, de la première, la plus belle et la plus rare édition de l'Anthologie donnée par les Alde. Il avait appartenu à GROLIER, protecteur et bienfaiteur d'Alde. Au bas de la première page, se trouvent deux médaillons très-bien peints ; l'un porte les armes de Grolier, avec cette devise : *M. Jehan Glorier* (sic), *conseiller du roy, trésorier général de Milan ;* l'autre contient un emblème représentant une main tenant un fer et entamant une des montagnes (des Alpes) pour la diviser ; la devise porte : *Æque dificulter* (sic).
>
>Cet exemplaire était resté inconnu à M. Le Roux de Lincy.

93. Florilegium diversorum epigrammatum veterum, in septem libros divisum, magno epigrammatũ numero et duobus indicibus auctũ (en grec). *Anno* 1566 *excudebat Henricus Stephanus, illustris viri Huldrichi typographus.* Gr. in-4, de 3 ff. non chiff. (dont le dernier blanc), 539 pp. et 17 ff. non chiff. ; mar. rouge, fil., tr. dor. (*Derome*).

>Belle édition dont le texte a été entièrement revu. Exemplaire réglé, en parfaite condition. Haut. : 263 millim.

94. (HOMERI Opera, græce.) *Florentiæ, sumptibus Bern. et Nerii Nerliorum,* 1488. 2 part. en 1 vol. in-fol. ; mar. La Vallière, riches compart., tr. dor. (*Duru*).

>Première édition d'Homère, fort rare. La partie littéraire a été soignée par l'Athénien Démétrius Chalcondyle, et M. Didot a le premier démontré, dans son *Alde Manuce* (pp. 38-44), que l'exécution de ce beau monument typographique est due à Démétrius le Crétois.
>
>Magnifique exemplaire, d'une grande pureté. La reliure, dans le genre Grolier, est remarquable.

95. (HOMERI Opera.) Ilias, Vlyssea, Batrachomyomachia. Hymni XXVII (cum Vita Homeri). (*Venetiis, in œdibus Aldi,* 1504). 2 vol. pet. in-8 ; ais de bois recouverts de veau noir, compart. en or ; étuis.

>Première édition aldine.
>
>Voici les curieux détails que M. Didot a donnés, dans son *Alde Manuce* (p. 266), au sujet de ce beau et précieux exemplaire :
>
>« Par un heureux hasard, j'ai pu enrichir ma bibliothèque de l'exem-
>« plaire *grand papier* qui a appartenu à FRANÇOIS I$^{er}$. Malheureusement,
>« ces deux volumes, tout en étant parfaitement conservés dans leur reliure
>« ancienne et originale, ont été, sauf un des plats du volume de l'Odyssée,
>« presque entièrement dépouillés de la peau supérieure. Mais on y voyait,
>« parfaitement tracé sur le bois, le dessin des fers qui en faisaient l'orne-

« ment et qui y étaient profondément incrustés. Il a donc été facile de
« reconstituer la reliure pour l'Iliade et pour ce qui n'était pas conservé dans
« la reliure de l'Odyssée, en faisant graver les fers parfaitement identiques et
« les appliquant aux creux marqués dans les ais du bois. Ce qui restait
« intact de la reliure primitive du volume de l'Odyssée a été précieusement
« conservé et constate l'authenticité de ce superbe exemplaire qui avait appar-
« tenu à la bibliothèque de Colbert (*Bibliothecæ Colbertinæ*). A la Biblio-
« thèque de France [nationale], il existe plusieurs volumes de la collection
« des Alde, revêtus de la même reliure de François Ier. »

M. Didot a confié ce travail de reconstitution à M. Hagué, qui y fit preuve d'une grande habileté. Au milieu de compartiments à la Grolier, figurent les armes de France, la Salamandre de François Ier, et les initiales F couronnées.

Les deux volumes étaient renfermés dans des étuis en mauvais état ; M. Smeers les a refaits, en conservant tous les vieux morceaux.

96. ANACREONTIS Teij odæ. Ab Henrico Stephano luce et Latinitate nunc primum donatæ. *Lutetiæ, apud Henricum Stephanum*, 1554. In-4 ; mar. rouge, fil. à fr., tr. dor. (*Lortic*).

Première édition, aussi belle que rare, donnée par Henri Estienne sur un manuscrit qu'il prétendit avoir découvert dans ses voyages. L'interprétation en vers latins et les observations sont également dues à cet habile helléniste. Voir la *Notice sur Anacréon*, par M. Didot (pp. 34 et suiv.) sur les particularités de cette précieuse édition. Elle doit avoir été imprimée chez Charles Estienne.

Très-bel exemplaire, portant d'importantes notes manuscrites en grec et en latin.

97. ANACREONTIS et aliorum Lyricorum aliquot poëtarum Odæ. In easdem Henr. Stephani Observationes. Eædem latinæ. *Parisiis*, MDLVI (1556), *apud Guil. Morelium... et Rob. Stephanum*. In-8. — Anacreontis Teii antiquissimi poëtæ Lyrici Odæ, ab Helia Andrea latinæ factæ, etc. *Lutetiæ, apud Rob. Stephanum et Guil. Morelium*, 1556. In-8. — Les Odes d'Anacréon Teien, traduites de grec en François, par Remi Belleau de Nogent en Perche, ensemble quelques petites hymnes de son invention. *Paris, André Wechel*, 1556. In-8. — La Tragédie d'Euripide, nommée Hecuba, traduicte de grec en rhythme francoise (par Laz. de Baïf), dédiée au Roy. *A Paris, de l'impr. de Rob. Estienne*. 1550, Pet. in-8. — Rel. en 1 vol.; mar. bleu, tr. dor. (*Derome*).

Exemplaire de LONGEPIERRE, d'une conservation parfaite, avec la Toison d'or. La traduction de R. Belleau est dédiée à Chretophle (*sic*) de Choiseul, abbé de Mureaux, et le volume commence, après l'épître dédicatoire, par une Élégie de Ronsard adressée à cet abbé.

98. (PINDARI Olympia, Pythia, Nemea, Isthmia, græce, cum

scholiis græcis.) *Impressi Romæ, per Zachariam Calliergi cretensem...* (13 *Aug.* 1515). Pet. in-4; mar. rouge, fil., orn. sur les plats, tr. dor. (*Lortic*).

<small>Deuxième édition, rare, recherchée et préférable à la première donnée par les Alde en 1513. Magnifique exemplaire.</small>

99. THÉOCRITE. Les Idylles de Théocrite, traduites de Grec en vers françois (par de Longepierre). Avec des remarques. *Paris, P. Aubouin et P. Emery*, 1688. In-12, front. gr.; mar. rouge, fil., tr. dor. (*Du Seuil*).

<small>Exemplaire de Sainte-Beuve.</small>

100. (APOLLONIUS Rhodius. Argonauticon libri IV, græce, cum scholiis græcis. *Florentiæ* [*Laurentius Franciscus de Alopa*], 1496.) In-4; mar. rouge, tr. dor. (*rel. angl.*).

<small>Edition *princeps*, imprimée en lettres capitales grecques. Très-bel exemplaire.</small>

101. APOLLONII rhodij Argonautica, antiquis unà, et optimis cum commentarijs (en grec). (A la fin :) *Venetiis, in ædibus Aldi et Andreæ soceri, mense aprili.* M.D.XXI (1521). In-8; mar. brun, comp. en or, tr. dor. (*anc. rel. ital.*).

<small>Édition rare. Bel exemplaire de Ballesdens dont il porte la signature sur le titre. H. : 164 mill. De la bibl. Yemeniz.</small>

102. BION et MOSCHUS. Les Idylles... traduites de grec en vers françois (par de Longepierre). Avec des remarques. *Paris, P. Aubouin*, etc., 1686. — Idylles (par de Longepierre). *Paris, P. Aubouin*, etc., 1686. — 2 part. en 1 vol. in-8; mar. rouge, doublé de mar. vert, dent. int., tr. dor. (*Boyet*).

<small>Exemplaire de LONGEPIERRE, avec la Toison d'or. Les reliures doublées provenant de la collection de ce bibliophile sont très-rares, et il y en a fort peu qui puissent égaler celle-ci comme travail et comme conservation. De la collection de M. le baron Pichon. On y a ajouté le portrait de Longepierre gravé par Ch. Dupuis d'après de Troy.</small>

103. MUSÆI Opusculum de Herone et Leandro, quod et in latinam linguam ad verbum tralatum est (gr. et lat.). (A la fin de la partie grecque, on lit, en grec :) *Imprimé à Venise aux frais et par la dextérité d'Alde le philhellène et le Romain.* S. d. (v. 1494). Pet. in-4, de 22 ff., fig. s. b.; mar. rouge, fil., tr. dor. (*Bedford*).

<small>Livre d'une grande rareté. C'est le premier qui soit sorti des presses d'Alde Manuce, dont une préface en grec figure en tête. La traduction latine par</small>

M. Musurus occupe les onze derniers ff. Deux grandes figures sur bois, grossièrement exécutées, représentent le voyage périlleux de Léandre et sa mésaventure.

Très-bel exemplaire, avec quelques légers racc.

103 *bis*. MUSÉE. Les Amours de Léandre et de Héro : Poëme de Musée le Grammairien ; traduit du grec en françois (par de la Porte du Théil), avec le texte. *Paris, Nyon,* 1784 (*imprimé chez Didot ainé*). In-12, de ix-45 pp., avec une fig. d'après Cochin ; mar. vert., tr. dor. (*Derome*).

Petit bijou d'impression. Exempl. prov. du cabinet du marquis de Coislin.

104. VIRGILIUS. Bucolica. *S. l. n. d.* In-fol., de 16 ff. ; mar. La Vallière, fil. à froid, ornem. dor. sur les plats, tr. dor. (*Duru*).

« Édition de la plus grande rareté, dit M. Brunet, et qui a été longtemps « inconnue à tous les bibliographes. Les caractères demi-gothiques ont quel-« que rapport avec ceux dont Eggesteyn a fait usage à Strasbourg, dans les « premiers temps de son établissement (1468). » Le *Manuel* n'en cite qu'une seule adjudication : celle de la vente d'Ourches, 303 fr.

Superbe exemplaire, presque à toutes marges. Légers racc. au f. 16.

105. VIRGILIUS. (Publii Virgilii Maronis Opera. *Lovanii, Joan. de Westfalia,* 1475-1476). 2 part. en 1 vol. in-fol.; mar. La Vallière, riches compart., tr. dor. (*Lortic*).

Édition fort rare. Très-bel exemplaire, grand de marges. Il est couvert de notes manuscrites.

106. VIRGILII (P.) Maronis opus eximium, Per Paulum Malleolum Andeloceū iterata diligentia plane recognitum. (A la fin :) *P. V. Maronis opus per Magistrū Ulricū gering et Magistrū Bertoldū reymbolt socios Parisiis in vico sorbonico ȳ torsissime Impressū : finē habuit pridie id' septēbris Anno Christi M. CCCC. XCIIII* (1494). In-4, lettres rondes; mar. vert, riches comp., tr. dor. (*Lortic*).

L'une des plus rares impressions parisiennes. Bel exemplaire.

107. VERGILIUS (*sic*). (A la fin :) *Venetiis, ex aedibvs Aldi Romani mense Aprili. M. DI* (1501). In-8; mar. bleu, fil., compart., doublé de tabis, tr. dor. (*Bozérian jeune*).

C'est dans ce Virgile qu'Alde employa pour la première fois le caractère dit italique ou *aldino*, gravé par François de Bologne, et dont le modèle lui fut donné par l'écriture de Pétrarque. C'est aussi le premier livre publié dans le format in-8, et cette initiative d'Alde eut une influence bienfaisante pour la propagation des lettres. On peut lire, dans l'ouvrage de M. Didot sur

*Alde Manuce* (pp. 155-166), un chapitre intéressant et nouveau sur toutes les questions qui se rattachent à cette édition de Virgile.

Fort rare. Superbe exemplaire, réglé, à grandes marges (H. : 167 mill.).

107 *bis*. VIRGILII (P. V. M.) Opera quæ quidem extant omnia ; cum veris in Bucolica, Georgica et Æneida commentariis Tib. Donati et Servii Honorati summa cura ac fide a Georgio Fabricio Chemnicense emendatis, etc. *Basileæ, ex off. Henricpetrina*, 1575. In-fol.; mar. brun, fil. (*anc. rel.*).

Superbe exemplaire, aux premières armes de J.-A. DE THOU. On trouve à la suite : *Priapea, sive diversorum Poetarum in Priapum lusus.*

108. VIRGILE. Les OEvvres de P. Virgile Maro,...... traduites de latin en françois, les Bucoliques et Georgiques par R. le Blanc : les douze liures de l'Eneide par Loys des Masures : avec un trezième liure, adiousté par Mapheus. *Roven, Raphael dv Petit Val*, 1608. In-12; mar. rouge, fil., tr. dor. (*Trautz-Bauzonnet*).

Édition peu commune et la plus complète de cette traduction. Bel exemplaire.

109. VIRGILO degvisat o l'Eneido bvrlesco, del S<sup>r</sup> de Vales, de Mountech. *A Tovlovso, de l'imprimario de Frances Bovde*, 1648. In-4, de 2 ff. lim., 58 pp. et 1 f. bl. pour le premier livre, 74 pp. pour le deuxième, 68 pp. pour le troisième et 75 pp. pour le quatrième; mar. olive, fil, dent. int. tr. dor. (*Lortic*).

Volume de toute rareté. Les auteurs de la *Biographie toulousaine*, dit le *Manuel*, ne connaissaient que l'exemplaire qui appartenait en 1823 à M. Beguillet et qui, ainsi que celui de la Bibliothèque nationale, ne contient que les trois premiers livres. Très-bel exemplaire.

110. HORATIUS. (A la fin :) *Venetiis apvd Aldvm Romanvm mense maio. M. DI.* (1501). In-8 ; mar. violet foncé, fil. à compart., tr. dor. (*Lewis*).

Première édition aldine, précieuse et presque aussi rare que celle de Virgile sous la même date. Magnifique exemplaire, très-grand de marges (H. : 162 millim.).

110 *bis*. HORATII (Q.) Flacci poemata, in quibus multa correcta sunt... (A la fin :) *Venetiis apvd Aldvm Romanvm mense martio. M. D. IX.* (1509). In-8; mar. citron, riches compart. à la Grolier, tr. dor. (*Trautz-Bauzonnet*).

Seconde édition aldine, plus correcte que la première et aussi rare. Magnifique exemplaire, très-grand de marges (H. : 163 m. et 1/2).

## POËTES LATINS.

**111.** HORATII (Q.) Flacci Poemata omnia. Ratio mensum, etc. *Parisiis, ex off. Rob. Stephani*, 1544. In-8; veau, compart. en mosaïque, tr. dor. et cis. (*reliure du XVI<sup>e</sup> siècle*).

<small>Magnifique exemplaire, réglé, couvert d'une riche reliure portant sur les plats les initiales G. T. Les couleurs en ont été ravivées.</small>

**112.** HORATII (Q.) Flacci Opera. *Londini, æneis tabulis incidit Iohannes Pine*, 1733-37. 2 vol. gr. in-8; mar. rouge, fil., tr. dor. (*Derome*).

<small>Très-bel exemplaire de premier tirage.</small>

**113.** HORACE. Les Poésies d'Horace trad. en françois (par Batteux). *Paris, Desaint et Saillant*, 1750. 2 vol. in-12; mar. rouge, fil., dos orné, tr. dor. (*Derome*).

<small>Charmant exemplaire, couvert d'une reliure très-fraîche, aux armes de la marquise de POMPADOUR.</small>

**114.** OVIDII Opera. *Venetiis, in ædibus Aldi*, 1502-1503. 3 vol. in-8; mar. rouge, fil., tr. dor. et cis.

<small>La description de ces trois volumes donnée au *Manuel* laisse à désirer. Le t. I<sup>er</sup> se compose de deux parties, dont la première est datée d'*octobre* et la seconde du 14 *novembre* 1502. Le t. III (portant au dos t. II dans le présent ex.) est aussi divisé en deux parties : la première porte la date de *janvier* 1502 (1503 nouv. style), et la seconde, celle de février 1503 (1504 n. st.).
M. Brunet constate que cette édition est très-difficile à trouver complète. Le premier volume du présent exemplaire porte au bas du second feuillet recto ces armes peintes : *d'or à une fasce de gueules, accompagnée de trois quintefeuilles, 2 et 1.* Aux côtés de l'écusson, les initiales : N. D. Les mêmes armoiries sont répétées au second f. du t. III, et la page est entourée d'un joli encadrement en or et en couleurs. Ces deux volumes sont réglés et ornés de belles initiales enluminées. Le t. II, qui n'avait pas appartenu au même propriétaire que les précédents, est un peu plus court. L'exemplaire est beau, malgré qq. racc. à la fin du t. I<sup>er</sup>.</small>

**115.** OVIDII (P.) Nasonis Metamorphoses. (*Lovanii, Joh. de Westphalia, circa* 1475.) In-fol., goth.; mar. vert, fil. à fr., tr. dor. (*Capé*).

<small>Édition fort rare, dont le *Manuel* ne cite aucune adjudication. Magnifique exemplaire.</small>

**116** OVIDE. Les .xxi. Epi=‖stres douide ‖ Translatees de latin en françoys par reuerend pere‖en dieu monseigneur leuesque dangoulesme (Octavien de Saint-Gelais). (A la fin :) *Ce presentliure des epistres ouide a este imprime a Paris par Pierre* *le caron demourant en la rue de la iuifrie a lenseigne de la rose ou au palays a la premiere porte* (au-dessous, la marque de P. Le Caron). Pet. in-4, goth., de 129 ff. n. chiff., sign. *a-x*, 36 lignes par page, fig. s. bois; mar. rouge, dent. intér., tr. dor. (*Trautz-Bauzonnet*).

<blockquote>
Cette édition, d'une rareté insigne, n'est pas indiquée par M. Brunet, mais il en signale une de Vérard, imprimée vers 1502 et portant le même nombre de feuillets et de lignes à la page. Comme on sait que Pierre Le Caron a beaucoup imprimé pour Vérard, il faut croire que cette édition n'est autre que la sienne, avec le colophon modifié. Les petits caractères employés dans ce volume sont en effet les mêmes que ceux de certains ouvrages publiés par Vérard.

Très-bel exemplaire, bien conservé.
</blockquote>

117. OVIDE. Les .xxi. epistres de Ouide translatees de la∥tin en francoys par reuerend pere en dieu monseigneur le∥uesque dangoulesme (Octavien de Saint-Gelais). *S. l. n. d.* In-4, goth., de 140 ff. n. ch., sign. *a-q* par 8, *r-s* par 6, à 32 lignes par page, fig. sur bois; mar. rouge, compart. en or et à froid, fil., tr. dor. (*Lortic*).

<blockquote>
Édition non indiquée au *Manuel*. Magnifique exemplaire, avec témoins, dans une riche reliure.
</blockquote>

118. OVIDE. Ouide du remede∥ damours. Translate nouuellemẽt de ∥latin en francoys auec lexpo∥sition des fables cõsonantes∥ au texte Imprime a Paris. ∥Cum p̃uillegio. (A la fin :)... *imprime a paris le quatriesme iour de feurier Lan mil cinq cens et neuf* (1509) *Pour anthoine verard* (suit la mention d'un privilége de dix ans). Pet. in-fol., goth., à longues lignes; mar. bleu, comp. à larges dent., tr. dor.

<blockquote>
Seule édition connue et rarissime de cette traduction anonyme en vers. Très-bel exemplaire, collationné complet et signé par De Bure l'aîné (1833). Raccommodage au dernier f.
</blockquote>

119. STATII Sylvarum libri quinque; Thebaidos libri duodecim; Achilleidos duo. *Venetiis, in œdibus Aldi*, 1502. In-8; mar. rouge, fil., tr. dor. (*anc. rel.*).

<blockquote>
Première et rare édition aldine. Exemplaire portant sur les plats de la reliure, d'un côté : *M. Laurini et amicorum*, de l'autre, sa devise : *Virtus ar-duo*. Les livres à la reliure de MARC LAURINUS (Marc Lauwereyns, de Bruges), célèbre bibliophile du XVIe siècle, sont de toute rareté.

Exemplaire parfaitement conservé, provenant des bibl. Borluut et Solar.
</blockquote>

120. MARTIALIS. M. Val. Martialis Epigrammata cum notis Th.

Farnabii. *Amsterdami, apud I. Blaeu*, 1644. In-12; veau fauve, fil. (*anc. rel.*).

<blockquote>Exemplaire de De Bure l'aîné avec cette note de sa main : « La signature « qui se trouve sur le frontispice est celle du fameux JEAN RACINE, au-« quel cet exemplaire a appartenu. »</blockquote>

121. CLAUDIANI (Cl.) quæ exstant Nic. Heinsius Dan. f. recensuit ac notas addidit. *Lugduni Batavorum, ex officina elzeviriana*, 1650. In-12; veau rac., fil. (*anc. rel.*).

<blockquote>Édition préférée pour la collection. L'exemplaire a 134 mill., mais il est un peu taché d'eau. Ce qui lui donne un mérite particulier, c'est qu'il porte au bas du titre la signature de JEAN RACINE, à qui il a appartenu.</blockquote>

122. HYGINUS. C. Julii Hygini Augusti liberti fabularum liber... Ejusdem Poeticon astronomicon. *Basileæ, apud I. Hervagium*, 1535. Pet. in-fol.; mar. br., comp., tr. dor. (*rel. du XVI*e *s.*).

<blockquote>Première édition des Fables attribuées au grammairien Hyginus. Admirable reliure faite pour D. CANEVARI, médecin du pape Urbain VII, avec le médaillon en or et couleurs représentant le *char du Soleil*. Ce volume provient des ventes Libri, 1851, Solar, et en dernier lieu de la 3e vente Techener où il a été payé 1850 fr. sans les frais.</blockquote>

123. (Poetæ christiani.) Prudentii poetae Opera (gr. et lat.). *Venetiis, apud Aldum*, 1501. 2 tom. en 1 vol. in-4. — Sedulii Mirabilium diuinorũ libri quatuor, etc. *Venetiis, apud Aldum*, 1501. 2 part. en 1 vol. in-4. — Gregorii Nazianzeni Opusculum, etc. *Venetiis, ex Aldi Academia*, 1504. In-4. — Nonnus. Paraphrasis Evangelii secundum Johannem. *Ibid.*, sans date. In-4. — Ensemble 4 vol.; mar. rouge, fil., comp. en mosaïque, ancre aldine sur les plats, tr. dor. et cis. (*Lortic*).

<blockquote>Collection très-précieuse, sur laquelle le *Manuel* donne d'amples détails, et qu'on trouve difficilement complète.

Magnifique exemplaire, d'une grande pureté, couvert d'une riche reliure.</blockquote>

124. SANNAZARII (Jacobi) Opera omnia latine scripta, nuper edita. (A la fin :) *Venetiis, in ædibus hæredum Aldi Manutii*, 1535. In-8; mar. brun, riches compart., tr. dor.

<blockquote>Exemplaire de GROLIER, portant son nom et sa devise sur la couverture. Toutes les initiales dans le texte sont peintes en or. Sur le titre, la signature de *Ballesdens*. La reliure, d'une exquise élégance, est en parfait état de conservation. De la collection Double.</blockquote>

## 2. Poëtes français.

### A. Depuis Guillaume de Lorris jusqu'à Villon.

**125. ROMAN DE LA ROSE.** Le Rommant De la Rose (commencé par Guill. de Lorris et terminé par Jean de Meung). (A la fin :)

> C'est la fin du rõmant de la rose
> Ou tout lart damours est enclose.

*S. l. n. d.* In-fol., goth., fig. s. bois; mar. rouge, comp., doublé de mar. bleu, riche dent. int., tr. dor. (*Trautz-Bauzonnet*).

Première édition connue de ce roman célèbre, imprimée avec les caractères dont s'est servi à Lyon Guillaume Le Roy en 1485 pour le *Doctrinal de sapience.*

Superbe exemplaire, avec nombreux témoins et couvert d'une riche reliure. Le premier feuillet, qui ne contient qu'une ligne de titre, avait perdu un grand morceau dans la partie blanche, et a été remargé, mais mal : on y a joint un feuillet complet, habilement refait. Le feuillet original porte la signature de Hugues de Salins, docteur médecin à Beaune, antiquaire du XVIIe siècle, très-connu. Exemplaire de Clinchamp, mais qui n'est pas le même que celui qui a passé chez Salar, Double, etc.

**126. ROMAN DE LA ROSE.** Cy commẽce le romãt de la rose‖ Ou tout lart damours est enclose. (A la fin :)

> Cest fin du romant de la rose
> Ou tout lart damours est enclose.

*S. l. n. d.* Pet. in-fol., goth., de 179 ff. (et non 177) non ch., à 2 col., de 34 lignes, sign. a²-z³, fig. s. bois; mar. la Vallière, milieu en mosaïque, tr. dor. (*Capé*).

Magnifique exemplaire d'une édition de toute rareté, dont le *Manuel* ne cite aucune adjudication.

**127. ROMAN DE LA ROSE.** Le rommant de la Rose‖imprime a Paris (au-dessous, la marque de Vérard). *S. d.* (vers 1496). Pet. in-fol., goth., de 150 ff., à 2 col. de 41 lign.; mar. rouge, doublé de mar. bleu, avec gardes de drap d'or, compart. à filets et feuillages intérieurs et extérieurs, avec l'écu de France sur les plats, tr. dor. et cis.; étui de mar. bl. (*Lortic*).

Magnifique exemplaire de la seconde édition de Vérard, sur VÉLIN, contenant UNE GRANDE ET QUATRE-VINGT-CINQ PETITES MINIATURES d'une exécution très-fine et d'une fraîcheur ravissante. Il paraît être le même que

# POËTES FRANÇAIS.

celui cité dans le *Manuel* comme ayant les deux premiers ff. faits à la plume : ils ont été admirablement refaits par M. Pilinski. D'ailleurs on ne connaît de cette édition que deux autres exemplaires sur vélin, conservés à la Bibliothèque nationale.

**128.** ROMAN DE LA ROSE. Le romant de la rose. ‖ Codicille ҇ testament de ‖ maistre Iehã de Meun. ‖ *Nouuellement Imprme* (sic) *a Paris (par Jean Du Pré pour Antoine Vérard).* 2 tom. en 1 vol. in-4, goth., à 2 col., fig. s. bois; mar. rouge, fil., tr. dor. *(anc. rel.).*

La seconde partie a pour titre : Le *Codicille ҇ testament de maistre Iehã de meun. Auecques lepitaphe Du feu roy Charles septiesme qui trespassa a Meun.* Dans le *Manuel*, on lit pour ces deux derniers mots : *audit Meun*. C'est donc un nouveau tirage.

Très-bel exemplaire, un peu taché. Notes manuscrites.

**129.** ROMAN DE LA ROSE. Le rommant de la rose nou‖uellement Imprime a Paris ‖ pour Guillaume eustace. (A la fin :) *Imprime nouuellement a Paris par* ‖ *Nicolas des prez Imprimeur demou*‖*rant en la rue sainct estienne a lenseigne* ‖ *du mirouer.* S. d. In-fol., goth., à 2 col., de 142 ff. dont 1 bl., sign. *a-z*, fig. s. bois; mar. rouge, riches compart. à froid, tr. dor. *(Hardy).*

Édition de la fin du XVe ou du comm. du XVIe siècle, et probablement la même que celle décrite au *Manuel* dont il y a des exemplaires au nom de Jehan Petit ou de Jehan Ponce. Très-bel exemplaire, sauf une légère piqûre vers la fin. Le premier f. semble refait.

**130.** ROMAN DE LA ROSE. Sensuyt le rõmãt ‖ de la rose ‖ aultremẽt dit le sõge vergier ‖ Nouuellement Imprime a Paris. (A la fin :) *Cy finist le Romant de la rose Nouuellement imprime a Paris par Iehan ihannot.* S. d. (entre 1520 et 1522). In-4, goth., à 2 col. de 41 lign.; mar. rouge, orn. sur les pl., tr. dor. *(Trautz-Bauzonnet).*

Cette édition diffère de celle décrite dans le *Manuel* en ce que le chiffre XXIX ne figure pas sur le titre. Très-bel exemplaire, sauf qq. ff. courts en tête.

**131.** ROMAN DE LA ROSE.

Cy est le Romãt de la roze...

*On les vend a Paris en la rue Sainct Iacques en la bouticque de Iehan Petit...* (au verso du premier f., privilége accordé à Galiot du Pré en date du 19 avril 1526). In-fol., goth., à 2 col., fig. s. bois; mar. rouge, fil., tr. dor. *(anc. rel.).*

Très-bel exemplaire, provenant de la riche collection du bibliophile, généalogiste et protecteur des lettres fort connu, Charles de Baschi, marquis d'Aubaïs (mort en 1777), dont il porte les armes sur les plats et l'ex-libris à l'intérieur de la reliure. Sur le titre, se trouve manuscrite la note suivante : *Dono dedit D. Lud. Daniel de Moncalm de Gozon, de Candiac, etc., anno MDCCVIII (1708) die XXIV Januarii*; et sur l'avant-dernier f., nous relevons ce curieux renseignement :*Cal'uet me acheta le XV*e *de mars* 1553, *viij sols tout blanc*. Quelques autres notes manuscrites sur les marges.

132. ROMAN DE LA ROSE.

Cy est le Rommant de la Roze...

*On les vend a Paris en la rue sainct Iaques en la boutique de Iehan Petit*, 1531. In-fol., goth., à 2 col., fig. s. bois; mar. vert, riche dent., tr. dor. (*anc. rel.*).

Même édition que celle de Galliot du Pré à la même date. Très-bel exemplaire, réglé, dans son ancienne reliure portant sur les plats l'écusson au chiffre composé des lettres R et double C entrelacées, surmonté de la couronne de comte, et sur le titre, la signature de : A. Brodeau, Sr de la Chastière ; ce poëte et secrétaire de la reine d'Anne de Bretagne a aussi écrit quelques notes en marges. Le f. de garde contient une note signée : C. Mercier.

133. ROMAN DE LA ROSE. Le rommant ‖ de la Rose nouuellement reueu ‖ et corrige oultre les pre‖cedentes Impressions. *On les vend a Paris au Clou Breunio* (pour Clos Bruneau) *a lenseigne de la corne de Serf* (sic) *pour Guillaume le Bret*, 1538. In-8, goth., de 7 ff., 303 ff. ch. et 1 f. pour la marque, fig. s. bois; mar. rouge, fil., orn. sur les plats en mosaïque, tr. dor. (*Lortic*).

Superbe exemplaire, réglé, très-grand de marges et couvert d'une charmante reliure.

134. ROMAN DE LA ROSE. Le Rommant de la Rose nouuellement Reueu et corrige (par Cl. Marot) ‖ oultre les precedentes ‖ Impressions. *On les vend a Paris par Galliot du pre*, 1529. 1 t. en 2 vol. pet. in-8, fig. s. bois ; mar. rouge, fil., tr. dor. (*anc. rel.*).

Joli exemplaire, bien conservé, de la première édition en lettres rondes, rare et recherchée. Sur les plats de la reliure, on lit : *Bibliothèque de Houlbec*. A l'intérieur, se trouve un ex-libris armorié.
De la bibl. Chedeau.

135. ROMAN DE LA ROSE.

Cest le roman de la rose
Moralise cler et net
Trāslate de rime en prose
Par vostre hūble molinet

(A la fin :)... *Imprime a Lyon Lan Mil cinq cens ɕ trois par maistre Guillaume balsarin.... autrement corrigie ɕ* (1503) *amende quil nestoit par denant* (sic)... Gr. in-4, goth., à 2 col., fig. s. bois; veau fauve, fil., tr. dor. (*anc. rel., à la rose*).

D'après cette souscription, il semble qu'il existerait une édition antérieure à celle-ci de la version de Molinet; on n'en a cependant pas vu d'exemplaire. Celui-ci, grand de marges, et dans un état de conservation rare, porte sur le feuillet de garde la signature de De Bure l'aîné.

136. MEUNG (Jean de). Le Codicille et testament ‖ de maistre Iehā de meun. (A la fin :) *Cy fine le codicille de maistre Iehan de meun.* In-4, goth., de 30 ff., à longues lignes, 37 à la page, sign. *a-z*; mar. rouge, fil., tr. dor. (*Niedrée*).

Édition rarissime, non citée au *Manuel* et qui pourrait bien être la première de cet opuscule, car elle ne contient pas l'*épitaphe du feu roy Charles septiesme,* qui n'a dû être ajoutée que plus tard.
Au-dessous du titre, se trouve une gravure sur bois représentant l'auteur, qui apparaît aussi, enseignant à un jeune élève, dans une autre gravure, placée au verso du dernier feuillet.
Seul exemplaire connu, et en parfait état, sauf le dernier f. racc.

137. MEUNG (Jean de). Le plaisant Ieu du dodechedron de Fortune, non moins recreatif, que subtil et ingenieux. Renouuellé et changé de sa premiere edition. *A Lyon, par Iean Huguetan,* 1581. In-8, avec deux tableaux qui se déploient; mar. vert, tr. dor. (*Kœhler*).

Bel exemplaire, de la bibl. Coste.

138. LA FONTAINE. La Fontaine des amovrevx de science, Compilee par maistre Iean de la Fontaine de Valenciennes. Reueuë et mise en son entier auec les figures, par maistre Antoine dù Moulin Masconnois. *A Lyon, par Iean de Tovrnes,* 1571. In-8, fig. s. bois; mar. rouge, tr. dor. (*Duru*).

Très-bel exemplaire. De la bibl. Yemeniz.

139. (DUPIN, Jean.) Le liure de bōne vie qui est appelle mādeuie. *Chambery, Ant. Neyret,* 1485. Pet. in-fol., goth. de 131 ff. non chiff. (sign. *a* de 10, *b* à *k* par 8, *l* de 6, *m* à

*p* par 8, *q* de 6, *r* de 5); fig. sur bois; mar. La Vallière clair, riches comp. à la Grolier, tr. dor. (*Hagué*).

Édition originale, excessivement rare, de cette satire virulente des grands et des petits. M. Brunet a dû avoir sous les yeux un exemplaire incomplet, car il n'assigne à cet ouvrage que 125 ff.

Nous complétons la description donnée par l'illustre bibliographe. Les ff. prél. sont au nombre de 5, dont le premier blanc, et c'est le verso du second qui porte une grande figure sur bois, représentant l'auteur. Les sept premiers livres sont en prose et le huitième en vers. Ce dernier commence au f. $l^5$ par une table des chapitres. Le feuillet suivant porte en tête une figure sur bois. Le dernier feuillet contient au recto une grande figure sur bois représentant les armes de Savoie et, au fond, la vue de Chambéry. Le lieu et la date d'impression sont exprimés dans une souscription en vers que M. Brunet a rapportée, mais avec plusieurs fautes.

Le second feuillet et les trois derniers ont été habilement refaits par M. Pilinski. D'ailleurs l'exemplaire est en parfait état et grand de marges.

140. (CHRISTINE DE PISAN.) Sensuit lepistre de || Othea deesse de pru||dēce moralisee en || laquelle sont côte||nus plusieurs bons et notables enseignemens || pour toutes personnes voulans ensuiuir les ver||tus et fuir les vices. *Nouuellement imprime a* || *Paris en la rue Neufue nostre dame a lenseigne* || *de lescu de france.* In-4, goth., de 33 ff., fig. s. bois; mar. vert, fil. à fr., tr. dor. (*Bauzonnet-Trautz*).

Édition curieuse, non indiquée dans le *Manuel*, et qui probablement a été imprimée par la V$^{ve}$ Trepperel vers 1521. Très-bel exemplaire.

141. CHRISTINE DE PISAN. Les cent hystoi||res de Troye||. Lepistre de Othea deesse de prudence enuoyee a || lesperit cheualereux Hector de Troye, auec cent hy||stoires. *Nouuellemēt imprimee a paris p Philippe* || *le noir libriare* (sic) *demourant a la rue sainct Iacques a* || *lenseigne de la Rose blanche couronnee.* (A la fin :)... *Imprimees a Paris par Philippe le noir*... 1522. In-4, goth., de 100 pp., fig. s. bois; mar. blanc, riches compart. en or et mosaïque, doublé de tabis, tr. dor. (*Hagué*).

Superbe exemplaire, couvert d'une reliure riche et originale.

142. CHARTIER. Les fais maistre alain || Chartier notaire et se|| cretaire du Roy Charles vi$^e$ (Au v° de l'avant-dernier f. :)... *Imprime en la ville de paris par honnourable homme maistre pierre le caron*, 1489. 2 tom. en 1 vol. in-fol., goth., à 2 col., fig. sur bois; mar. bleu, fil. à froid, doublé de mar. rouge, large dent. int., tr. dor. (*Lortic*).

Édition précieuse et fort rare. Elle ne contient qu'une gravure, deux fois répétée, qui permet de constater son antériorité sur l'édition qui suit (voir Didot, *Catalogue raisonné*, n° 580 et 580 *bis*).

Superbe exemplaire, sauf un raccommodage au dernier f.

143. CHARTIER. Les faiz (dictz et ballades) mais||tre alain || charetier. (A la fin :) *Imprimez a paris par Pierre le caron marchant libraire demourant a paris en la rue de quiquẽpoit a lenseigne de la croix blãche.* S. d. (vers 1489). 2 t. en 1 vol. in-fol., goth., à 2 col., fig. s. bois; mar. bl., comp., doublé de mar. citr., dent., tr. dor. (*Trautz-Bauzonnet*).

Édition également rare et recherchée. Les vers commencent par des majuscules.

Ce superbe exemplaire, provenant des coll. Double et Desq, porte sur le titre la signature du poëte AMADIS JAMYN. Racc. au dernier f.

144. CHARTIER. Les faictz et dictz de feu || de bonne memoire Maistre Alain chartier... Nouuellement imprime, reueu et corrige oultre les precedentes impressions... Adiouste le Debat du gras et du maigre... *On les vend a Paris... en la bouticque de Galliot du pre Libraire*, 1526. In-fol., goth., fig. s. bois; mar. vert. fil., tr. dor. (*Derome*).

Très-bel exemplaire.

145. CHARTIER. Les œuures feu maistre Alain Chartier... Nouuellement imprimees reueues et corrigiees oultre les precedẽtes impressions. *On les vend a Paris... en la bouticque de Galliot du pre...* 1529. (A la fin :) *Imprimees a Paris p maistre Pierre vidoue Lan. CCCCC. XXIX pour Galliot du pre.* Pet. in-8, fig. s. bois ; mar. vert, doublé de mar. rouge, fil., riches comp. int., tr. dor. (*Bauzonnet*).

Édition en lettres rondes, très-rare en belle conservation. Magnifique exemplaire. H. : 140 mill.

146. CHARTIER. Les œuures de maistre Alain Chartier, contenans l'histoire de son temps, l'esperance, le curial, le quadrilogue et autres pieces, toutes nouuellement reueuës, corrigées et de beaucoup augmentées sur les exemplaires escrits à la main, par André du Chesne, Tourangeau. *Paris, S. Thiboust*, 1617. In-4 ; vél. blanc.

Bonne édition, qui présente un bien meilleur texte que les précédentes. Le premier possesseur a ajouté une copie manuscrite des *Demandes et responses d'amours* qui manquent à cette édition; mais il eût pu y joindre le *Débat du gras et du maigre* que Du Chesne avait aussi rejeté.

147. (CHARTIER.) La Belle Dame sans mercy. (Au recto du dernier f. :) *explicit.* In-4, goth., de 6 ff., à 2 col. de 38 lign.; mar. vert, fil., tr. dor. (*Trautz-Bauzonnet*).

<small>Édition de toute rareté. Très-bel exemplaire.</small>

148. (FRANC, Martin.) Le Champion des dames. *S. l. n. d.* Pet. in-fol., goth., fig. s. bois, initiales peintes à la main; mar. vert, fil., tr. dor. (*Derome*).

<small>Plaidoyer en faveur des femmes, en réponse au *Roman de la Rose.*
Édition fort rare, et dont l'impression est attribuée à Guill. Le Roy, célèbre typographe lyonnais (vers 1485).
Superbe exemplaire. H. : 274 mill. De la coll. Double.</small>

149. FRANC (Martin). Le Champiõ des Dames... Contenant la Deffence des Dames, contre Malebouche et ses consors, et victoire dicelles. (A la fin :) *Imprime a Paris par maistre pierre Vidoue pour... Galliot du pre...* 1530. Pet. in-8, fig. s. bois; mar. citr., fil., tr. dor. (*Derome*).

<small>Édition en lettres rondes, rare et recherchée. Très-bel exemplaire. H. : 132 mill. et 1/2.</small>

150. FRANC (Martin). (Lestrif de fortune.) (A la fin :) *Fin de lestrif de fortune et vertu.* S. l. n. d. (Bruges, Colard Mansion, v. 1477). In-fol., goth., à longues lignes; mar. br., fil. à fr., tr. dor. (*Duru*).

<small>Édition reconnue pour être sortie des presses de Colard Mansion. L'ouvrage est divisé en trois livres, et compte 224 ff., dont un blanc au commencement, un blanc avant le 3e livre, et deux autres blancs à la fin.
L'UN DES DEUX EXEMPLAIRES CONNUS et celui même qui a servi à M. Brunet pour la description qu'il en donne. Sa conservation et sa beauté ne laissent rien à désirer. H. : 278 mill. L. : 210 mill. Le second exemplaire connu est à la bibliothèque Sainte-Geneviève, à Paris, et M. Brunet a constaté qu'il est d'un tirage moins net. Celui-ci a successivement appartenu à Heber, au prince d'Essling et à M. Yemeniz ; ce dernier l'a fait recouvrir d'une élégante reliure à l'Y, et, à la vente de sa bibliothèque, ce livre précieux a été adjugé au prix de 7,000 fr. à M. Asher, libraire, qui l'a cédé ensuite à M. Didot.</small>

### B. Depuis Villon jusqu'à Clément Marot.

151. VILLON. Les œuures de Francoys Villon de Paris, reueues et remises en leur entier par Clement Marot, valet de chãbre du Roy. *S. l. n. d.* (Au recto de l'avant-dernier feuillet :) *Fin des œuures* (sic) *de Francoys Villon*, etc. Pet. in-8; mar. rouge, fil., tr. dor. (*Kœhler*).

Exemplaire UNIQUE d'une édition en lettres rondes, comprenant 56 ff., à la fin desquels on remarque sept curieuses gravures sur bois. Les caractères de cette édition, non indiquée au *Manuel*, ne ressemblent pas à ceux de l'édition de 1533. La pagination, souvent interrompue, est marquée en chiffres romains; elle est fréquemment fautive : f. 37 au lieu de 12 ; 21 au lieu de 16; 50 au lieu de 30; 30 au lieu de 32; 35 pour 38; 14 pour 46. De la bibl. Yemeniz.

152. VILLON. Les œvvres de Françoys Villon de Paris, reueues et remises en leur entier par Clement Marot, valet de chambre du Roy. *On les vend a Paris... en la bouticque de Galiot du Pre.* (A la fin : ) *Fin des œuures de Françoys Villon... furent paracheuees de imprimer le dernier iour de Septembre, l'an mil cinq cens trente et troys* (1533). Pet. in-8 ; mar. rouge, fil. à compart., doublé de mar. bleu, tr. dor. (*Lortic*).

Édition très-rare, la plus recherchée de celles en lettres rondes, et très-différente, pour son contenu, de l'édition de 1532.
Magnifique exemplaire, très-grand de marges (H. : 131 mill. et 1|2). Un exempl. de cette édition, couvert d'une riche reliure de Trautz-Bauzonnet, a atteint le prix de 3,500 fr. à la vente Potier, en 1870.

153. VILLON. Les œuures de Francoys Villon de Paris, reueues et remises en leur entier par Clement Marot, valet de cham-du roy. *On les vend a Paris en la grand salle du Palais, aux premier et deuxiesme pilliers, par Arnoul et Charles les Angeliers freres.* S. d. (1540). In-16 ; mar. rouge, dent., tr. dor. (*Lefebvre*).

Très-bel exemplaire. Coll. Desq.

154. (? VILLON.) « Le Recueil ⟨z istoires d's repues frâches... *Cy fine le recueil et hystoires des repeues franches.* S. l. n. d. In-8 allongé, de 21 ff., par 6 ff. à la feuille, sign. *a-d*³ ; veau fauve (*anc. rel.*).

C'est probablement la première édition des *Repues franches*. Le *Manuel* parle de la marque de Trepperel : elle n'existe pas à cet exemplaire qui pourtant est bien complet. Il provient de la bibl. du duc de la Vallière.

155. (Le Jardin de plaisance et fleur de rhétorique.) (Au recto du dernier f.:) *Imprime a Paris le .XXIX. Iour du ∥ moys doctobre. Mil cinq cens et cinq* (1505). In-fol., goth., à 2 col., à 58 et 59 lignes dans les pages pleines, sign. *aü -ii;* veau fauve, comp. à la Grolier, tr. dor. (*Hagué*).

Ce traité de l'art poétique, avec des exemples à l'appui tirés des œuvres d'un grand nombre d'anciens poëtes français, tels que Arnoul Gresban,

Alain Chartier, Christine de Pisan, Charles d'Orléans, etc., est fort curieux pour l'histoire des mœurs au XVe siècle. On y trouve pour la première fois le fameux *Débat de la Noire et de la Tannée* (voir plus haut, le n° 38).

La présente édition est la plus ancienne avec date. M. Brunet l'a citée sans la décrire, et il n'en rapporte aucune adjudication. Il manque probablement à cet exemplaire un f. blanc destiné au titre rubriqué à la main. Le volume commence par une belle gravure sur bois représentant l'auteur offrant son livre à un souverain. Le premier vers est :

Hault protecteur vouloir tresmagnanime.

Exemplaire grand de marges, avec témoins. La reliure de ce volume, exécutée en fac-similé d'un livre ayant appartenu à Grolier, porte la devise de ce célèbre amateur d'un côté, et de l'autre ces mots : A. Firm. Didoti et Amicorum. C'est un chef-d'œuvre d'imitation. Piqûres de vers et racc.

156. Le Jardin ‖ de plaisan ‖ ce Et fleur de rethoricque. (A la fin :)... *Imprime nouuellement a Paris par Michel lenoir pour Iehan Petit libraire.* S. d. Pet. in-fol., goth., à 2 col., fig. s. bois; mar. vert, fil., tr. dor. (*Bauzonnet-Trautz*).

Édition antérieure à l'année 1520, époque de la mort de Michel Le Noir. Très-bel exemplaire. Un certain nombre de ff. courts en tête ont été remargés.

157. Sensuyt le Jardin de ‖ plaisance ⁊ fleur de re=‖thoricque contenant plusieurs beaulx liures, comme le dõnet de noblesse baille ‖ au roy Charles ‖ viij, etc. *On les vend a Lyon en la rue merciere pres de sainct Anthoyne cheux Martin Boullon.* (A la fin :)... *Imprime nouuellement a Lyon par Oliuier arnollet.* S. d. (de 1520 à 1530). Gr. in-4, goth.; mar. vert, doublé de mar. rouge, fil., dent. int., tr. dor. (*Bauzonnet*).

Magnifique exemplaire, ayant appartenu à M. Cigongne, qui a fait refaire, par M. Taforel, le dernier f. contenant la marque de l'imprimeur.

158. (MICHAULT.) La dance des aueugles. (A la fin :) *Cy finist le* (sic) *dance des aueugles* ‖ *Imprimee a paris par Le Petit Laurens* (au v°, la marque du Petit Laurens). S. d. Pet. in-4, goth., de 36 ff. à longues lignes, fig. s. bois; mar. rouge, comp., doublé de mar. violet, orn. int. en or et en mosaïque, tr. dor. (*Lortic*).

Édition non indiquée au *Manuel* et extrêmement rare. Le Petit Laurens a exercé de 1491 à 1517. Très-bel exemplaire.

159. MESCHINOT. Les lunettes des princes cõposees ‖ p̄ noble homme Iehan meschinot ‖ Escuier... (marque de Jean Du Pré

de Paris sur le titre). *S. l. n. d.* In-4, goth., de 88 ff., fig. s. bois; mar. vert, fil., tr. dor. (*anc. rel., genre Padeloup*).

Édition de toute rareté. Jean Du Pré a exercé à Paris de 1481 jusque vers 1500. Très-bel exemplaire, réglé. De la bibl. Solar.

160. MESCHINOT. Les Lunettes des princes. Ensemble plusieurs additions et Ballades par noble hõme Iehan Meschinot escuyer, de nouueau Composees. Et se vendent... MDXXVIII. (A la fin :).... *Imprimees ce .xx.*|| *Iour doctobre Par maistre pierre Vidoue... pour... Galliot du Pre*, 1528. Pet. in-8; mar. rouge, fil. à compart., doublé de mar. bleu, dent. int., tr. dor. (*Lortic*).

Jolie édition en lettres rondes, très-rare et fort recherchée. Magnifique exemplaire, très-pur. H. : 131 mill.

161. MATHEOLUS.

> Qui nous mõstre sans varier
> Les biens et aussi les vertus
> Qui viennẽt pour soy marier.
> . . . . . . . . . . . . . . .

(A la fin :) *Cy fine matheolus imprime nouuellemẽt a Lyon sur le rosne cheulx Oliuier Arnoullet demourant aupres de nostre dame de confort.* S. d. Pet. in-4, goth., fig. s. bois; mar. vert, fil., tr. dor. (*Trautz-Bauzonnet*).

Édition peu commune. Très-bel exemplaire. Racc. au 1er f.

162. MARTIAL DE PARIS. Sensuiuẽt les vigilles || de la mort du feu roy Charles se||ptiesme... composees par mai||stre marcial de paris dit dauuer||gne procureur en parlement. (A la fin :) *Imprime a Paris par Iehan du pre demourant aux deux cynes en la grant rue saint iacques le* XVIII *iour de may mil cccc. iiiixx et* XIII. (1493). Pet. in-fol., goth., fig. s. bois; mar. rouge, fil., tr. dor. (*Trautz-Bauzonnet*).

Première édition, précieuse et fort rare. Très-bel exemplaire, provenant des coll. Coppinger, Solar et Double. Qq. racc. aux derniers ff.

163. MARTIAL DE PARIS. Sensuyt les vigilles du Roy Charles ou est contenu comment il conquist France sur les anglois... (Au v° de l'avant-dernier f.) : *Cy finissẽt les vigilles d' la mort du roy charles septiesme... composees par maistre Marcial de paris dit dauuergne, procureur en parlement. Imprime a paris par la veufue feu Jehan trepperel...* S. d. (entre 1520 et 1527). In-4, goth., fig. s. bois; veau fauve (*anc. rel.*).

Bel exemplaire d'une édition peu commune.

**164. ALEXIS.** Le grant blason de faulses amours || fait et cõpose par frere Guillaume || Alexis Religieux de lyre : ҫ prieur || De busy. (A la fin :)... *Imprime a Paris par* || *Jehan Lambert,* 1493. Pet. in-4, goth.; mar. olive, fil., tr. dor. (*Kœhler*).

<small>Édition fort rare. Bel exemplaire d'Armand Bertin. Racc. aux premiers ff.</small>

**165. COQUILLART (Guill.).** Sensuyuent les || droitz Nouue||aulx Auec le De||bat des dames et des armes... (A la fin :) *Imprĩe nouuellement a paris Par la vefue feu Jehã trepperel*... (vers 1512?). In-4, goth.; mar. rouge, fil., tr. dor. (*anc. rel.*).

<small>Édition originale des œuvres de Coquillart, fort rare. Exemplaire Cigongne.</small>

**166. COQUILLART.** || Les OEvvres || de maistre Guillaume Coquil || lart, en son viuãt official || de Reims, nouuelle||mẽt reueues ҫ corrigees. M. D. XL. *On les vend a Lyon, chez Francoys Iuste deuant nostre Dame de Cõfort.* In-16, de 122 ff. ch.; mar. rouge, fil., tr. dor. (*Trautz-Bauzonnet*).

<small>Exemplaire de M. Solar, avec cette petite note de la main de M. Coppinger à qui il a appartenu : « Seul exemplaire connu de cette édition. » En effet, on n'en a pas rencontré d'autre jusqu'à ce moment.</small>

**167. COQUILLART.** Les OEuvres de M. Gvillavme Coqvillart, en son viuant official de Reims. Nouuellement reueues et corrigees. *A Lyon, par Benoist Rigavd,* 1579. In-16, de 256 pp.; mar. rouge, fil., tr. dor.

<small>C'est probablement la dernière des éditions de ce poëte publiées au XVIe siècle, et c'est pourtant la plus rare. M. Brunet n'a fait que la citer, sans l'avoir vue, et M. d'Héricault déclare n'avoir pu en rencontrer un seul exemplaire pour son édition de Coquillart.
Elle paraît avoir été faite sur celle de Galliot du Pré. Le *Monologue des perrucques* ou *du Gendarme cassé* n'est pas complet : il s'arrête avec ce vers :</small>

<small>Sainct Anthoine arde le tripot,</small>

<small>suivi du mot : *Fin*.
Les *Petites œuvres* (pièces politiques) annoncées dans la table placée au vº du f. de titre, ce qui a lieu aussi dans des éditions antérieures, ne s'y trouvent point.
Très-bel exemplaire, aux armes du marquis de Coislin.</small>

**168. SAINT-GELAIS (Oct. de).** La chasse et le || depart damours || faict et Compose par reuerend pere en dieu messire Octouien de ||sainct gelaiz euesque dangoulesme et par noble homme blaise da||uriol bachelier en chascun droit demou-

rant a Thoulouze. ‖ Cum preuilegio. (Au v° du dernier f.:)....
*nouuellement imprime a paris le xiiii*[e] *iour dauril mil cinq cens et neuf* (1509) *pour Anthoyne verard...* In-fol., goth., à 2 col., fig. s. bois; mar. rouge, fil. à fr., tr. dor. (*Duru*).

<small>Première édition, devenue fort rare. La marque de Vérard se trouve à la fin. Très-bel exemplaire, grand de marges, sauf qq. ff. racc. à la fin du volume. H. : 260 mill. De la coll. Yemeniz.</small>

169. SAINT-GELAIS (Oct. de). Sensuyt le seiour Dhon‖neur, cõpo‖se par Reuerend pere en dieu ‖ messire Octouien de sainct Gelaiz Euesq̃ dan‖goulesme. *Nouuellement imprime a Paris par la veufue feu Iehã trepperel. Demourant en la rue neufue nostre dame. A lenseigne de lescu de France.* S. d. (entre 1520 et 1527). Pet. in-4, goth., fig. s. bois; mar. vert, fil. à fr., tr. dor. (*Duru*).

<small>Bel exemplaire, sauf le dernier f. qui est restauré.</small>

170. SAINT-GELAIS (Oct. de). Le Vergier dhonneur Nou‖uellement imprime a paris. ‖ De lentreprinse et voyage de Naples... Ensemble plusieurs ‖ aultres choses faictes et composees Par reuerend pere en dieu monsieur Octauien de sainct Gelais euesque dangoulesme et par maistre Andry de la vigne secretaire de la Royne ⁊ de monsieur le duc de Sauoye auec aultres. *On les vend a paris en la rue neuue nostre dame A lenseigne de saint Iehan leuangeliste.* (Au r° du dernier f.:) *Nouuellement imprime a Paris par Phelippe le noir....* demourant *en la grant rue sainct Iacques a leseigne de la Rose blanche couronnee* (au v°, la marque de Iehan Ianot). Pet. in-fol., goth., fig. s. bois; mar. bleu, fil., tr. dor. (*Trautz-Bauzonnet*).

<small>Ce volume présente un problème curieux pour l'histoire de la typographie parisienne. Il est imprimé par Philippe le Noir, c'est-à-dire de 1520 à 1531; mais il se vend à l'adresse de Simon Vostre auquel sa veuve, Nicole Vostre, a succédé de 1520 à 1528, et il porte la marque de Jean Janot, père de Denys Janot; de plus, cette marque de Jean Janot est presque conforme à celle de Simon Vostre. Mais ce Janot ne peut avoir succédé à Nicole Vostre, puisqu'il est mort en 1522. Le volume en tout cas peut se dater 1520 à 1522.
Très-bel exemplaire.</small>

171. MOLINET. Les faictz et dictz de feu de bõ‖ne memoire Maistre Iehan Molinet : contenans plusieurs beaulx‖Traictez, Oraisons et Champs royaulx... *On les vend au Palais en la Gallerie.... A la bouticque de Iehan Longis et de la veufue Iehan sainct deny s.* (A la fin :)... *nouuellement imprimez a Paris*

*Lan mil cinq cens* xxxi (1531) *Pour Iehan longis et la veufue feu Iehan sainct Denys.* Pet. in-fol., goth., de 4 ff. prél., dont 1 blanc, et 133 ff. ch.; mar. rouge, fil. à fr., tr. dor. (*Duru*).

Première édition. Très-bel exemplaire.

172. GOBIN. Les loups rauissans.... (A la fin :) *Cy fine ce present liure des loups rauissans fait et compose par maistre Robert gobin.... Imprime par anthoine verard...* S. d. (vers 1503). In-4, goth., fig. s. bois; mar. bleu, fil. à comp., tr. dor. (*Bauzonnet-Trautz*).

Première édition, fort rare, d'un ouvrage en vers et en prose, aussi curieux pour le texte que pour ses figures sur bois pleines d'esprit et de naïveté (voir le Manuel, et Renouvier, *Des Gravures en bois dans les livres d'Ant. Vérard*).

Exemplaire Yemeniz. H.: 182 mill. Conservation parfaite, sauf qq. racc.

173. (BOURGOUYNC, Simon.) Lespinette dv ieune prince Conquerant || Le royaulme de bonne renommee.... (A la fin :)... *Nouuellement compose et imprime a paris le* xii$^e$ *iour de feurier mil cinq cens et huyt* (1508) *Pour Anthoyne verard...* In-fol., goth., à 2 col.; mar. vert, fil., tr. dor. (*Derome jeune*).

Édition fort rare. Très-bel exemplaire, avec témoins. H. : 278 mill. Il provient de la bibl. Yemeniz, à la vente de laquelle il a été remis sur table sous prétexte d'un ou de plusieurs ff. refaits, ce qui n'a pas été bien démontré.

174. (DAMERVAL, Eloy.) Sensuit la grāt dyablerie... (Au v° du 6$^e$ f.:) *Imprime a Paris par la veufue feu iehan trepperel et Jehan iehannot, Imprimeur et Libraire....* S. d. Pet. in-4, goth., fig. s. bois; veau fauve, fil., tr. dor. (*anc. rel.*).

Édition considérée comme antérieure à celle d'Alain Lotrian.
Bel exemplaire Yemeniz. Un trou au IV$^e$ f. et des piqûres à la marge racc.

175. DESMOULINS. Le catholicon des || mal aduisez autrement dit le cymetie||re des malheureux. (A la fin :) *Cy fine le catholicū des maladuisez.... compose par.... Laurens desmoulins prestre. Imprime a Paris le deuxiesme iour daoust mil v cēs et treize* (1513) *pour Iehan petit et Michel le noir....* In-8, goth., fig. s. bois; mar. rouge, riches comp., tr. dor. (*Niedrée*).

L'auteur, dans l'épître placée au commencement, a désavoué les éditions précédentes comme trop mal imprimées (voir au Manuel).
Bel exemplaire, sauf racc. au dernier f.

**176. CRETIN.** Chātz royaulx || oraisons et aultres petitz traictez faictz et || composez par feu de bonne me= ||moire maistre Guillaume || Cretin... (A la fin :) *Imprime a Paris par maistre Simon du bois pour Galliot du pre*, 1527. In-8, goth.; mar. bleu, fil., tr. dor. (*Bauzonnet-Trautz*).

<blockquote>
Édition la plus recherchée. Très-bel exemplaire, réglé, précieux surtout comme ayant appartenu à MARGUERITE, REINE DE NAVARRE. Il lui avait été offert par François Charbonnier, vicomte d'Arques, à qui on doit cette édition des poésies de son ami Crétin, édition dédiée à cette même princesse. La reine en fit présent en 1527 à son poëte-valet de chambre, Victor Brodeau, Sr de la Chastière, qui le constata dans une note autographe sur le f. de garde à la fin du volume.
</blockquote>

**177. (GRINGORE, P.)** Ce present liure appelle le chasteau de labour a este a||cheue le dernier iour de May. Mil. Cincq cens (1500). Pour || Symon Vostre libraire demourant a Paris en la rue||neuue nostre dame a lenseigne sainct iehan leuāgeliste (au-dessus, la marque de Pigouchet). Pet. in-8, goth., de 49 ff. (*a-e* par 8 et *f.* 9), fig. s. bois; mar. vert, fil. à comp., fleur. à froid, tr. dor. (*Niedrée*).

<blockquote>
Édition fort rare, ornée de curieuses figures sur bois. Magnifique exemplaire, provenant de la coll. Yemeniz, mais qui n'a pas figuré à la vente. Il est incomplet du dernier f., qui ne contient, paraît-il, que deux gravures.
</blockquote>

**178. (GRINGORE, Pierre.)** Le Chasteau de labour. (A la fin : ) *Ce present liure appelle le chasteau de labour a este imprime||a paris par Iehan Trepperel demourant en la rue neufue Nostre dame a lenseigne de lescu de france*. In-4, goth., à longues lignes, de 40 ff. n. ch., sign. A.-H.; fig. s. bois; mar. violet, fil., tr. dor.

<blockquote>
L'adresse ci-dessus, ne pouvant se rapporter à Jehan II Trepperel, qui exerçait de 1529 à 1530, doit être attribuée || à son père, mort en 1511, et l'édition ne doit pas être postérieure à cette dernière date. Elle n'est pas indiquée au *Manuel*, et le présent exemplaire est actuellement le SEUL CONNU. Malheureusement il est incomplet d'un feuillet. Raccommodages.
</blockquote>

**179. GRINGORE.** Les folles entre||prises. (A la fin : ) *Imprime || a paris par maistre Pierre le Dru, imprimeur*||..... (1505). Pet. in-8, goth., de 60 ff., fig. s. bois; mar. rouge, fil., tr. dor. (*anc. rel.*).

<blockquote>
UN DES DEUX EXEMPLAIRES CONNUS, imprimés sur VÉLIN. La fin de la souscription est effacée; elle contenait ce qui suit :... *pour icelluy Gringoire* (sic) *le XXIII iour de decem||bre. Lan mil cinq cens et cinq.* Or il existe une autre édition avec la même date et sortie des presses du même imprimeur : M. Brunet croit que celle-ci est la seconde.
</blockquote>

Le nom de l'auteur se trouve non-seulement mentionné dans la souscription, mais il est caché dans les huit derniers vers dont les initiales servent à le composer, suivant cet avis : *le surnom de lacteur sera trouue par les premieres lettres de ce couplet.*

Exemplaire La Vallière, Heber et Brunet. Les 22 figures sur bois (y compris la marque) sont peintes en or et en couleurs. Le feuillet 8 du cah. c est assez bien refait à la plume.

180. GRINGORE. Les folles entre‖prises (au-dessous, la figure de Mère Sotte, puis ces quatre vers :)

> Au pellican rue Saint iacques ce liure
> Intitule les folles entreprises
> Ou les faultes de plusieurs sont cōprises.
> A tous venans on les vend et deliure.

(A la fin :) *Cy finist le liure des folles entreprises imprime a paris Lan mil cinq cens ҫ sept le penultime iour de Ianuier.* In-8, goth., de 64 ff., sign. A-H. par 8 ; fig. s. bois ; mar bleu, tr. dor. (*Duru*).

Édition augmentée, mais imprimée avec les mêmes caractères que celles de Pierre le Dru, *page pour page*, avec de légers changements d'orthographe, et ornée de mêmes gravures sur bois et au même nombre ; ce qui nous fait croire qu'elle est sortie de l'établissement du même imprimeur. Le privilège ayant été accordé à l'auteur lui-même pour lequel Pierre le Dru a imprimé ce volume, comme on l'a vu dans la souscription de l'édition précédente, Gringore en aura fait faire plusieurs éditions à l'adresse des différents libraires. L'adresse indiquée dans les quatre vers ci-dessus était alors celle de Geoffroy De Marnef.

La gravure du feuillet $e^3$, qui représente dans l'édition précédente un pape accompagné de quatre cardinaux, a été remplacée dans celle-ci par une autre, dont le sujet est la messe de saint Grégoire.

L'augmentation dans le texte, dont nous avons parlé plus haut, consiste en une pièce de vers de 8 pages, intercalée vers la fin, avant *La supplication faicte par charité au treschrestien roy* : c'est pourquoi cette édition compte 4 ff. de plus que la précédente.

Très-bel exemplaire, et le SEUL CONNU jusqu'à ce present.

181. GRINGORE. Les abuz du monde (au-dessous, la figure de Mère Sotte). (A la fin, le privilége se terminant ainsi :) ...*et a este ce present liure īprime a paris par maistre Pierre le dru pour icelluy gringore lan mil .ccccc. et .ix. le dixiesme iour doctobre* (1509). Pet. in-8, goth., fig. s. bois; mar. bleu, fil. à comp., tr. dor. (*Duru*).

Charmant exemplaire de MM. de Clinchamp et Solar. Les gravures sur bois, bien que quelque peu grossières, sont caractéristiques.

**182. GRINGORE.** Sensuyuent les fātaisies de mere Sote : contenant plusieurs belles hystoires moralisees... (A la fin :)... *Nouuellement Imprimees a Paris par Alain Lotrian Demourant en la rue neufue nostre Dame a lenseigne de lescu de France.* XXV. f. d'. S. d. Pet. in-4, goth., de 101 ff., fig. s. bois ; mar. vert, fil., tr. dor. (*Bauzonnet*).

<blockquote>
Alain Lotrian exerça à l'*Ecu de France* de 1532 à 1543. La souscription diffère un peu de celle donnée au *Manuel*.

Très-bel exemplaire, sauf qq. ff. remargés.
</blockquote>

**183. GRINGORE.** Sensuyuent les ‖ menus propos ‖ mere Sote nouuellemēt composee par Pierre Grin‖goire... (A la fin :) *Cy finissēt les menus propos... Nouuellemēt imprime a paris par Philippe le Noir... Et fust acheue le septiesme iour de iuillet Lan mil cinq cens vingt et huit* (1528). Pet. in-8, goth. ; mar. rouge, fil., riches comp., tr. dor. (*Niedrée*).

<blockquote>
Bel exemplaire, dans une charmante reliure.
</blockquote>

**184. GRINGORE.** Les fainti‖ses du monde. (A la fin :) *Cy finissent les faintises du mōde. A lyon imprimees cheux Barnabe chaussard. Pres nostre dame de Confort.* S. d. Pet. in-8, goth., de 19 ff. ; mar. citr., orn. sur les plats, tr. dor. (*Trautz-Bauzonnet*).

<blockquote>
Charmant exemplaire, de la coll. Double. Remargé en tête.
</blockquote>

**185. GRINGORE.** Heures de nostre dame translatees en francoys et mises ‖ en rihtme (*sic*) par Pierre Gregoire (*sic*) dict vaudemōt herault dar‖mes... *Et ce vendent cheuz Iehan Petit a la rue sainct Iaques a la fleur de lis dor.* In-4, goth., fig. s. bois ; mar. rouge, fil., tr. dor. (*Niedrée*).

<blockquote>
Première édition, dont on ne connaît actuellement qu'un second exemplaire sur papier qui appartient à M. le baron James de Rothschild. Elle contient le calendrier de 1524 à 1538, ainsi que le premier privilége accordé pour ce volume par François 1er et daté de Lyon, le 10 octobre 1525. Dans son *Catalogue raisonné* (n° 600), M. Didot a démontré que c'est à tort qu'on avait attribué à Geoffroy Tory les remarquables figures qui ornent cette édition. L'une de ces gravures représente le Couronnement d'épines, mais tous les personnages, y compris le Christ, sont revêtus de costumes des plus bizarres et qui n'ont rien de traditionnel. M. Émile Picot, auteur de la précieuse *Bibliographie cornélienne,* en fut frappé le premier, et, pensant, avec raison, que cette figure devait avoir un sens particulier, il a procédé à ce sujet à une enquête rigoureuse. Le résultat de cette enquête est une dissertation fort ingénieuse (*Pierre Gringore et les Comédiens italiens*; Paris, Morgand et Fatout, 1878, in-8, fig. en-fac. sim.) où le savant bibliographe expose, sou
</blockquote>

forme d'hypothèse, que le personnage torturé par les bouffons pourrait bien être Gringore lui-même, abreuvé d'outrages par ses concurrents les comédiens italiens, établis à Paris vers 1520, et très-appuyés depuis par la cour, au préjudice des acteurs français. La Sorbonne a dû s'émouvoir de ce travestissement trop hardi d'une scène de la Passion : le parlement intervint, et, par un arrêt de règlement, du 28 août 1527, il ordonna que cet ouvrage de Gringore ne serait pas réimprimé.

186. GRINGORE. Heures de nostre dame, etc. Veau noir gaufré, tr. dor. (*rel. du temps*).

Même édition que celle du n° précédent. Exemplaire sur VÉLIN, probablement UNIQUE. Les gravures sont recouvertes par une miniature très-fraîche de couleurs. La comparaison de ces deux exemplaires d'une même édition montre toute la supériorité du peintre miniaturiste sur le tailleur d'images. Le volume est malheureusement incomplet de 4 ff. de pièces liminaires.

187. GRINGORE. Heures de nostre Dame translatees de latin en || francoys, et mises en ryme, Additionnees de plusieurs chantz || Royaulx figurez et moralisez... *On les vend a Paris, en la Rue sainct Iacques, en la maison* || *de Iehan Petit, libraire.* S. d. In-8, goth., de 8 ff. lim. et 90 ff. ch., fig. s. bois; veau noir gaufré, tr. dor. et cis. (*rel. du temps*).

Cette deuxième édition ne diffère pas sensiblement de la précédente. Elle a trois gravures de moins : les deux du premier f. et celle qui représente le *Jardin de la Vierge florie*. La planche de l'homme anatomique et la marque de J. Petit ne sont pas non plus les mêmes. Quant au texte, la différence réelle consiste en une addition de quatre Oraisons (f. 2 r° à 4 r°); pour le reste, c'est une réimpression page pour page de l'édition précédente, sauf les variantes orthographiques et quelques modifications dans les vers.

Elle contient le calendrier de 1528 à 1543, ainsi qu'un nouveau privilége du roi, daté de Paris, le 15 novembre 1527, portant correctement le nom de Gringore et non plus celui de Gregoire, comme au privilége primitif. L'interdiction faite par le parlement avait donc été levée, mais probablement à condition de faire disparaître du nouveau tirage la scène grotesque de la Passion. Or cette figure reparaît encore dans cette édition-ci, ce qui porte M. É. Picot à croire qu'elle aura été supprimée. Elle est, en effet, d'une rareté extraordinaire : M. Picot, malgré toutes ses recherches, tant en France qu'à l'étranger, n'a rencontré que le présent exemplaire, qui, malheureusement, est incomplet du f. ciiij. Les *Chantz royaulx* mentionnés au titre n'y ont pas été joints, bien que le volume soit en reliure du temps.

Une nouvelle édition a dû suivre immédiatement celle-ci; car il y a des exemplaires à la même date, mais où la figure grotesque de la Passion ne se retrouve plus. Il est essentiel de remarquer à cet égard qu'au *Manuel* il règne une certaine confusion entre les différentes éditions de ces heures, confusion imputable aux rédacteurs des catalogues où l'éminent bibliographe a puisé ses renseignements.

**188. GRINGORE.** Heures de nostre dame || translatees de latin en francoys et mises en ryme. Addition||nees de plusieurs chantz Royaulx figurez et moralisez... *On les vend a Paris, en la rue sainct Iacques en la maison de Iehan petit.* S. d. In-4, goth., fig. s. bois. — Chantz Royaulx, figurez morallement sur les mi||steres miraculeux de Nostre saulueur ꝯ redempteur || Jesuschrist, ꝯ sur la passion auec plusieurs deu||tes Oraisons ꝯ Rondeaux contēplatifz. Com||posez par Pierre Gringoire dict vaude||mont... *On les vent a Paris en la grāt Rue sainct Iacques en la maison de Iehan Petit.* S. d. In-4, goth., fig. s. bois. — 2 part. en 1 vol.; mar. vert, fil. à comp., tr. dor. (*Bauzonnet*).

Cette nouvelle édition contient le calendrier de 1534 à 1549, ainsi que le privilége de 1527. Elle reproduit exactement le texte de l'édition précédente, page pour page. La planche de l'homme anatomique est la même que celle de la première édition. La différence la plus importante consiste en ce que la figure grotesque de la Passion y a été remplacée (comme à la seconde édition de 1528) par une autre, représentant un homme à genoux entouré de quatre personnages qui le menacent de bâtons; elle porte, comme l'autre, le monogramme G. S. surmonté de la croix de Lorraine. M. Picot croit que l'artiste, n'abandonnant point son idée première, aura encore représenté Gringore sous la figure de l'homme agenouillé.

Les *Chants royaux*, qui font suite aux Heures, offrent sept gravures. L'une d'elles n'est autre que la scène de la Passion dont nous avons parlé, mais elle a été gravée à nouveau, afin de remplacer les vêtements grotesques par des costumes traditionnels. Sauf ce changement, la disposition générale du tableau y a été fidèlement conservée.

Les exemplaires de cette édition des *Heures* sont extrêmement rares; quant à celle des *Chants royaux*, elle n'est point indiquée au *Manuel*.

**189. GRINGORE.** Chantz Royaulx figurez morallement sur les mi=||steres miraculeux de Nostre saulueur et redēpteur || Iesuchrist ꝯ sur sa Passion || auec plusieurs deuo||tes Oraisons et Rondeaux contēplatifz... *On les vēd a Paris en la grāt Rue sainct Iaques en la maison de Iehan petit...* S. d. Pet. in-4, goth., de 32 ff., fig. s. bois; mar. citron avec bandes de mar. rouge, fil. à comp., orn. sur les plats, tr. dor. (*Lortic*).

Cette édition, la seule décrite au *Manuel*, diffère de la précédente et lui est postérieure. C'est une réimpression page pour page, avec les mêmes figures; mais le titre, autrement disposé, est tiré en rouge et en noir dans celle-ci, tandis qu'il l'est simplement en noir dans l'autre. Au surplus, la présente édition porte à la fin la mention du privilége du 10 octobre 1527, ce qui n'a pas lieu dans la précédente.

Magnifique exemplaire, très-grand de marges.

**190. (GRINGORE.)** Rōdeaulx nou||ueaulx Iusques || au nombre de cent et troys || Contenant || plusieurs menuz ppos q̃ deux vray || amãs ont euz nagueres ensẽble de||puis le commencement de leur a||mour iusques a la mort de la dame. Auec plusieurs || aultres adioustez a la || fin corrigez, reueuz || et c̃uenables au || dit propos || et ma||tiere. *On les vend a Paris en la rue neufue nostre dame a lenseigne saince* (sic) *Nicolas*. S. d. (v. 1510). Pet. in-8, goth., de 42 ff., sign. a-f.; mar. rouge, fleurons, tr. dor. (*Trautz-Bauzonnet*).

Édition sortie des presses de Pierre Sergent ou de Jean Bonfons, et non indiquée au *Manuel*. Exemplaire parfait, provenant des coll. Solar et Double.

191. (GRINGORE.) Rondeaulx en || Nombre troys || cens ciaquãte, singuliers ꝗ a to' propos... (A la fin :) *Imprime nouuellement a Paris pour Alain Lotrian... en la rue neufue nostre Dame a lenseigne de lescu de France*. S. d. (v. 1530). Pet. in-8, goth.; mar. rouge, fil., tr. dor. (*anc. rel.*).

Édition fort rare. Exemplaire un peu court.

192. GRINGORE. Notables ensei||gnemens, adages et prouerbes faitz ꝗ com||posez par Pierre Grĩgore dit vauldemõt|| herault darmes...... Nouuellemẽt reueuz ꝗ cor||rigez... *On les vend... en la boutique de Galliot du pre...* (A la fin :)..... *..imprimez a Paris p Nicolas couteau.... et furẽt acheuez dimprimer le xxvi*[e]. *iour du moys de Ianuier Lan de grace mil cinq cens vingt et huyt* (1528). Pet. in-8, goth., de 2 ff. prél., 123 ff. ch. (le dernier coté par erreur Cxxxiii) et 1 f. non ch.; mar. citr., fil., tr. dor. (*anc. rel.*).

Exemplaire atteint par l'humidité dans le fond des marges et restauré dans le bas des premiers ff.
Au bas du titre, on lit cette signature : *de la Fontaine*, qu'on croit être celle du grand fabuliste dans son jeune âge.

193. (GRINGORE.) Contredictz de Sõgecreux... (A la fin : )... *Nouuellement imprimez a Paris par Nicolas couteau imprimeur pour Galliot du pre libraire. Et fut acheue dimprimer le second iour du moys de may Lan mil cinq* (sic) *et trente* (1530). Pet. in-8, goth.; mar. rouge, fil., tr. dor. (*anc. rel.*).

Ouvrage satirique, précieux et rare. Exempl. Solar. Qq. ff. racc.

194. LE MAIRE (J.). Le temple dho||neur ꝗ de vertus : auquel sont conte||nus les chans des bõs ꝗ vertueux bergiers ||... Compose p. Jehan le maire disciple de Molinet. Nouvellement imprime a Paris. *On les vend a Paris en la rue neufue nostre*

*Dame a lenseigne de lescu de France.* (A la fin :) *Cy finist.....
Imprime a Paris par Alain lotrian et Denys ianot.* S. d.
(v. 1536). In-8, goth., fig. s. bois ; mar. rouge, fil., tr. dor.

<small>Édition de toute rareté. Exemplaire aux armes et chiffres d'A. Audenet,
provenant de la bibl. Yemeniz. Un peu court.</small>

195. MICHEL (G.). LA forest de conscien‖ce contenant la
chasse des princes spirituelle. (A la fin :) *Cy fine la forest de
conscience.... Nouuellemēt composez par Guillaume michel
dict de tours, Et imprime par Michel le noir...Le dernier iour
daoust Mil cinq cens et vingt* (1520). In-8, goth., fig. s.
bois; mar. rouge jans., tr. dor. (*Trautz-Bauzonnet*).

<small>Joli exemplaire d'un livre rare.</small>

196. MICHEL (G.). Le Siecle dore : contenant le temps de
Paix, amour, ꝗ concorde. (Au r° du dernier f.:) *Fin du sciecle
dore : compose par Guillaume Michel Et imprime par Guillaume Fesandad, Acheue le.* xx. *iour de Feburier : pour
Hemon le feure libraire.* In-4, goth., fig. s. bois ; mar. vert,
fil. à comp., tr. dor. (*Lortic*).

<small>Privilége du 19 février 1521. Bel exemplaire.</small>

197. BOUCHET (J.) L'Amou‖reux transy sans espoir. (A la fin :)
*Cy finissent les faitz de lamoureux transy (facteur de ce
present liure) maistre Iehan bouchet pcureur a poictiers. Imprimes a paris par honnorable hōme Anthoine Verard.* S. d.
(après 1502). In-4, goth., à longues lignes, en gros caractères, fig. sur bois ; v. fauve, fil., tr. dor.

<small>Édition fort rare et la plus ancienne de ces poésies. Très-bel exemplaire,
qui avait appartenu au marquis du Roure.</small>

198. (BOUCHET J.). Sensuyt le tem‖ple de bonne re‖nōmee ꝗ
repos‖ des hommes, et fēmes illustres, trouue ‖ par le Trauerseur de voyes perilleuses‖... (Au recto du 4ᵉ f.:) *Imprime
nouuellement a paris par la veufue feu Iehan trepperel et
Iehā Iehannot.* S. d. (entre 1511 et 1520). In-4, goth., à
longues lignes ; fig. s. bois ; mar. La Vallière, compart. à
froid, tr. dor. (*Capé*).

<small>Très-bel exemplaire d'une édition fort rare, dont le *Manuel* ne cite au-
cune adjudication.</small>

199. (BOUCHET, J.) Sensuyt le la‖byrīth de for‖tune ꝗ

seiour ‖ des troys no‖bles Dames Compose par lacteur des Re‖gnars trauersans et loups rauisans. Sur‖nomme le trauerseur des voyes perilleuses. (A la fin :) *Nouuellemēt imprime a Paris p̄ Alain Lotrian, demourant a la rue neufue nostre dame a lenseigne de lescu de France.* S. d. (entre 1532 et 1543). In-4, goth., sign. A-GG.; mar. orange, fil., tr. dor. (*Kœhler*).

<blockquote>Édition rare. Exemplaire grand de marges. Piqûres de vers racc.</blockquote>

200. (BOUCHET, J.) Opuscules du ‖ trauerseur des voyes pe=‖rilleuses. Nouuellement‖par luy reueuz, amendez ‖ et corrigez iouxte la derniere impression ‖... *On les vend a Paris par la vefue de feu Iehan ianot tenant demourant en la rue de marchepalu a lenseigne de la corne de cerf.* (A la fin :) *Imprime a Paris pour la vefue,* etc. S. d. Pet. in-4, goth.; mar. vert, fil., tr. dor. (*Bauzonnet-Trautz*).

<blockquote>Très-bel exemplaire, avec témoins, provenant des coll. Crozet et Double. On voit par le sommaire ci-dessus qu'il existe une édition antérieure, mais il n'en a jamais paru d'exemplaire, que nous sachions. L'adresse ci-dessus nous donne la date approximative de cette édition, car nous savons (voir Didot, *Essai sur la grav. s. bois*, col. 157) que c'est de 1522 à 1529 que la veuve Janot demeura à la *Corne de cerf*.</blockquote>

201. (BOUCHET, J.) Opusculles du trauerseur des ‖ voyes perilleuses nouuellement par luy reueuz ‖amandez et corrigez. ‖.. (Marque de de Marnef sur le titre.) (A la fin :) *Imprime a Poictiers par Iaques Bouchet A la Celle. le ix. Dapuril Lan Mil cinq Cens vingt et six* (1526). In-4, goth., à long. lign.; mar. viol., fil., large dent., tr. dor. (*Thompson*).

<blockquote>Très-bel exemplaire, reglé, d'une édition rare.</blockquote>

202. BOUCHET (J.). Le Panegyric du Che-‖uallier sans reproche [Louis de la Trimouille]. (Au v° du 194° f. :) *Cy finist le Cheualier sans reproche cōpose p̄ maistre Iehan Bouchet... Imprime p̄ Iaques Bouchet demourant aud' Poictiers a la Celle, Et se vēdēt en la boutique dudit Bouchet ꝛ au Pellican pres le Palais Et fut acheue le. xxviii. iour de mars mil cinq cens. xxvii* (1527). In-4, goth. ; mar. olive, tr. dor. (*rel. angl.*).

<blockquote>Superbe exemplaire.</blockquote>

203. (BOUCHET, J.) Les triūphes ‖ de la Noble et amoureuse Da‖me, ꝛ l'art de honnestement ‖ aymer, Compose par ‖ le

Trauerseur des Voyes perilleuses. *Nouuellement imprime a Paris, M.D. xxxix* (1539). *On les vend en la rue neufue nostre Dame a lenseigne S. Jehan baptiste, pres S. Geneuiefue des ardens, par Denys ianot.* In-8, goth.; mar. rouge, fil., tr. dor. (*Niedrée*).

Très-bel exemplaire. Titre remargé en tête.

204. (BOUCHET, J.) Les angoysses et re‖medes damours. ‖ Du Trauerseur, en son adolescence. *On les vend a Poictiers au Pelican.* (A la fin :) *Imprime a Poictiers le huytiesme iour de Ianuier* M.D.XXXVI. *par Iehan ҁ Enguilbert de Marnef freres.* In-4, goth.; mar. rouge, fil., tr. dor. (*Padeloup*).

Première édition. Au 4ᵉ f., se trouve une gravure sur bois de style archaïque, portant la double croix de Lorraine.
Très-bel exemplaire.

205. (BOUCHET, J.) Le Iugement poe-‖tic de l'honneur fe-‖menin ҁ seiour des ‖ illustres claires ҁ honnestes Dames, par le ‖ Trauerseur. *On les vend a Poictiers a lenseigne du Pelican dauant* (sic) *le Palais.* (A la fin, en caract. ital. :) *Imprimé à Poictiers le premier d'Auril M.D.XXXVIII* (1538) *par Iehan et Enguilbert de Marnef Freres.* In-4, goth., fig. s. bois.; mar. violet, fil., large dent. (*rel. angl.*).

Les figures sur bois, dont quatre portent la croix de Lorraine, sont remarquables. Bel exemplaire, de la coll. Double.

206. BOUCHET (J.). La Flevr et trivmphe de cent et cinq Rondeaulx contenans la constance, et inconstance de deux Amãs composez par aucun Gẽtil Homme presentez et dediez au Treschrestien Roy de Frãce a qui Dieu dõne tresbõne vie et sente pspere. Et adiouste. xiij. Rondeaulx differans. Auec xxv. Balades differentes cõposees par Maistre Iehan Bouchet aultrement dict le trauerseur des voyes perilleuses Procureur a Poyctiers. *Nouuellemẽt imprimes A Lyon.* M.D.XL (1540). *On les vend a Lyon, en rue Mercire en la Boutique de Iehan Mousnier pres du Maillet dargent.* Pet. in-8, goth. (titre en lettres rondes), de 48 ff. non chiffrés (A-E, G, par 8); mar. citr., fil., tr. dor. (*anc. rel.*).

Exemplaire de Ch. Nodier et d'Yemeniz. Un peu court en tête, mais avec témoins.

207. BEAULIEU (Eustorg de).

## BELLES-LETTRES.

> Les gestes des sol‖liciteurs
> Ou les lisans pourrõt coguoistre
> Quest ce de solliciteur estre
> Et qui sont leurs reformateurs.

(Au-dessous, une marque de Jehan Guyart, qui n'est pas celle donnée qui est au *Manuel.* Plus bas :) Cum priuilegio. v° du dernier f., les armes de la ville de Bordeaux, et au-dessous, cette souscription :) *Imprime a Bourdeaulx le vingt et troisiesme iour de aoust Lã mille cinq cens xxix* (1529) *par Iehan guyart imprimeur...* Pet. in-4, goth. ; mar. bleu, fil., tr. dor. (*Kœhler*).

Pièce de vers fort rare, qu'on a considérée longtemps comme la plus ancienne production des presses bordelaises. C'est, en tout cas, le second livre français imprimé à Bordeaux.

Exemplaire aux armes et chiffres d'Audenet. Coins racc.

208. BOURDIGNÉ (Ch.). La Legende ‖ ioyeuse maistre Pierre Faifeu, Cõtenante plusieurs singularitez ⁊ veri‖tez... (Au bas du titre :) Tout passe. (A la fin :) *Fin des faitz ⁊ dictz ioyeulx de maistre pierre faifeu mis ⁊ redigez par messire Charles bordigne prebstre le premier iour de mars lan mil.* CCCCC.XXXI. *Et imprimez a Angers lan.* M.D.XXXII. (1532). Pet. in-4, goth., de 54 ff.; mar. vert. fil., à comp., tr. dor. (*Bauzonnet-Trautz*).

Première édition, de toute rareté. M. Brunet en signale une de 1526, mais nous croyons pouvoir affirmer qu'elle n'existe pas : l'éminent bibliographe aura été induit en erreur par un exemplaire incomplet (il indique 52 ff.), privé de la souscription finale, et il aura pris comme date du livre le chiffre 1526 qu'on lit, en effet, dans la bordure du titre de la présente édition, bordure empruntée sans doute à un ouvrage antérieur.

Magnifique exemplaire, avec témoins. Racc. et retouches.

209. BOURDIGNÉ (Ch.). La Légende de maistre Pierre Faifeu, mise en vers par Charles Bourdigné. *Paris, Coustelier,* 1723. In-8; mar. rouge, fil., tr. dor. (*Anc. rel. aux armes de France*).

Exemplaire imprimé sur VÉLIN. On sait que cette édition contient en outre les Poésies diverses de Jean Molinet, extraites de ses *Faicts et dits.*

210. DU PRÉ (J.). ⁋Le palais des no‖bles Dames, auql a treze parcelles ou chambres ‖ principales : en chascune desquelles sont declarees ‖ plusieurs histoires.... Nouuellement cõpose en rithme fran‖coyse par noble Jehan du pre. (A la fin :) Adresse a tresillustre ⁊ treshaulte prícesse madame Marguerite

de Frāce Royne de Nauarre... *S. l. n. d.* (après 1534). In-8, goth., fig. s. bois; mar. rouge, fil. à fr., tr. dor. (*Koehler*).

<small>Ouvrage non réimprimé et de la plus grande rareté. Très-bel exemplaire, de la coll. A. Bertin.</small>

211. (DU PONT, G.). Les Controuersses des Se‖xes Masculin et Femenin (par Gratian du Pont, seigneur de Drusac). (A la fin :)

<blockquote>
Dedans Tholose : imprime entierement<br>
Est il ce liure : sachez nouuellement<br>
Par Maistre Iacques : Colomies surnomme<br>
Maistre imprimeur : Libraire bien fame<br>
Lequel se tient : et demeure deuant<br>
Les Saturnines : Nonains deuot conuent<br>
Lan Mil cinq cens trente et quattre a bon compte<br>
Du moys Ianuier trentiesme sans mescompte.
</blockquote>

In-fol., goth., fig. s. bois; mar. bleu, fil., tr. dor. (*Simier*).

<small>Première édition, fort rare. Plusieurs pièces de vers sont licencieuses. Bel exemplaire, de la coll. Solar.</small>

212. DES PERIERS. Recveil des œvvres de fev Bonaventvre des Periers, Vallet de Chambre de Treschrestienne Princesse Marguerite de France, Royne de Nauarre. *A Lyon, Par Iean de Tournes,* 1544. In-8 ; mar. bleu, comp., tr. dor. (*Lefebvre*).

<small>Première édition, peu commune. Très-bel exemplaire, sauf qq. ff. courts en tête.</small>

213. (RENÉ D'ANJOU). Labuze en court [L'Abusé en cour] (par René d'Anjou, roi de Sicile). *S. l. n. d.* In-4, goth., de 34 ff. n. chiff. (sign. A-G par 4, H par 6), à 39 lignes par page, fig. s. bois; mar. La Vallière, fil. à compart., tr. dor. (*Hagué*).

<small>Édition non décrite, ornée de onze figures sur bois. Magnifique exemplaire.</small>

C. Poëtes anonymes depuis la fin du XV jusqu'au milieu du XVI<sup>e</sup> siècle.

214. Heures de nostre dame en francoys et en latin ‖ Imprimees a paris nouuellement. (Au r° du dernier f. :) *Cy finient les heures en francois Imprimees a paris pour Anthoine verard libraire demourant sur le pōt nostre dame a lymage saint Jehan leuangeliste...* S. d. (1488 ou 1499). Pet. in-8, goth., de 112 ff. n. ch., fig. s. bois; mar. rouge, fil. à comp.,

doublé de mar. bleu doré en plein, tr. dor. (*Trautz-Bauzonnet*).

Au-dessous du titre rapporté plus haut, se trouvent ces huit vers :

Lamour de dieu chascun ǁ bon crestien
Doit acquerir en son cō‖mencement
En desirāt pseuerer en bié
Affin quil puisse acquerir sauuement
Et appliquer doit son entendement
A le seruir soir et au matin
En recordant ses heures dignement
Translatees sont au plus pres du latin.

Le dernier f. ne contient que la souscription, en sept lignes. Les figures sur bois sont les mêmes que celles qu'on rencontre dans les diverses petites Heures de Vérard.

Les Heures que nous décrivons présentent cette particularité, comme celles que Gringore a postérieurement publiées, qu'elles sont entièrement en vers ; c'est pourquoi nous avons cru devoir les placer plutôt à la Poésie que dans la section des livres de piété. Leur auteur est encore inconnu, et elles avaient échappé aux recherches de M. Brunet.

Cet exemplaire, peut-être UNIQUE, est d'une conservation admirable. Il provient de la bibl. de M. Yemeniz et a reçu une de ces reliures à petits fers et à l'Y qui sont les chefs-d'œuvre de Trautz-Bauzonnet.

215. Le caquet ǁ des bonnes Chambrieres, declarant ǁ aucunes finesses dont elles vsent ǁ vers leurs maistres & maistres-ǁ ses. Imprime par le com‖mandement de leur ǁ Secretaire maiǁstre Pierre ǁ babilǁlet. Item vne Pronostication sur les Maries & femmes veufues. Auec la maniere pour conǁgnoistre de quel boys se ǁ chaulfe Amour. *On les vend a Lyon en la mayson ǁ de feu Barnabe Chaussard, pres ǁ nostre dame de Confort.* S. d. Pet. in-8, goth., de 12 ff. (et non de 8 ff.), sign. A.-C; mar. violet, fil. à comp., tr. dor.

C'est la plus ancienne édition de cette spirituelle facétie en vers.
La *Pronostication... Pour lan mil cinq cens & cinquante* commence au fol. Cij r°. La dernière pièce finit ainsi : *Quoy qu'il aduienne. Finis.*
Exemplaire de Ch. Nodier, puis d'Yemeniz, avec témoins, le seul qui ait passé en vente. M. de Montaiglon n'a pu consulter cette édition pour la réimpression qu'il a publiée de cette pièce.

216. (Le Chevalier aux Dames.)

Cy est le Chevalier aus Dames
De grant leaultez et prudence
Qui pour les garder d' to' blasmes
Fait grant prouesse et grāt vaillāce.

# POËTES FRANÇAIS.

(A la fin :) *Cy finit le Cheualier auz Dames. Imprime a Mets par maistre Gaspart Hochfeder La vigille de saincte Agathe. Lan. Mil ·$v^c$ et. xvi* || (1516). Pet. in-4, goth., fig. sur bois; mar. rouge, doré en plein à petits fers, doublé de mar. bleu, large dent., tr. dor. (*Bauzonnet-Trautz*).

> Édition originale et fort rare, de ce poëme, en forme de songe, d'un auteur inconnu qui prend la défense du beau sexe contre les attaques du *Roman de la Rose*. L'une des 23 fig. sur bois porte le nom de François Oudet.
> Superbe exemplaire à toutes marges : on dirait même en grand papier. La reliure est un chef-d'œuvre. De la coll. Yemeniz (2075 fr.).

217. La cōplaïte || doloureuse || du nouue || au marie. *S. l. n. d.* Pet. in-8, goth., de 8 ff.; mar. vert., fil., tr. dor. (*Niedrée*).

> Même texte que dans l'édition de Trepperel (voir le n° 225). Exemplaire réglé et très-grand de marges, provenant de la bibl. Yemeniz. C'est le seul qui ait passé en vente.

218. La cōplainte || du prisonnier damours || faicte au jardin de || plaisance. *S. l. n. d.* Pet. in-8, goth., de 4 ff., de 22 lignes par page, deux fig. sur bois au-dessous du titre; mar. vert, tr. dor.

> Cette pièce de poésie, imprimée vers 1530, est réellement remarquable.
> Exemplaire de Ch. Nodier et d'Yemeniz, avec témoins. C'est le même probablement qui a servi à M. Brunet pour sa description : aussi croyons-nous que c'est par suite d'une erreur qu'il indique une fig. s. bois au titre et une autre au v° du dernier f., car il ne paraît pas exister d'autre édition de cette Complainte amoureuse.

219. Les con||tenances de la || table. (A la fin :) *Cy finissent les ōtenāces de la table.* S. l. n. d. In-4, goth., de 4 ff.; mar. rouge, fleurons, tr. dor. (*Trautz-Bauzonnet*).

> Au-dessous du titre, se trouve la marque et les noms de P. Mareschal et de Barnabé Chaussart qui ont exercé ensemble à Lyon de 1496 à 1504 environ. Édition de toute rareté, qui offre un texte plus correct que les autres.
> Exemplaire Double, grand de marges, le seul qui ait passé en vente. Légers racc.

220. Le Credo du commun || peuple celon (*sic*) le temps || qui court. *S. l. n. d.* Pet. in-8, goth., de 4 ff., à 25 lignes par page pleine, fig. s. bois; veau ant., fil. à fr., orn. en or, tr. dor. (*Koehler*).

> Dans cette pièce, composée de 18 huitains en vers octosyllabiques, le poëte anonyme, en prenant successivement pour point de départ les phrases du *Credo*

latin, exprime les doléances du peuple contre les exactions dont il est la victime. En voici un fragment :

> *Crucifixus est* et sera
> Le peuple par larrons sergens,
> Et iamais on ne se deffera
> De pilleurs et mangeurs de gens.
> Aduocatz sont frisques et gens
> De nouz (*sic*) draps et laine vestuz.
> Le bruyt de nous poures indigens
> A bas *mortuus et sepultus.*

La première page contient, au-dessus et au-dessous du titre, cinq petites gravures et une fleur de lis florentine. Quatre de ces figures représentent des sibylles ; quatre autres sibylles figurent au v° du feuillet. Parmi les premières, celle qui représente la sibylle delphique se voit au v° du dernier f. du *Monologue de la Chamberière* (voy. le n° 232), imprimé à Lyon par ou pour Pierre Prevost, ce qui autorise à croire que le présent volume est sorti des mêmes presses. Il est imprimé en petits caractères gothiques et finit au f. 4 v° par le mot : *Finis.*

Cette pièce curieuse n'est pas indiquée au *Manuel*, et on n'en connaît aucune autre édition. Exemplaire Yemeniz, réglé, peut-être UNIQUE. Deux marges rapportées.

221. Le || debat des deux bons || Seruiteurs. (A la fin :) *Cy finist le debat des deux bons seruiteurs.* S. l. n. d. (Paris, vers 1500). In-4, goth., de 12 ff.; mar. vert, fil., tr. dor. (*Niedrée*).

Opuscule en vers, en forme de dialogue entre l'aîné, le jeune et l'acteur. Il diffère complétement du *Doctrinal des bons serviteurs.*
Édition fort rare. Exemplaire Yemeniz, très-grand de marges. Qq. piqûres racc.

222. Les dictz de || salomon Auecques les res||põces de marcon fort ioyeu||ses. *S. l. n. d.* In-8, goth., de 4 ff.; veau écaille, fil., tr. dor.

Ancien *fac-simile*, à la plume, d'un opuscule rare, et passablement libre, renfermant 46 strophes de trois vers.
On y a joint divers fragments de vieilles chansons imprimées en caractère gothique, chansons plus que légères et qui paraissent totalement inconnues.
Exemplaire Yemeniz.

223. Les dictz des ||bestes ҫ aussi des || oyseaulx. (A la fin :) *Cy finissent les dictz des oiseaulx. Nouuellement Imprime a Paris en la rue neufue nostre Dame a lescu de France.* S. d. (vers 1500). Pet. in-8, goth., de 12 ff., 48 fig. sur bois; mar. vert, large dent., tr. dor. (*Niedrée*).

Le titre est répété au verso du 1er f., avec un changement d'*y* en *i* dans le mot *oiseaulx*. Cette édition sort des presses d'Alain Lotrian ou de celles de Jehan Jehannot. Exemplaire de Huzard puis d'Yemeniz, et le seul qui ait passé en vente. Coins racc.

**224.** Le doctrinal des || filles. *S. l. n. d.* Pet. in-4, goth., de 6 ff., sign. *a*; mar. rouge, dent., tr. dor.

Édition lyonnaise de la fin du XVe siècle, dont le texte est conforme à celle de Mareschal et Chaussart. C'est probablement la même que celle dont M. Brunet a signalé deux exemplaires (Nugent et Heber), mais qu'il n'a pas dû avoir sous les yeux, la description rapide qu'il en donne n'étant pas d'accord avec le présent exemplaire. En effet, le titre, en deux lignes, ne donne que : *Le Doctrinal des filles*; au vº, est une grande figure sur bois représentant une Matrone qui enseigne à une jeune demoiselle. Ce *Doctrinal* occupe les sept pages suivantes (à 20 lignes par page, sauf la dernière) et finit ainsi : *Cy fine le doctri*||*nal des filles*. Il est suivi d'une pièce en vingt vers : *Les dix cōmādemēs de la loy de dieu*, et d'une autre : *Les cinq cōmādemēs de leglise*, en dix vers. Une pièce en prose : *Les xii. articles de la foy* (14 lignes) termine cette édition de toute rareté que M. de Montaiglon n'a pas connue. Le verso du dernier f. est blanc.

Magnifique exemplaire, de la coll. Yemeniz.

**225.** Le doctrinal des || femmes maries (*sic*). *S. l. n. d.* (marque de J. Trepperel sur le titre). Pet. in-4, goth., de 6 ff. — Le doctrinal des nouueaulx mariez. *S. l. n. d.* (même marque). Pet. in-4, goth., de 6 ff. — La complainte du nouueau marié. *S. l. n. d.* (même marque). Pet. in-4, goth., de 9 ff. — En 1 vol.; mar. rouge, fil., tr. dor. (*Bradel*).

Pièces fort rares, imprimées vers la fin du XVe siècle. Au verso du titre de la première, on trouve une figure sur bois, très-médiocre, représentant un moine assis (peut-être l'auteur de la pièce) devant lequel trois bourgeois se tiennent debout.

La pièce suivante porte au vº du titre une autre gravure qui se fait remarquer par la bizarrerie du dessin et la singularité du sujet : elle représente un homme, entouré d'enfants et d'animaux domestiques, battu par sa femme armée d'une quenouille. Cette même gravure est reproduite au verso du titre de la dernière pièce.

Exemplaire d'une conservation hors ligne, très-grand de marges. Il a appartenu successivement à Le Duc, Bignon et Brunet, et a été acheté à la vente de ce dernier 1,250 fr.

**226.** La doctrine et instru||ction q̃ baillent et monstrent || les bōs peres a leurs enfans. (A la fin :)

> *Qui ce liure voudra acheter*
> *Autant de soir que de matin*
> *Qui sans vienne droit marchander*
> *Chez maistre guillaume Balsarin.*

*Imprime a Lyon MCCCCC . XXIII.* (1523). *Finis.* Pet. in-8, goth., de 8 ff., fig. s. bois. — Le testament du pere ‖ Leq̄l il laissa a son filz : a la ‖ fin de ces (*sic*) iours, pour lis- truiǁre a vertu, e fouir (*sic*) aux vices. (A la fin : )

>*Cy finist le testament du pere*
>. . . . . . . . . . . . . . . . .
>*Et a este nouuellement imprime*
>*En papier non pas en parchemin*
>*Qui le vouldra acheter*
>*Vienne chez Guillaume Balsarin.*

Pet. in-8, goth., de 8 ff., fig. s. bois. — En 1 vol.; mar. vert, doublé de mar. rouge, ornem., tr. dor. (*Bauzonnet*).

Cette *Doctrine et instruction* offre une rédaction modifiée, et plus développée, d'un autre opuscule en vers, intitulé : *La Doctrine du père au fils,* dont on connaît plusieurs éditions. Elle se compose de 55 stances de 4 vers octosyllabiques, suivies d'une *Conclusion en maniere de Ballade*, en 4 stances, et est terminée par une *Response que baille le filz au pere des enseignemēs que luy a enseigner,* en 3 stances.

Le *Testament du père* est le complément de la pièce précédente, et on ne connaît, de l'une et de l'autre, que la présente édition.

Exemplaire Coste, puis Yemeniz, le seul qui ait passé en vente. Conservation parfaite.

227. La Fontaine ‖ Damours, et la (*sic*) description. ‖ Nouuel- lement imprimee. ‖ Et se cõmence.

>Nescio quid sit amor nec amoris ‖ sentio nodum
>Sed scio si quis amat, nescit ‖ habere nodum.

*S. l. n. d.* Pet. in-8, goth., de 4 ff., fig. s. bois; mar. vert, tr. dor.

Édition fort rare. Exemplaire de Ch. Nodier, puis d'Yemeniz.

228. La fortune ‖ Damours.

>Sermon ioyeulx d'ung verd galant
>Et dune bergiere iolye
>Que peut nommer chascun lisant
>Damour la fortune ou follye.

( A la fin : ) *On les vend a paris en la rue Neufue nostre Dame a lenseigne de lescu de France.* S. d. Pet. in-8, goth., de 8 ff., fig. s. bois. — Le deprofunǁdis des amouǁreux. *Imprime ‖ nouuellemēt a Paris.* S. d. Pet. in-8, goth., de 4 ff., fig. sur bois. — En 1 vol.; mar. violet, fil., tr. dor. (*aux armes de A. Audenet*).

La première de ces pièces est écrite en vers de huit syllabes, divisés en stances de 6 à 10 vers ; la seconde se compose de 27 quatrains octosyllabiques. On n'en connaît pas d'autre édition, et le présent exemplaire, provenant des coll. Ch. Nodier et Yemeniz, est le seul qui ait passé en vente.

229. Le giroufflier aux dames. || ensemble le dit des sibiles. || Epistre de seneque a lucille cõsolatoire de liberal || leur amy q̃ estoit triste pour ce q̃ la cite de lyon dont || il estoit, estoit arse et brulee : par ceste epistre on peut || clerement congnoistre quãt et cõment la cite de lyon fut dniereme͂t destruicte. Et en quel lieu elle estoit fondee || et quelle elle estoit et les ans de sa duree. *S. l. n. d.* Pet. in-4, goth., de 16 ff., fig. s. bois; mar. bleu, fil., tr. dor. (*Bauzonnet-Trautz*).

Le dernier opuscule est en prose. Cette édition, fort rare, est sortie probablement des presses lyonnaises au commencement du XVIe siècle.

Exemplaire Yemeniz, très-beau, sauf un petit racc. au 1er f.

230. La grãd patiẽce des || Femmes ɔtre leurs Maris. *S. l. n. d.* Pet. in-8, goth., de 4 ff. ; mar. rouge, fil., tr. dor. (*Trautz-Bauzonnet*).

Pièce imprimée vers 1530 et dont on ne connaît que cette édition. Exemplaire Yemeniz. Qq. marges rapportées.

231. Livre de la fontaine perilleuse, avec la chartre d'amours : autrement intitulé, le songe du verger. OEuvre tres-excellent, de poësie antique contenant la Steganographie des mysteres secrets de la science minerale. Auec commentaire de I. G. P. (Jean Gohory Parisien). *A Paris, pour Iean Ruelle, libraire demeurant rue sainct Iaques, à l'enseigne S. Hierosme,* 1572. In-8, de 48 ff.; mar. vert, fil., riches orn. sur les plats, tr. dor. (*Duru*).

Gohory s'est trompé en croyant voir un poëme hermétique dans ce livre d'amour, dont voici le sujet : Un jeune homme se désaltère à la fontaine périlleuse de l'amour ; un vieillard le conduit dans la *Chartre* (prison) d'amour, où la vue des infortunés atteints de cette passion inspire au jouvenceau des idées plus sages.

232. Monologue || noueau et fort ioyeulx de la Cham || beriere desproueue (*sic*) du mal damours. (A la fin :) *On les vent a Lion pres les halles par pierres preuost, et au palays a la Galerie de la chancellerie. Finis.* S. d. Pet. in-8, goth., de 4 ff., fig. s. bois ; mar. bleu, fil., tr. dor. (*Trautz-Bauzonnet*).

Le titre est suivi d'une figure sur bois, et la souscription, d'une grande

fleur de lis florentine. Deux petites vignettes sur bois au verso du dernier f.
Exempl. Yemeniz. Deux marges en tête rapportées.

233. Le passe‖Temps, et le songe‖ du Triste. Lamant‖triste songeant. (A la fin : ) *Cy fine ce present liure intitule, Le passe Temps, et le songe du Triste, Auec le De profundis des Amoureux, Nouuellement imprime a Lyon : par Antoyne Blanchard.* S. d. (1530). Pet. in-8, goth., fig. s. bois; mar. rouge, fil. à fr., tr. dor. (*Duru*).

A la suite de la souscription on lit ces quatre vers :

Lau de troys croix, cincq croyssans, ung trepier
Vindrent despaigne noz seigneurs filz de france
E t a Bayonne de Juillet le premier,
De leur ostage fut faicte deliurance.

L'année indiquée dans cette sorte de rébus est 1530 (MCCCCCXXX) : c'est en effet à cette date qu'Henri, dauphin de France, et Charles, duc d'Orléans, tous deux fils du roi François Ier, furent ramenés en France : ils avaient été envoyés en 1526 à Madrid, comme otages, en échange de leur père, prisonnier de Charles-Quint après la bataille de Pavie.

Édition fort rare. Exemplaire Yemeniz, le seul qui paraisse avoir passé en vente. Légers racc.

234. LA‖remembrance du‖mauuais riche. (A la fin : ) *Cy finist la remembrance du mauuais riche.* S. l. n. d. In-4, goth., de 4 ff., à 20 lignes par page; mar. grenat, fil. à fr., tr. dor. (*Duru*).

Cette édition unique a dû être imprimée à Lyon à la fin du XVe siècle. Exemplaire provenant de Cailhava et d'Yemeniz, avec qq. racc. C'est le seul qui ait passé en vente.

235. La Source Dhonneur, pour maintenir la corporelle Elegance des Dames en vigueur fleurissant, et pris inextimable, auec vne belle Epistre dune Noble Dame a son Seigneur et Amy. Nouuellemēt. 1532. *On les vēd a Lyon, en la boutique de Romain Morin....* (A la fin : ) *Imprime a Lyon par Denys de Harsy, pour Romain Morin libraire Demourant en la Rue Merciere.* 1532. Pet. in-8, de 72 ff., lettres rondes, fig. s. bois; mar. br., fil., tr. dor. (*Thouvenin*).

Deuxième édition, très-rare, identique avec la première. Le titre est entouré d'un encadrement genre Geoffroy Tory, avec les initiales de l'imprimeur, D. D. H. entrelacées. Le volume est orné de 39 vignettes, dont 7 répétées. Elles sont de deux provenances différentes, les unes assez fines, les autres un peu grossières, et paraissent avoir été empruntées en partie à une édition illustrée de l'Énéide. Les grandes initiales ornées sont bien dessinées et ne manquent pas d'intérêt.

Ce petit volume n'a jamais été analysé, que nous sachions, et il méritait de l'être. Le titre ne donne pas exactement l'idée du livre. C'est un traité de morale où, dans des vers passablement alambiqués, l'auteur recommande à ses lectrices d'acquérir les vertus et les qualités qui font l'ornement du beau sexe, telles qu'humilité, persévérance, honnêteté (pudeur), chasteté, patience, libéralité, etc., etc. A l'appui de ses préceptes, il invoque des exemples empruntés à l'histoire sacrée et profane, ancienne et moderne, sous forme de petits récits en prose. On y trouve d'un côté l'histoire de Lucrèce, de Virginie, de Sémiramis, d'Esther, de sainte Cécile, de sainte Godelienne de Flandres, etc.; de l'autre, les aventures du seigneur de Varembon, l'histoire de Griselidis, celle de la comtesse de Vendôme, d'après Christine de Pisan, celle de la reine Blanche de Castille, celle d'une princesse de Salerne, un « *exemple de la grande liberalité et courtoysie que fist le bon et vertueux seigneur de Bayart à son hostesse et à ses filles en la ville de Bresse* », etc., etc. Ces historiettes sont en général fort bien tournées et pleines de verve : leur auteur mérite une place distinguée parmi nos conteurs.

Le traité de la *Source d'honneur* est terminé par une pièce de vers (*Exemple de mirouer d'entendement par la mort*), où le poëte passe en revue toutes les reines et princesses les plus célèbres qui sont mortes dans la seconde moitié du XV$^e$ siècle : c'est un morceau fort intéressant.

A la suite se trouvent *Les Epitaphes des neuf preuses* (Thomyris, Sémiramis, Menelape, Amazone, Lampheton, Creüse, Panthasilée, Hippolyte et Déiphille), et enfin cette *belle Epistre d'une noble dame à son seigneur et amy*, annoncée au titre. Cette épître en vers cadre mal avec les préceptes moraux qui font le principal sujet du volume, et il ne serait pas prudent de permettre à une jeune fille la lecture de certains passages où :

> La plus dolente et angoisseuse femme
> Qui oncques fut en l'amoureuse flamme,

fait le récit d'une halte « en ung grand boys ».

L'auteur de ce livre n'est pas connu, mais la nature de son talent se rapproche beaucoup de celui de Jean Dupré, gentilhomme du Quercy, à qui nous devons le *Palais des nobles dames* (voir plus haut, le n° 210).

Ce petit volume, parfaitement conservé, sauf une piqûre de vers insignifiante, a été payé 375 fr. à la vente Martin en 1869.

236. **Les ventes∥damours.** (A la fin :) *cy finent les ven∥tes damours.* S. l. n. d. Pet. in-4, goth., de 8 ff. n. ch., sign. (A)-B; mar. vert, riches compart. et dent., tr. dor. (*Chambolle-Duru*).

Ce dialogue en vers octosyllabiques entre *l'amant* et *l'amye*, qui n'est qu'un souvenir d'un jeu de société du XV$^e$ siècle, eut de nombreuses éditions : elles diffèrent toutes entre elles. Celle-ci est probablement la même que la première insuffisamment décrite au *Manuel*. Elle est fort rare et s'éloigne sensiblement de trois éditions d'après lesquelles M. de Montaiglon a fait sa réimpression. Au-dessous du titre, se trouve une grande figure sur bois représentant l'amant et l'amie se parlant debout; elle se répète au verso du même feuillet. Le texte commence ainsi : *Sensuyuent les ventes da-*

*mours*. Les pages pleines comptent chacune trente lignes. Le verso du dernier f. est blanc.

Très-bel exemplaire, dans une riche reliure. Qq. racc.

237. Les ventes damours. *S. l. n. d.* In-4, goth., de 10 ff.; mar. rouge, fil., tr. dor. (*Trautz-Bauzonnet*).

C'est la même donnée que celle de l'édition ci-dessus, mais la rédaction en est différente. Sur 63 strophes, formant ensemble 322 vers, il n'y a que huit strophes qui sont soit identiques, soit légèrement modifiées. La pièce n'est plus disposée en dialogue, en ce sens que les noms de deux interlocuteurs, *l'amant et l'amie*, n'y figurent point en tête des stances. Cette édition paraît avoir été imprimée à Lyon, avant 1500, avec les mêmes caractères que le *Repues franches*. Le présent exemplaire doit être le même que celui que M. Brunet a décrit et qu'il déclare incomplet. En effet, le f. de titre semble refait, probablement sur celui d'une autre édition, car on ne connaît de celle-ci que ce seul exemplaire. Le texte commence ainsi : *Cy apres sensuiuẽt plusieurs* || *ventes damours*. Le f. suivant porte la signature *a*. 3; la seconde signature est *b*. 1. Le dernier vers des *Ventes d'amour* est :

Me donne espoir damour prochayne.

A la suite : *Cy dessoubz s'ensuyuent dictz a plaisance,* qui comptent 12 vers.

Très-bel exemplaire, avec témoins. Qq. racc.

D. Depuis Marot jusqu'à Ronsard.

238. MAROT (Jean Desmarets, *dit*). Ian Marot de Caen sur les deux heureux voyages de Genes et Venise, victorieusement mys a fin, Par le treschrestien Roy Loys Douziesme de ce nom. Pere du Peuple. Et veritablement escriptz par iceluy Ian Marot, alors Poete et Escriuain de la tresmagnanime Royne Anne, Duchesse de Bretaigne, et depuys, valet de chambre du treschrestiẽ Roy Francoys, premier du nom... (A la fin :) *Ce present Liure fut acheue dimprimer le* XXII. *Iour de Ianuier*. M.D. XXXII. (1532) *pour Pierre Roufet, dict le Faulcheur, par Maistre Geufroy Tory de Bourges, Imprimeur du Roy*. In.8. — Le Recueil Iehan Marot de Caen, Poete et escripuain de la magnanime Royne Anne de Bretaigne... (*Même adresse.*) S. d. In-8, de 40 ff.; mar. rouge, fil., tr. dor. (*Kœhler*).

Édition originale, aussi précieuse que rare, surtout pour le second recueil. Quant au premier, on n'en rencontre presque jamais un exemplaire aussi complet que celui-ci. Le volume compte bien en effet, CI ff. chiffrés, mais ce que M. Brunet n'indique pas, c'est que le dernier cahier, N, commençant au f. XCVII, n'offre que 5 ff. imprimés, qui doivent être suivis des 3 ff. blancs, pour que ce cahier soit complet. Or ces 3 ff., qui manquent presque toujours, se, trouvent dans le présent exemplaire. Il provient de la bibl. Viollet-le-Duc. Le f. de garde porte cette note autographe signée de Jules Janin : « Le *Recueil* de Jehan Marot, à la suite de *ses Deux Voyages*, est tout « à fait *non rogné, intonsis capillis.* Le titre et la dernière page, quelque peu « endommagés, ont été habilement réparés. » Il faut y ajouter que plusieurs autres ff. ont aussi été raccommodés.

239. MAROT (Jean). Recveil || des œvvres || Iehan Marot illustre poëte || Francoys, Contenant || Rondeaulx. || Epistres; || Vers espars. || Chantz diuers. M. D.XXXIIII (1534). *On les vend a Lyon en la maison de Frācoys Iuste Demourant deuant nostre Dame de Confort.* Pet. in-8 allongé, goth., de 42 ff., sign. A-E par 8, F, 2 ff.; mar. rouge jans., tr. dor. (*Duru*).

Édition non indiquée au *Manuel* et de toute rareté. Le cadre qui entoure le titre porte en haut les mots : ΑΓΑΘΗ ΤΥΧΗ, et au bas, l'initiale F. Les ff. sont numérotés en chiffres arabes, sauf le titre, et le dernier f. qui ne contient que la marque de Fr. Juste.

Cette édition contient en plus de la précédente les *Proverbes énigmatiques* et un *decasticon* intitulé : *Quod Maro non Marotus sit dicendum latinis.*

Très-bel exemplaire, sauf qq. racc.

240. MAROT (Clément). Ladole||scence || Clemen||tine. Autrement, Les Oeuures de Clement Marot || de Cahors en Quercy,..... composees en leage de son Adolescence.... Le tout reueu, corrige et mis en bon ordre..... On les vend a Paris, deuant Lesglise Saincte Geneuiefue des Ardens, Rue Neufue nostre Dame. A Lenseigne du Faulcheur... (A la fin :) *Ce present Liure fut acheue dimprimer le Lundy.* xij *iour. Daoust. Lan.* M. D. XXXII (1532). *Pour Pierre Roffet, dict le Faulcheur. Par Maistre Geofroy Tory. Imprimeur du Roy.* In-8, de 4 ff. prél., 115 ff. et 1 f. d'errata; mar. rouge, compart. à la Grolier, tr. dor. (*Duru*).

« Première édition avouée par l'auteur. Elle est extrêmement rare. On « n'a pas encore trouvé d'exemplaire de l'édition fautive, imprimée à son « insu, dont il se plaint dans l'épître prél. et au f. 89 de celle-ci. L'édition « suivante de Cl. Marot a été le dernier ouvrage imprimé par Tory même « (Didot, *Catal. raisonné,* n° 748). »

Le *Manuel* ne cite que l'exemplaire Solar acquis par la Bibliothèque nationale; depuis, aucun autre n'a passé en vente.

Très-bel exemplaire, sauf qq. coins racc.

241. MAROT (Cl.). La Svite de l'ado||lescence Clementine, Dont le || contenu pourrez veoir a || l'autre costé de ce fueillet. *On la vend a Paris en la rue neufue nostre Dame deuant l'Eglise saincte Geneuiefue des Ardens a lenseigne du Faulcheur.*

Auec Priuilege pour trois ans. 1534. Pet. in-8, de 4 ff. et 152 pp.; mar. rouge, orn. sur les pl., tr. dor. (*Duru*).

« On n'avait pas remarqué jusqu'ici que le privilége au nom de la veuve « de Pierre Roffet lui permet de *faire* imprimer. Comme on sait qu'elle n'é- « tait que libraire, il se peut que la veuve de Tory (si elle a jamais exercé, « ce que M. Bernard n'a pas établi avec certitude) ait imprimé ce volume, « car ce sont bien les petits caractères (corps dix) que son mari a employés « dans plusieurs de ses éditions (Didot, *Catal. raisonné*, n° 750). »

Édition extrêmement rare, dont on ne cite aucune adjudication. Magnifique exemplaire, réglé.

242. MAROT (Cl.). Ladolescen‖ce clemen‖tine.— Aultrement, Les Oeuures de Cle‖ment Marot du Cahors en Quercy, ‖ Valet de Chambre du Roy... *On les vend a Lyon a la Fleur de Lys dor en la Boutique de Guillaume Boulle Librayre en la Rue Merciere*. 1534. In-16, de 152 ff., lettres rondes. — La suite de ladolescen‖ce Clementine dont le cōtenu sensuyt. ‖ Une Eglogue sur le trespas de Ma‖dame Loyse de Sauoye mere du Roy...... *On les vend a Lyō... en la Boutique de Guillaume Boulle*. 1534. In-16, goth., de 8 ff. et 175 pp. — Recueil ‖ des œuvres Iehan Marot ‖ illustre poëte Frācoys, ‖ Contenant: ‖ Rondeaulx. ‖ Epistres. ‖ Vers espars. ‖ Chants Royaux. ‖ M. D. xxxiv. In-16, de 56 ff., lettres rondes, fig. s. bois. Relié en 2 vol., mar. bleu, compart. à la Grolier, doublé de mar. rouge, large dent., tr. dor. (*Trautz-Bauzonnet*).

Édition de toute rareté, imprimée sur papier fort.

Exemplaire Yemeniz, le seul cité par M. Brunet et qui paraît être le SEUL CONNU jusqu'à pré-sent. La reliure de ces deux volumes est un petit chef-d'œuvre.

243. MAROT (Cl.). Les œuures ‖ de Clement Marot va‖let de chambre dv ‖ Roy. Desquelles le contenu sensuyt. ‖ Ladolescence Clementine, ‖ La suytte de ladolescence, ‖ Deux Liures d'Epigrammes bien augmentees. ‖ Le premier liure de la metamor‖phose dOuide. ‖ Le tout par luy aultrement, et mieulx ordonne, que par cy deuant. ‖ La Mort ny mord. ‖ *Pour Anthoine bonnemere* ‖ *demourant a lhostel dAlbret*. In-16, lettres rondes, fig. s. b.; mar. rouge, fil., tr. dor. (*anc. rel.*).

Édition non décrite au *Manuel*. La date a été grattée au titre. Le volume se compose de quatre parties : la première compte 98 ff., chiffrés ii à xlviii, xliià xlviii, lix à lx, li à lvi, lxv à lxxx, lvii à lxiiii, lxxxi à lxxxviii, lvii à lviii, sign. *a-nij* ; — la seconde, portant le titre : *La suite de* ‖ *ladolescence cle-*‖*mentine*.... et la date de 1539, compte 106 ff., mal chiffrés, l'avant-dernier côté cxx, et le dernier blanc; sign. A-Oi; — la troisième (intitulée : *Les Epigram*‖*mes de Clement Ma*=‖*rot, Diuisez en deux Liures*), a 34 ff., bien chiffrés, sign. Aa-Ee; — la quatrième (*Le Premier li-*‖*vre de la metanior*‖*phose dOuide, translate de Latin en Francoys* ‖ *par Clement* ‖ *Marot*), compte 30 ff., sign. aA—eE; on lit à la fin de cette partie : *On les vend a Paris par Anthoine bonnemere, demourant a lhostel dAlbret deuant sainct Hilayre*. 1534.

Enfin, à la suite se trouve une *Eglogue faicte par Marot*, qui compte 8 ff.

Cette édition de Bonnemère est antérieure à celle sans date donnée par le même imprimeur et qui porte des accents, tandis que celle-ci n'en a point.

Très-bel exemplaire, dans une excellente reliure digne de Boyet.

244. MAROT (Cl.). Les Oeuures de ‖ Clement Ma=‖rot valet de ‖ chambre du ‖ Roy. Desquelles le contenu sensuit. ‖ L'adolescence Clementine, ‖ La suite de L'adolescence : bien augmêtees. Deux liures d'Epigrammes. ‖ Le premier liure de la Meta=‖morphose d'Ouide. ‖ Le tout par luy autrement, et mieulx ‖ ordonné, que par cy deuant. ‖ La Mort ny mord. *On les uend a Lyon, chez Gryphius* (1538). 2 tom. en 1 vol. in-8, goth., de 90 ff., 95 ff. (le *Manuel* dit à tort 96), 32 ff., 26 ff.; vél. blanc, tr. dor. (*Bauzonnet*).

Édition précieuse, la même que celle de Dolet de 1538. Magnifique exemplaire, sauf qq. taches et légers racc. Il avait appartenu à Heber, A. Bertin, Le Roux de Lincy et Solar.

245. MAROT (Cl.). Les Oeuures de Clement Marot... *On les uend a Lyon chez Francoys Iuste.* (A la fin :) *Imprime a Lyon par Iehan Barbon*, 1539. In-16, goth.; mar. rouge, fil., fleurons, tr. dor. (*L. Tripon*).

Édition précieuse et rare.
Bel exemplaire, mais un peu court (115 mill. de h.).

246. MAROT (Cl.). Les Oeuures de Clement Marot de Cahors, Valet de chambre du Roy. Augmentées d'ung grand nombre de ses compositions nouuelles, par cy deuant non imprimées. Le tout songneusement par luy mesmes reueu... *A Lyon Chés Estienne Dolet*, 1542. Pet. in-8; mar. rouge, fil., à comp., doublé de mar. bleu, riches orn., tr. dor. (*Lortic*).

Édition fort rare et l'une des plus recherchées à cause des *Œuvres les plus nouvelles*, données ici pour la première fois.
Magnifique exemplaire, grand de marges (H.: 0,149).

247. MAROT (Cl.). Les Oevvres de Clement Marot de Cahors, valet de chambre dv Roy. Augmentées d'ung grand nombre de ses compositions nouuelles... *A Lyon, Chés Estienne*

*Dolet*, 1543. 2 part. en 1 vol. pet. in-8 ; mar. rouge, fil. à comp., tr. dor. (*Duseuil*).

<small>Édition précieuse et aussi rare que la précédente. Très-bel exemplaire, réglé. H.: 0.147.</small>

248. MAROT (Cl.). Les ‖ Oeuures de ‖ Clement Marot, ‖ de Cahors, vallet ‖ de Chambre du Roy. ‖ Plus amples, et en meilleur or‖dre que parauant. *A Paris, Chés Nicolas du Chemin, à l'enseigne du Gryphon d'argent, deuant le college de Cambray*, 1546. 2 tom. en 1 vol. in-16; mar. citr., milieu en mosaïque, tr. dor. (*Trautz-Bauzonnet*).

<small>Jolie édition en caractères italiques, non indiquée au *Manuel*. Voici sa composition : *Œuvres* (372 ff. ch. et 12 ff. de table) ; — *L'Enfer*, terminé par la pièce *du Coq à l'asne à Lyon Jamet* (16 ff.) ; — 52 *Pseaumes* (avec ce titre : *Cinquan-‖te deux pseav-‖mes de David*, etc., comme dans l'édition d'A. Girault, de 1545, décrite au *Manuel*; 79 ff. ch. et 1 f. n. ch.).
Magnifique exemplaire, avec témoins. Timbre d'une bibliothèque sur le titre.</small>

249. MAROT (Cl.). Les OEvvres ‖ de Clement ‖ Marot, de Cahors, ‖ vallet de ‖ chambre dv ‖ Roy. *A Lyon, chez Guillaume Rouille*. 1548. (A la fin :) *Imprime a Lyon par Estienne Rovssin, et Iean Avsoult*. 3 tom. en 1 vol. in-16; veau fauve, riches comp. en mosaïque, tr. dor. et cis. (*rel. du XVIᵉ s.*).

<small>Édition non indiquée par M. Brunet, fort bien imprimée en caractères italiques. A la suite des *OEuvres* (16 ff. n. ch. pour la table, etc., et 527 pp. ch.), se trouvent : (*L'Enfer* (32 pp.) ; — *Tradv=‖ctions de ‖ Clement Ma-‖rot vallet de ‖ chambre dv ‖ Roy* ; A Lyon Chez Guillaume Rouille 1547. (176 pp.) ; —*Pseaumes de David* (sans titre spécial (128 pp.). Les noms des imprimeurs se trouvent aussi à la fin de chacune des deux dernières parties.
Magnifique exemplaire, réglé, couvert d'une charmante reliure portant sur les plats le nom de *Gosvinus Demerssen*. Dans la dernière partie, on a transposé les pp. 113-275 de la partie précédente à la place des pp. 113-127 des Pseaumes, et vice-versa.</small>

250. MAROT. Clement Marot. *A Lyon, par Iean de Tournes*, 1558. 2 t. en 1 vol. in-16, fig. s. bois ; mar. bleu foncé, fil., doublé de mar. rouge, dent. int., tr. dor. (*anc. rel.*).

<small>La traduction des deux livres de la *Metamorphose* d'Ovide est ornée de 22 figures sur bois du Petit Bernard. Charmant exemplaire, réglé, grand de marges, dans une excellente reliure genre Duseuil.</small>

251. MAROT. Clement Marot. *A Lyon, par Iean de Tournes*, 1573. 2 t. en 1 vol. in-16, fig. s. bois; mar. citron, fil.,

doublé de mar. rouge doré en plein à petits fers, tr. dor. (*anc. rel.*).

> Réimpression page pour page de l'édition ci-dessus, avec les mêmes figures. Elle est fort rare.
>
> Très-bel exemplaire, couvert d'une riche reliure qu'on pourrait attribuer à Le Gascon.

252. MAROT. Les OEuures de Clement Marot, de Cahors, en Querci, vallet de chambre du Roy. Reueues, augmentées de plusieurs choses, et disposées en beaucoup meilleur ordre que ci devant. Plus quelques œuvres de Michel Marot fils dudit Marot. *A Niort, par Thomas Portan*, 1596. 2 tom. en 1 vol. in-16; mar. rouge, fil., tr. dor. (*Duseuil*).

> Édition en caractères italiques. Bel exemplaire, mais un peu court en tête.

253. MAROT. Les OEuvres de Clement Marot de Cahors, valet de chambre du Roy. Reueuës et augmentees de nouveau. *La Haye, A. Moetjens,* 1700. 2 vol. in-12; mar. rouge, fil. à comp., tr. dor. (*anc. rel.*).

> Édition recherchée. Fort bel exemplaire, réglé, très-pur. H. : 0,133.

254. MAROT (Cl.). L'Enfer de Clement Marot de Cahors en Quercy, Valet de chambre du Roy. Item aulcunes ballades, et Rondeaulx appartenants à largument. Et en oultre plusieurs aultres compositions dudict Marot, par cy deuant non imprimées. *A Lyon chés Estienne Dolet*, 1542. Pet. in-8, de 61 pp. et 1 f.; mar. violet, riche compart., tr. dor. (*Thompson*).

> Édition extrêmement rare. On trouve au commencement du volume une épître de Dolet à Lyon Jamet.
>
> Exemplaire de Ch. Nodier, avec témoins (H. : 0,153), acquis à la vente Yemeniz au prix de 570 fr.

255. MAROT. Les Pseaumes mis en rime Françoise par Cl. Marot et Th. de Beze. (Suivis de La forme des Prieres Ecclesiastiques.) *Lyon, par Iean de Tournes, pour Antoine Vincent*, M. D.LXIII (1563). 2 part. en 1 vol. pet. in-8., musique impr. et bordures; veau brun, riches comp. en mosaïque, tr. dor.

> « Les encadrements qui se trouvent à chaque page de ce précieux vo-
> « lume avaient été déjà employés par J. de Tournes, en 1557, pour la *Méta-*
> « *morphose figurée*. Cette précieuse édition des psaumes contient 28 bordu-

« res différentes. C'est la dernière publication de Jean (I$^{er}$) de Toúrnes et
« l'une des plus belles. Elle est peut-être le plus rare des ouvrages sortis
« des presses des de Tournes, car on n'en connaît avec certitude que deux
« exemplaires, celui de la Bibliothèque impériale et celui de M. Yemeniz.
« Tout porte à croire que l'édition aura été détruite avec soin dans les per-
« sécutions de 1567 et la destruction qui eut lieu alors des livres de fonds
« des de Tournes. Elle porte, ce qui est remarquable, un privilége du roi
« Charles IX (Didot, *Catal. raisonné*, n° 531) ».

Magnifique exemplaire. La reliure, qui recouvre d'anciens plats, est une charmante imitation moderne.

256. DÉSIRÉ (Artus). Le Contrepoison des cinquante deux Chansons de Clement Marot, faulsement intitulées par luy Psalmes de Dauid, faict et composé de plusieurs bonnes doctrines et sentences preseruatiues d'Heresie... par Artus Désiré. Plus adiousté de nouueau certains lieux et passages des œuures dudict Marot, par lesquelz lon cognoistra l'heresie et erreur d'iceluy. *Paris, Pierre Gaultier*, 1562. In-8 ; mar. br., fil., tr. dor.

Deuxième édition donnée par le même imprimeur, rare. Bel exemplaire. Qq. racc.

257. Le rabais du caquet de Fripelippes et de Marot dict Rat pele adictione auec le comment. Faict par Mathieu de boutigni page de maistre Francoys de Sagon secretaire de Labbe de sainct Eburoult. *S. l. n.* In-8, de 20 ff. dont le dernier bl. — Epistre a Marot par Francois de Sagon pour lui monstrer que Frippelipes auoit faict sotte cõparaison des quatre raisons dudict Sagon a quatre Oysons. Vela de quoy. (A la fin :) *Au Palais par Gilles Corrozet et Iehan Andre*, 1537. In-8, de 16 ff., dont 1 bl. — Le valet de Marot contre Sagon cum commento. *On les vend a Paris en la rue Sainct Iacques pres sainct Benoist, en la boutique de Iehan Morin, pres les troys couronnes dargent*, 1537. In-8, de 8 ff. — Appologie faicte par le grant abbe des Conards sur les Inuectiues Sagõ, Marot, La Huteric. Pages, Valetz, Braquetz, etc. *On la vend Deuant le college de Reims*. S. d. 4 ff.; mar. vert, compart., tr. dor. (*Thouvenin*).

Recueil de quatre pièces fort rares. Exemplaire d'Armand Bertin et Audenet.

258. Le Liure de plusieurs pieces, c'est-à-dire faict et recueilly de diuers Autheurs, cõe de Clemēt Marot, et autres. — *Lyon, Thibauld Payen*, 1548. (A la fin :) *Imprime à Lyon*

*par Nicolas Bacquenois.* In-16 ; mar. bleu, fil. à fr., tr. dor. (*Duru*).

Charmant exemplaire de ce volume peu commun.

259. MARGUERITE DE FRANCE. Le Miroir de treschrestienne princesse Marguerite de France, Royne de Nauarre, Duchesse d'Alençon et de Berry : auquel elle voit et son neant, et son tout. *On les uend à Lyon chez le Prince, pres nostre Dame de confort.* 1538. (A la fin :) *Imprimé à Lyon par Pierre de saincte Lucie dict le prince, pres nostre dame de Confort.* In-8, de 92 pp. et 1 f. pour la marque; mar. vert, fil., tr. dor. (*Bruyère*).

Édition fort rare incomplétement décrite au *Manuel*. A la suite du *Miroir* viennent les pièces suivantes : *Discord estant en l'homme par la contrariété de l'Esprit et de la Chair;* — *Le VI. Pseaulme du David, translaté en françoys selon l'hébrieu* par CLÉMENT MAROT; — *Oraison à nostre seigneur Jésus-Christ;* — une autre ORAISON (en prose); — *Briefve doctrine pour deuëment escripre selon la propriété du langage Françoys* (curieux petit traité en prose où pour la première fois il est question de l'emploi de l'apostrophe et de la cédille, par Jean Salomon, dit Florimond); — *Sur la Devise de Ian le Maire de Belges, Laquelle est de peu assez* (8 vers); — *L'Instruction et foy d'un chrestien, mise en françoys* par CLÉMENT MAROT; — enfin une épître en vers au lecteur, adressée par Marguerite de France.

Très-bel exemplaire, avec nombreux témoins.

260. MARGUERITE DE FRANCE. Marguerites de la Marguerite des princesses tresillustre Royne de Navarre. *A Lyon, par Iean de Tournes,* 1547. In-8. — Suite des Marguerites de la Marguerite des princesses tresillustre royne de Navarre. *Ib.,* 1547. In-8, fig. sur bois; veau fauve, riches compart. en mosaïque sur les plats et au dos, tr. dor. (*rel. du XVI$_e$ s.*).

Édition la plus recherchée. Les gravures de la seconde partie sont de Bernard Salomon.

Exemplaire grand de marges, d'une conservation remarquable (sauf une piqûre dans la marge des 30 dern. f.) et dans sa première reliure lyonnaise du XVIe siècle, restaurée avec soin. H. : 0,170. Un bel exemplaire dans une reliure analogue, également restaurée, a atteint le prix de 1460 fr. à la vente Brunet.

261. MARGUERITE DE FRANCE. Les || Margve||rites de la Mar||gverite des Prin||cesses, Tresillustre || Royne de Na||uarre. *A Paris, par Iehan Ruelle,* 1558. In-16, de 394 ff. chiff. et 5 ff. n. ch.; mar. rouge, riche dent. sur les plats, tr. dor. (*Belz-Niédrée*).

Jolie édition imprimée en caractères italiques, non citée par M. Brunet.

Le f. 249 porte comme faux-titre : *Suite des* || *Margve*||*rites de la Margverite* || *des princes-*||*ses, tresil*||*lustre* || *roine* || *de* || *Navarre.*

Cette édition fort rare contient de plus que celle de Jean de Tournes, 1547, deux pièces par G. Aubert : 1° *Epitaphe de Marguerite de Vallois, royne de Navarre* (au v° du titre) ; — 2° *Chant à louenge des deux Marguerites de Valois,* qui occupe les deux derniers ff.

Très-bel exemplaire.

262. **Le Tombeau de Marguerite de Valois royne de Navarre.** Faict premierement en Disticques Latins par les trois sœurs Princesses en Angleterre. Depuis traduictz en Grec, Italiē, et François par plusieurs des excellentz Poetes de la Frāce. Auecques plusieurs Odes, Hymnes, Cantiques, Epitaphes, sur le mesme subiect. *A Paris, de l'imprimerie de Michel Fezandat et Robert Gran Ion... et au Palais en la boutique de Vincent Sartenas,* 1551. In-8 ; mar. vert, fil., tr. dor.

Recueil curieux et rare. Très-bel exemplaire, réglé. A la fin, l'ex-libris gravé d'André Félibien des Avaux.

263. **DU MOULIN (A.).** Panegyric des damoyselles de Paris sur les neuf Muses [la dédicace au lecteur est adressée par Antoine Du Moulin Masconnois]. *A Lyon, par Iean de Tournes,* 1545. In-8, de 47 pp., car. ital. ; mar. bleu, fil., tr. dor. (*Kœhler*).

Outre la pièce annoncée sur le titre, ce petit volume rare contient encore : *Le Triumphe des muses, contre Amour; Les Obseques d'Amour; Complainte d'une damoyselle fugitive; L'Amante loyalle, qui depuis ha esté variable!*

Seule édition qui existe de ces poésies. Exemplaire de Ch. Nodier, puis d'Yemeniz.

264. **TAHUREAU (J.).** Les Poesies de Jacqves Tahvreau, dv Mans. Mises toutes ensemble et dediees au Reuerendissime Cardinal de Guyse. *A Paris, pour Abel l'Angelier,* etc., 1574. In-8, de 8 ff. prél. et 136 ff. chiff. ; mar. rouge, tr. dor. (*Capé, Masson-Debonnelle, Srs.*).

Bel exemplaire de ce volume rare.

265. **TAHUREAU (J.).** Oraison de Iaques Tahureau au Roy : De la grandeur de son regne, et de l'excellance de la langue françoyse. Plus quelques vers du mesme autheur dediez à Madame Marguerite. *Paris, V$^{ve}$ Maurice de la Porte,* 1555. In-4, de 22 ff. ; mar. vert, fil., tr. dor. (*Kœhler*).

Opuscule rare. Marque typographique dessinée par J. Cousin.
Très-bel exemplaire.

266. **SAINT-GELAIS.** OEuvres poëtiques de Mellin de S. Gelais.

*Lyon, Ant. de Harsy*, 1574. In-8, de 8 ff. prél. et 253 pp. ; veau fauve, fil. à comp., tr. dor.

L'édition précédente, de 1547, dont on ne connaît qu'un exemplaire, ayant été publiée sans la permission de l'auteur, a probablement été saisie et supprimée. Elle est très-incomplète et, en revanche, on y trouve beaucoup de pièces étrangères à Saint-Gelais. La présente édition, imprimée en caractères italiques, ce qui la distingue d'une contrefaçon publiée sous la même date, mais en lettres rondes, est donc, à vrai dire, l'édition originale. C'est aussi la plus rare et la plus recherchée.

Exemplaire Yemeniz.

267. BELLAY (J. du). Les Regrets et avtres œvvres poetiqves de Ioach. dv Bellay Ang. *Paris, imp. de Federic Morel*, 1558. In-4, de 4 et 46 ff. — Divers ievx rvstiqves et avtres œvvres poetiqves. *Ibid., id.*, 1558. 76 ff. — Devx livres de l'Eneide de Virgile, a scavoir le qvatrieme, et sixieme, traduicts en vers francois... avec la Complainte de Didon a Enée, prise d'Ouide. La Mort de Palissure... et d'Adieu aux Muses, pris du Latin de Buccanan. *Ibid., id.*, 1560. 73 et 1 f. — La Monomachie de David et de Goliath. Ensemble plusievrs autres œvvres poetiqves. *Ibid., id.*, 1560. 52 ff. — Le Premier livre des antiqvitez de Rome contenant vne generale description de sa grandevr, et comme vne deploration de sa rvine... plus un songe ou vision sur le mesme subiect. *Ibid., id.*, 1558. 14 ff. — Discovrs av Roy svr la trefve de l'an M.D.LV. *Ibid., id.*, 1558. 8 ff. — Hymne av Roy svr la prinse de Callais, Auec quelques autres œuures sur le mesme subiect. *Ibid., id.*, 1558. 4 ff. — Epithalame svr le mariage de... Philibert Emanvel, dvc de Savoye, et... Margverite de France, sœvr vniqve dv Roy. *Ibid., id.*, 1559, 14 ff. — Tvmvlus Henrici secvndi Gallorvm Regis... Idem gallice totidem uersibus expressum... Accessit... elegia ad... Carolum card. Lotharingum. *Ibid., id.*, 1559. 14 ff. — Entreprise dv Roy-Davlphin povr le tovrnoy, sovbz le nom des chevaliers advantevrevx. A la Royne, et aux dames. *Ibid. id.*, 1559. 14 ff. — Ode svr la naissance dv petit dvc de Beavmont, fils de M$^{gr}$ de Vandosme, roy de Navarre.... *Ibid., id.*, 1561. 8 ff. — La Defense et illvstration de la langve francoise, avec l'Oliue de nouveau augmentee. La Musagnœomachie. L'Anterotique de la vieille et de la ieune Amie. Vers lyriques. *Ibid., id.*, 1561. 115 ff. — Lovange de la France et dv roy... Henry II. Ensemble vn discovrs svr la poesie. *Ibid., id.*, 1560, 8 ff. — Recveil de poesie presente à ....Madame Margverite, sœvr vniqve du Roy... Reueu et augmenté par l'auteur. *Ibid., id.*, 1561.

40 ff. — Elegie svr le trespas de fev Ioachim dv Bellay, par G. Aubert de Poictiers. *Ibid., id.*, 1560. 6 ff. non ch., dont 1 bl.—15 part. en 1 vol.; mar. vert, fil., tr. dor. (*Kœhler*).

<small>Superbe exemplaire, réglé, provenant du cabinet d'Armand Bertin. Il manque peu de choses à ce recueil pour présenter la série complète des œuvres. Sur les quatorze pièces de J. du Bellay dont il se compose, onze sont en éditions originales, dont plusieurs rarissimes.</small>

268. BELLAY (J. du). Ode svr la naissance dv petit dvc de Beavmont, fils de Monseign. de Vandosme, roy de Navarre. Par J. D. B. A. (Joach. du Bellay, Angevin). Ensemble certains Sonnets du mesme auteur à la Royne de Navarre, ausquels ladicte Dame fait elle mesme response. *Paris, Federic Morel*, 1561. In-4, de 14 ff. non chiff.; mar. La Vallière jans., tr. dor. (*Capé*).

<small>Édition originale. Bel exemplaire, très-grand de marges.</small>

269. LA BORDERIE. L'Amie de covrt. Nouuellement inuentée par le Seigneur de la Borderie. *A Lyon, chés Estienne Dolet*, 1542. In-8, de 38 pp.; mar. vert, fil. à fr., tr. dor. (*Thompson*).

<small>Édition rare, précédée d'un avis de Dolet.</small>

270. HEROET. La Parfaicte amye. Nouuellement composee par Antoine Heroet, dict la Maison neufue. Auec plusieurs aultres compositions dudict Autheur. *A Lyon, chés Estienne Dolet*, 1542. In-8; mar. vert, fil. à fr., tr. dor. (*Thompson*).

<small>Édition rare, en caractères italiques. Titre refait à la plume.</small>

271. HEROET. La Parfaicte amye... *A Lyon, chés Estienne Dolet*, 1543. In-8; ||mar. rouge, fil. à comp., tr. dor. (*Joseph Thouvenin*).

<small>Édition non moins rare que la précédente. Elle est imprimée en caractères romains.
Très-bel exemplaire, portant sur les plats : *Ex Musæo Caroli Nodier*.</small>

272. FONTAINE (Ch.). La Contr'amye de covrt : par Maistre Charles Fontaine Parisien. *A Lyon, chez Sulpice Sabon : pour Antoine Constantin.* (A la fin :) *Imprime a Lyon par Svlpice Sabon.* 1543. Pet. in-8, de 47 pp.; mar. vert, fil. à fr., tr. dor. (*Lortic*).

<small>Édition non indiquée au *Manuel*. Elle est dédiée au card. de Lorraine. Sur le titre, au-dessus de la marque de l'imprimeur, on lit :</small>

## POËTES FRANÇAIS.

L'Avthevr.
Qui, fors Sulpice, entreprendra
De m'imprimer, il mesprendra.

Exemplaire grand de marges. Timbre d'une bibliothèque.

273. DU SAIX. Lesperon ‖ de discipline pour inciter les humains aux bõ‖nes lettres, stimuler a doctrine, animer a sciẽ‖ce…. Lourdement forge, ҫ rudemẽt lime, ‖ par Noble homme Fraire Antoine du Saix, ‖ Commendeur de sainct Antoine de Bourg en ‖ Bresse. 1532. Quoy quil aduienne. *S. l.* 2 tomes en 1 vol. pet. in-4, goth.; mar. olive, fil. à comp. et orn. sur les plats, tr. dor. (*Lortic*).

« Une grande incertitude règne encore sur le lieu de l'impression et le
« nom du typographe auquel est dû ce remarquable volume, dont chaque
« page est entourée d'une bordure imitée des Heures de G. Tory impri-
« mées chez Simon de Colines en 1527. Voir *le Manuel*, t. II, col. 919, pour
« l'attribution de ce volume à une presse genevoise, et l'*Essai sur la gra-*
« *vure sur bois*, pour sa description (Didot, *Catal. raisonné*, n° 459). »

Rare. Très-bel exemplaire.

274. DU SAIX. Petitz fatras dung apprentis (Antoine du Saix), surnomme Lesperonnier de discipline. 1537. *On les vend a Paris, chez Simon de Colines, au Soleil dor, rue S. Iehan de Beauluais.* In-8, de 40 ff.; mar. brun, fil. à comp., riches orn. sur les plats, tr. dor. (*Capé*).

Première édition, rare. Le frontispice porte la croix de Lorraine et figure dans les encadrements de Tory; mais le volume paraît sorti des presses de Simon de Colines.

275. (SCÈVE, Maurice.) Delie, obiect de plus haulte vertu. *A Lyon, chez Sulpice Sabon pour Antoine Constantin*, 1544. In-8, fig. s. bois; mar. vert, fil., tr. dor. (*anc. rel.*).

Première édition, fort rare. Au v° du second f., un joli portrait du poëte gravé sur bois.

Bel exemplaire, aux armes de la marquise de POMPADOUR.

276. HABERT (Fr.). Les Quatre Livres de Caton, pour la doctrine de la jeunesse par F. H. (Habert). *Paris, de l'impr. de Phil. Danfrec et Richard Breton*, 1559. In-8, de 52 ff.; mar. bleu jans., tr. dor. (*Chambolle-Duru*).

Édition non indiquée par M. Brunet, imprimée en caractères de *civilité*. Les deux derniers feuillets contiennent une pièce de vers : *De l'homme prudent, trad. de Beroalde*.

Bel exemplaire, de la coll. de M. le baron Pichon.

277. HABERT (P.). Le Miroir de vertu et chemin de bien vivre. Mis et disposé partie en prose, partie par quatrains moraux selon l'ordre d'Alphabet Et augmenté du contenu en la page suivante. Par Pierre Habert. *Paris, Claude Micard,* 1597. In-12, de 120 ff. non chiff.; mar. rouge, fil., tr. dor. (*Hardy-Mennil*).

<small>Édition non indiquée au Manuel, imprimée en caractères de *civilité*.</small>

278. (DÉSIRÉ, Artus.) Les Batailles et victoires dv chevalier Celeste contre le Cheualier Terrestre, l'vn tirant a la maison de Dieu, et l'autre a la maison du Prince du monde chef de l'eglise maligne. Auec le terrible et merueilleulx assault donné contre la Saincte cité de Ierusalem, figurée a nostre mere saincte Eglise enuironnée des ennemys de la Foy. *A Paris, chez Magdaleine Boursette, en la rue Sainct Iacques a l'enseigne de l'Elephant,* 1553. In-16, de 175 ff., fig. s. bois; mar. rouge ancien, fleurons, tr. dor. (*Lortic*).

<small>Édition non citée au Manuel. Elle contient 29 vignettes assez jolies. Celle du f. 120 porte la marque D. H. On sait qu'Artus Désiré était un des plus fougueux champions de l'orthodoxie catholicque au xvie siècle. Bel exemplaire.</small>

279. DÉSIRÉ (A.). Les Batailles et victoires dv chevalier Celeste.... (même titre que ci-dessus). Nouuellement reueu par M. Artus Desiré, autheur de ce present liure. *A Paris, par Iehan Ruelle, à l'enseigne Sainct Nicolas, Rue Sainct Iacques,* 1557. In-16, de 175 et 1 ff., fig. s. bois; veau fauve, fil., tr. dor. (*Duru*).

<small>Charmante édition en caractères italiques, ornée des mêmes gravures que celle ci-dessus. Le dernier f., n. ch., ne contient qu'un beau fleuron. Joli exemplaire.</small>

280. (DÉSIRÉ, Artus.) Les Disputes de Guillot le Porcher et de la Bergere de S. Denis.... contre Iehan Caluin....... sur la verité de nostre saincte Foy catholicque. *Paris, Pierre Gaultier, rue S. Iacques, à l'enseigne de la Vigne,* 1560. In-8, de 3, 77 et 8 ff.; veau fauve, fil., tr. dor. (*Bauzonnet*).

<small>Édition fort rare, et plus complète que celle de 1559 publiée par le même éditeur (voir Brunet).</small>

281. Hymnes des ‖ vertus, Representees au vif par belles et delicates figures. (*Lyon*) *Par Iean de Tournes,* 1605. In-8, de 116 pp. ch., fig. sur bois; mar. rouge, tr. dor. (*Trautz-Bauzonnet*).

Volume de poésies extrêmement rare, analogue aux *Hymnes du temps* de Guéroult. M. Brunet ne l'a pu citer que d'après le catalogue La Vallière-Nyon. Il est orné de vingt charmantes vignettes, dans le style du Petit Bernard.

Exemplaire Yemeniz, adjugé 315 francs.

282. (GREVIN, Jacques.) Proëme sur l'histoire des Francois et hommes vertueux de la maison de Medici. *Paris, Rob. Estienne*, 1567. In-4; mar. La Vallière, ornem. sur les plats, tr. dor. (*Capé*).

Opuscule de toute rareté. Très-bel exemplaire, grand de marges.

283. (DES AUTELZ, Guill.) Repos de plvs grand travail. *A Lyon, par Iean de Tournes et Guil. Gazeau*. 1540. In-8; mar. vert, fil., tr. dor. (*Bauzonnet*).

Édition bien imprimée en caractères italiques. Très-bel exemplaire, de la bibl. Solar.

284. FORNIER. L'Vranie de I. Fornier. Av tres chrestien roy de France Henry deuxiesme de ce nom. *Paris, Charles Langelier*, 1555. In-8; mar. vert, fil., tr. dor. (*Lortic*).

Rare. Joli exemplaire.

285. BRACH (P. de). Les Poemes de Pierre de Brach Bovrdelois. Divisés en trois livres. *A Bovrdeaux, par Simon Millanges*, 1576. In-4, de 8 ff. lim., 220 ff. ch., et 2 ff. (table); veau fauve, fil., tr. dor. (*Niedrée*).

Édition qui fait honneur à la typographie bordelaise, et la seule qui existe de ce poëte de talent. Elle est ornée d'un superbe portrait de l'auteur, gravé par Th. de Leu.

Magnifique exemplaire, très-pur, avec témoins.

286. BELLEAU (Remy). Les Oevvres poétiqves de Remy Belleav. Redigées en deux tomes. *Paris, par Mamert Patisson, imprimeur du Roy, au logis de Robert Estienne*, 1578. 2 vol. pet. in-12; veau fauve, fil. (*anc. rel.*).

Édition originale des œuvres de ce poëte, fort bien imprimée en caractères italiques. Elle est dédiée au roi Henri III. Le privilége est daté de Blois, le 11 septembre 1574. Le tome II est intitulé : *Les Odes d'Anacréon Teien, etc.*

Exemplaire aux armes du comte D'HOYM, avec la signature du poëte Rob. GARNIER, contemporain de Remy Belleau, sur le titre du 1er vol., et avec des notes autographes du même. Très-grand de marges (H. : 0, 132). Quelques taches.

287. BELLEAU (R.). Odes d'Anacreon Teien, Poëte Grec. Tra-

dvittes en francois par Remj Belleau. Ensemble quelques petites hymnes de son inuention. Nouuellement reueu, corrigé et augmenté pour la quatriesme edition. Plus quelques vers Macaroniques, etc. *Paris, Gilles Gilles,* 1574. In-16, de 56 ff. ch. et 12 ff. n. ch.; mar. La Vallière, comp. genre Grolier, tr. dor. (*Hagué*).

Première traduction française de ce poëte et première œuvre de Belleau. Charmante édition en caractères italiques et avec un joli encadrement au titre. Elle n'est plus dédiée, comme la première (voir plus haut, n° 97), à l'abbé Chr. de-Choiseul, mais à Jules Gassot, conseiller-secrétaire du roi, auquel Ronsard a adressé une élégie placée ici à la suite de l'épître dédicatoire.

Bel exemplaire, réglé, dans une jolie reliure.

288. BELLEAU (Remy). Les Amovrs et novveaux eschanges des pierres precieuses : vertus et proprietez d'icelles. Discovrs de la vanité pris de l'Ecclesiaste. Eclogves sacrees, prises dv Cantiqve des Cantiques. Par Remy Belleav. *A Paris, par Mamert Patisson, au logis de Rob. Estienne,* 1576. In-4, de 6 ff. prél., 90 ff. ch. et 1 f.; mar. bleu, fil., doublé de mar. orange, riches compart., tr. dor. (*Chambolle-Duru* et *Marius Michel*).

Fort rare. Superbe exemplaire, presque à toutes marges (H. : 0, 244).

289. BELLIARD. Le premier livre des poëmes de Gvillavme Belliard, secrétaire de la Royne de Nauarre. Contenant les delitievses Amours de Marc Antoine, et de Cleopatre, les triomphes d'Amour, et de la Mort, et autres imitations d'Ouide, Petrarque, et de l'Arioste. A la Royne de Navarre. *A Paris, pour Claude Gautier,* 1578. In-4, de 4 ff. prél., 133 ff. ch. et 1 f. cont. deux Sonnets et, au verso, *la Table des OEuvres;* mar. vert, fil. à fr., tr. dor. (*Niedrée*).

Fort rare. Bel exemplaire, grand de marges, avec témoins. Titre restauré.

290. LE LOYER. Erotopegnie ov Passetemps d'amovr. Ensemble une Comedie du Muet insensé. Par Pierre Le Loyer. Sieur de la Brosse, Angevin. *A Paris, pour Abel l'Angelier,* 1576. In-8; mar. La Vallière, fil., tr. dor. (*Trautz-Bauzonnet*).

Fort rare. Jolie édition, bien imprimée. Bel exemplaire.

291. JAMYN (A.). Les OEvvres poetiqves d'Amadis Iamyn. Av Roy de France et de Pologne. *Paris, de l'imprimerie de*

*Robert Estienne, par Mamert Patisson*, 1575. In-4, de 4, 307 et 5 ff. (tables); mar. rouge, fil., tr. dor. (*Niedrée*).

> Première édition. Bel exemplaire. H. : 0, 222.

292. Novveav Recveil des plvs beavx vers de ce temps. *Paris, Tovssaint dv Bray*, 1609. (A la fin :) *De l'Imprimerie de Pierre Pavtonnier*... In-8, de 16 et 536 pp.; mar. rouge, compart., doublé de mar. rouge à riches compart., tr. dor. (*Lebrun*).

> Première édition, fort rare. Très-bel exemplaire, réglé.

293. DESPINELLE. Les Mvses r'alliees. — Le Parnasse. *A Paris, chez Mathieu Guillemot*. S. d. (1603-1607). 2 vol. in-12; mar. La Vallière, fil. à comp., tr. dor. et cis. (*Lortic*).

> Recueil de poésies rare et recherché. Le premier volume se compose de 6 ff. prél. (dont un titre gravé par L. Gaultier et daté de 1603), de 341, 120, 12 ff. (table, privilége de 1598 et 2 ff. blancs), plus un suppl. de 21 ff. Le tome II, de 6 ff. prél. (dont un titre gravé par le même et daté de 1607, le privilége de 1606 avec *Acheué d'imprimer le 25 feburier* 1607, etc.), 348 ff. dont 3 blancs, 102 ff., plus 8 ff. non ch. (table).
>
> Le premier volume est dédié à Charles de Bourbon, comte de Soissons; le second, au marquis de Cœuvres. Le titre de départ de ce second volume est : *Le Parnasse des plvs excellens Poetes de ce temps, ou, Mvses françoises r'alliées de diuerses parts*. Le titre courant des deux volumes porte : *Les Mvses françoises*.
>
> Bel exemplaire, réglé.

294. DESPINELLE. Le Parnasse des plvs excellens poëtes de ce temps. *Paris, Mathieu Guillemot*, 1618. 2 vol. in-12; mar. rouge, fil. à comp., tr. dor. et cis. (*Lortic*).

> Le tome 1er se compose de 18 ff. non ch. (dont un titre gravé par L. Gaultier et privilége de 1606), et de 444 ff. ch. Le tome II, de 6 ff. prél. (avec le même titre gravé qu'à l'édition de 1607, mais daté de 1618, et le même privilége), 482 ff. ch. et 8 ff. (table).
>
> M. Brunet dit, d'après le catal. La Vallière-Nyon, que ce recueil de 1618 forme les tomes III et IV de l'édition de 1607 du *Parnasse* : c'est une erreur, car ces deux volumes ne sont qu'une réimpression très-augmentée de l'édition décrite au N° précédent et bien plus rare. Le titre courant est le même.
>
> Parmi les pièces préliminaires du t. 1er, se trouve un Sonnet à Mme de Luynes, et une longue Ode à Mgr Charles d'Albert, Seigneur de Luynes, qui ne figurent pas dans l'édition précédente.
>
> On remarquera que les deux volumes portent : *Acheué d'imprimer le 25. Feurier* 1607, à la suite des priviléges ; le tome II a, à la fin des poésies (f. 482) : *Fin du second Tome des Muses R'allices*.
>
> Fort bel exemplaire, réglé.

E. Depuis Ronsard jusqu'à Malherbe.

295. RONSARD. Les OEvvres de P. de Ronsard Gentilhomme vandomois redigees en six tomes. Le premier, Contenant ses Amours, diuisées en deux parties : La premiere commentée par M. A. de Muret : La seconde par R. Belleau. *Paris, Gabriel Buon,* 1567. In-4, de 124 ff. et de 88 ff. ch. et 2 n. ch., dont le dernier blanc; mar. rouge, fil., tr. dor. (*Lortic*).

> Premier volume des Œuvres. Les commentaires de Muret et de Belleau ajoutent un grand intérêt philologique et littéraire à cette édition, et ne se retrouvent pas dans toutes. Le premier livre contient les portraits de Muret et de Ronsard, gravés sur bois d'après J. Cousin, selon Papillon. Le second livre a un titre spécial, à la même date.
> Très-bel exemplaire, réglé. H. : 0, 235.

296. RONSARD. Les OEvvres de Pierre de Ronsard Gentilhomme Vandosmois Prince des Poetes françois. Reueues et augmentees. *A Paris Chez Barthelemy Macé,* 1609. In-fol., de 8 ff. prél. (et non 7 ff.), 1215 pp., 6 ff., 132 pp. et 2 ff.; mar. brun, riches compart. à petits fers, tr. dor. (*anc. rel.*).

> Édition peu commune. Titre gravé par L. Gaultier, et les portraits gravés sur bois, de Muret, de Ronsard et de son amie.
> Très-bel exemplaire. Les plats de la reliure portent un écusson armorié : *une aigle tenant dans le bec trois épis de blé.*

297. RONSARD. Les OEvvres de Pierre de Ronsard, gentilhomme Vandosmois, prince des poetes françois. Reueues et augmentees. *A Paris, chez Nicolas Buon,* 1609-1610. 11 part. en 5 vol. in-12; mar. bleu, fil., tr. dor. (*Niedrée*).

> On trouve ici, à la suite des Œuvres, et comme 11e partie, les *Pièces retranchées*, et l'abrégé de l'*Art poétique* qui manque souvent. Par une circonstance que la description donnée au *Manuel* n'explique pas, les parties 1re et 9e portent la date de 1610, tandis que les 2e à 8e, puis la 11e (qui selon M. Brunet est de 1610) portent 1609. Une transposition a été faite par le relieur dans les 9e et 10e parties entre les ff. correspondants de l'une et de l'autre. Titre gravé par L. Gaultier. Portraits, gravés sur bois, d'Henri II, Henri III, Charles IX, François de Valois, Ronsard et Muret, dont plusieurs répétés.
> Très-bel exemplaire, sauf qq. racc. insignifiants.

298. RONSARD. Les OEvvres de Pierre de Ronsard Gentilhomme Vandosmois Prince des Poetes françois. Reueues et

augmentees et Illustrees de Commentaires [par Muret] et remarques [par Nic. Richelet]. *A Paris, chez Nicolas Buon*, 1623. 2 vol. gr. in-fol., portraits; mar. rouge, fil., tr. dor. (*Koehler*).

La plus belle et la plus complète édition de ce poëte, ornée d'un titre gravé par L. Gaultier et de douze portraits suivants : Ronsard et son amie (gr. p. Cl. Mellan), Richelet (gr. p. Picquet), Henri II, Charles IX, Henri III, François de Valois, Henri de Lorraine, duc de Guise, Nogaret, duc d'Epernon, Anne de Joyeuse, Marie Stuart et Catherine de Médicis, tous gravés en taille-douce par Th. de Leu, plus celui de Muret, gravé sur bois.

Superbe exemplaire en grand papier, de la bibl. A. Bertin.

299. RONSARD. Les Qvatre premiers livre (*sic*) de la Franciade. Av Roy tres-chrestien, Charles, nevfieme de ce nom. Par Pierre de Ronsard, Gentilhomme Vandomois. *Paris, Gabriel Buon*, 1572. In-4, de 14 ff., 229 pp. ch. et 1 p. pour les errata; mar. olive, riches ornements sur les plats à petits fers, tr. dor. (*Clovis Eve*).

Première édition, rare, d'un poëme non achevé. Portraits de Ronsard et de Charles IX gravés sur bois.

Bel exemplaire, réglé, grand de marges; plusieurs ff. de la fin portent une piqûre dans la marge supérieure. Très-riche reliure, bien conservée. Le plat supérieur porte des traces de quelques coups de canif.

300. RONSARD. Les Meslanges de P. de Ronsard, dediees a Ian Brinon. Seconde edition. *Paris, Gilles Corrozet*, 1555. In-8, de 56 ff. ch. — Continvation des Amovrs de P. de Ronsard Vandomois. *Paris, pour Vincent Certenas* (sic), 1555. In-8, de 91 ff. et 1 f. pour le priv. — En 1 vol.; mar. bleu, fil. à comp., tr. dor. (*Duru*).

Bel exemplaire.

301. RONSARD. Les Hymnes de P. de Ronsard, Vandomois... *A Paris, chez André Wechel*, 1555. In-4, de 199 pp., les quatre dern. non ch. — Hymne de Bacvs par Pierre de Ronsard, avec la version latine de Iean Dorat. *A Paris, chez André Wechel*, 1555. In-4, de 32 ff., dont les trois dern. non ch. — En 1 vol.; mar. rouge, fleurons, tr. dor. (*Capé*).

Édition originale, rare. Superbe exemplaire en grand papier, réglé, avec témoins. De la coll. Desq.

302. RONSARD. Responce de P. de Ronsard, Gentilhomme Vandomois, avx inivres et calomnies, de ie ne sçay quels

Prédicans, et Ministres de Genéue, Sur son Discours et Continuation des Miseres de ce Temps. *Paris, Gabriel Buon*, 1563. In-4, de 26 ff.; mar. rouge jans., dent. intér., tr. dor. (*Smeers*).

<small>Magnifique exemplaire, grand de marges.</small>

303. Replique sur la response faite par Messire Pierre Ronsard, iadis poëte et maintenant Prestre, à ce qui luy auoit esté respondu sur les calomnies de ses Discours, touchant les miseres de ce temps. Par D. M. Lescaldin. *S. l.*, 1563. In-4, de 55 pp. — Response avx calomnies contenves av discovrs et Suyte du Discours sur les Miseres de ce temps, faits par Messire Pierre Ronsard, iadis Poëte et maintenant Prebstre. La Premiere par A. Zamariel [Antoine de la Roche-Chandieu] : Les deux aultres par B. de Mont-Dieu [nom supposé de J. Grevin]. Ou est aussi contenue la Metamorphose dudict Ronsard en Prebstre. *S. l.* (Orléans), 1563. In-4, de 30 ff. n. ch. — En 1 vol.; mar. rouge, fil., tr. dor.

<small>Pièces rares. Au verso de l'avant-dernier feuillet de la seconde on lit : *Imprimé le 24 de Feburier* 1562. Exemplaire Sainte-Beuve.</small>

304. RONSARD. Svperivs. Premier [Second et Troisiesme] livre des amovrs de P. de Ronsard mis en musique à IIII parties par Anthoine de Bertrand natif de Fontanges en Auuergne. *A Paris, par Adrian le Roy et Robert Ballard, imprimeurs du Roy*, 1578. In-4, de 32, 24 et 20 ff. ch.; veau fauve, orn. sur les plats, tr. dor. (*anc. rel.*).

<small>Ce volume, extrêmement rare, contient le bel alphabet orné dessiné, pour Le Roy et Ballard, par Jean Cousin.
Bel exemplaire, sauf une piqûre au troisième livre dans la marge du bas. La reliure porte le nom d'*Andreve de Pelletier*.</small>

305. RONSARD. Sonetz de Pierre de Ronsard, mis en mvsique à cinq, six et sept parties, par M. Philippe de Monte, maistre de la Chapelle de l'empereur. *A Lovain chez Pierre Phalese... et en Anvers chez Iean Bellere*, 1575. 5 part. in-4 obl., de 18, 19, 20, 18 et 20 ff.; broché.

<small>Première édition, non indiquée au *Manuel* et rarissime. Elle se compose de cinq parties : *Superius, Contratenor, Tenor, Bussus, Quinta pars.*
Très-bel exemplaire.</small>

306. RONSARD. Tenor. Sonetz de P. de Ronsard, mis en mvsique a 5. 6. et 7. parties par M. Phil. de Monte.... *A Paris, par Adrian le Roy et Rob. Ballard, imprimeurs du Roy,*

1575. In-4 obl., de 20 ff. plus 1 f. pour la marque; mar. orange, fil. à fr., fleurons, tr. dor. (*Lortic*).

<small>Très-rare. Alphabet d'après Jean Cousin. Magnifique exemplaire.</small>

307. RONSARD. Tenor. Poesies de P. de Ronsard et autres Poëtes, mis en Musique à Quatre et Cinq parties par M. François Regnard. *A Paris, par Adrian le Roy et Robert Ballard*, 1579. In-4 obl., de 26 ff.; mar. orange, fil. à fr., fleurons, tr. dor. (*Lortic*).

<small>Complément du volume précédent, fort rare. Même alphabet. Magnifique exemplaire.</small>

308. BAÏF. Les Amovrs de Ian Antoine de Baif. *Paris, V$^{ve}$ Maurice de la Porte*, 1552. In-8, de 103 pp. — Le Ravissement d'Evrope, Par I. Ant. de Baif. *Paris, V$^{ve}$ Maurice de la Porte*, 1552. In-8, de 8 ff. non ch.; veau racine.

<small>Éditions originales, extrêmement rares. Magnifique exemplaire, grand de marges.</small>

309. BAÏF. Qvatre livres de l'amovr de Francine. Par Ian Antoine de Baif. A Iaqves de Cottier, Parisien. Premiere impression. *Paris, André Wechel.* (Au r° du dernier f.:) *A Paris, de l'impr. de André Wechel....* 1555. Pet. in-8, de 120 ff. ch. et 8 ff. n. ch.; mar. vert, fil., tr. dor. (*Capé, Masson-Debonnelle S$^{rs}$*.).

<small>Édition originale, fort rare. A la suite de la table, est insérée une poésie de Jacques Tahureau : *Contre l'envieux*. Très-bel exemplaire.

On trouve très-difficilement à réunir ce volume ainsi que les deux précédents en éditions originales.</small>

310. BAÏF. Le Premier des Meteores de Ian Antoine de Baif. A Caterine de Medicis Royne mere dv Roy. *A Paris, par Robert Estienne*, 1567. In-4, de 40 pp. ch. et 4 ff. n. ch.; mar. bleu, fil., doublé de mar. orange à riches compart., tr. dor. (*Chambolle-Duru et Marius Michel*).

<small>Seule édition séparée, fort rare. A la suite des *Météores*, se trouvent trois pièces de Baïf, une *Elégie* à la France par Jodelle et un *Sonet* de Ph. de Hotman.

Magnifique exemplaire, couvert d'une riche reliure.</small>

311. BAÏF. Evvres en rime de Ian Anthoine de Baïf secretaire de la chambre dv Roy. *Paris, Lucas Breyer*, 1573. — Les Amovrs... *Ibid.*, 1572. — Les Ievx.. *Ibid.*, 1573. — Les

Passetems... *Ibid.*, 1573. — Ensemble 4 vol. in-8; mar. rouge, fil. à comp., fleur., tr. dor. (*Lortic*).

> Réunion de quatre volumes fort rares ; ce qui est encore plus rare, c'est que le présent exemplaire est en *grand papier*, réglé, et en parfait état, sauf qq. marges rapportées. Le premier volume est un peu plus grand que les autres.

312. BAÏF. Etrènes de poézie fransoeze an vers mezurés... par Jan Antoéne de Baïf, Segretere de la Çanbre du Roe. *Paris, Denys du Val*, 1574. In-4; vél., tr. dor.

> Superbe exemplaire, unique dans cette condition, presque entièrement non rogné, aux armes de J.-A. DE THOU.
>
> On a relié à la suite une autre pièce du même auteur : *De profectione et Adventu Henrici Regis Polonorum augusti in regnum suum, Ode, Joannis Aurati poetæ Regii, ex Gallico Joannis Antonii Baifij.* — *Sur le voeiaje et l'arivée du Roe de Põlone an son Roeiaume Ode de Jan Antoene de Baif.* Parisiis, apud Dionysium Vallensem, 1574.
>
> Pour la singulière orthographe employée par l'auteur dans ce livre, voir l'ouvrage de M. Didot : *Observations sur l'orthographe française.*
>
> Ce précieux volume a été payé 900 fr. à la vente Brunet.

313. BAÏF. Les Mimes, enseignemens et proverbes de Ian Antoine Baif. Reueus et augmentez en ceste derniere edition. *A Paris, par Mamert Patisson, imprimeur du Roy. Chez Rob. Estienne*, 1597. In-12; mar. rouge, fil., tr. dor. (*David*).

> Première édition complète; elle est imprimée en caract. ital.; les livres III et IV portent une pagination à part.
>
> Le dernier f. préliminaire, blanc au recto, offre au verso un remarquable portrait de Baïf, fort bien gravé sur bois, et très-peu connu des iconographes.
>
> Très-joli exemplaire, grand de marges. Les 3 ff. prél. appartenant aux livres III et IV ont été transposés à la reliure.

314. BAÏF. Les Mimes, enseignemens et proverbes de I. A. De Baïf. *A Tolose, pour Iean Iagourt*, 1608. In-12, de 5 ff. lim., et 164 ff. ch.; mar. La Vallière, fil. à fr., tr. dor. (*Petit*).

> Très-jolie édition en caractères italiques, non indiquée au *Manuel* qui ne cite que celle de 1612 du même éditeur. Le titre gravé est orné d'un beau portrait du poëte.

315. PETIT BOIS. Discovrs satyric de la mort. Par le sieur du Petit Boys, Poiteuin, Gentilhomme seruant du Roy de Nauarre. A Mon-Seigneur le Prince de Condé. *A la Rochelle,*

*par P. Haultin*, 1577. In-8, de 16 ff. dont 1 bl.; mar. orange, fil. à fr., tr. dor. (*Lortic*).

> Pièce très-rare, non indiquée au *Manuel*. Exemplaire avec témoins, mais malheureusement trop rogné en tête.

316. La Pvce de Madame Des-Roches. Qvi est vn recveil de divers Poëmes Grecs, Latins et François, composez par plvsievrs doctes personnages avx Grans Iours tenus à Poitiers l'An M. D. LXXIX. *A Paris, pour Abel l'Angelier*, 1583. In-4; veau fauve, fil., tr. dor.

> Ce recueil, devenu rare, est un des plus gracieux spécimens de la poésie légère au XVI<sup>e</sup> siècle. Une puce, aperçue en 1579, pendant les Grands Jours, sur le sein de M<sup>lle</sup> Des-Roches, donna lieu à cette joute poétique des plus beaux esprits du temps : E. Pasquier, Scévole de Sainte-Marthe, Courtin de Cissé, etc. (voir l'avis au lecteur). On y trouve de fort jolis vers de Madame Catherine Des-Roches elle-même que l'éditeur de ce recueil, Jacques de Sourdrai (qui signe aussi de son anagramme: *Qui à vous se dedira*), appelle la « perle de nostre pays poitevin. » Une charmante pièce en prose : *Louange de la pvce*, termine la première partie (f. 60). La seconde est précédée de ce faux titre : *Divers Poemes tant svr les Grans Iovrs tenvs à Poitiers l'an M.D.LXXIX. qve svr avtres svietsfaits aux mesmes Grans Iovrs. Par plvsievrs avtevrs*. M.D.LXXXII.

317. DU MONIN. L'Vranologie ov le ciel de Ian Edovard dv Monin PP. contenant, outre l'ordinaire doctrine de la Sphære, plusieurs beaus discours dignes de tout gentil esprit. A Monseignevr M. Philippes Des-Portes. *Paris, chez Guilhaume Iulien*, 1583. In-12; mar. bleu jans., tr. dor. (*Hardy*).

> Bel exemplaire d'un volume très-rare.

318. (THYARD, P. de.) Errevrs amovrevses, Augmentées d'une tierce partie. Plus, Vn Liure de Vers Liriques. *A Lyon, par Ian de Tournes*, 1555. In-8; veau vert., fil., tr. dor. (*Ducastin*).

> Première édition complète des trois livres, fort rare. Au verso du titre, un joli portrait de la dame de l'auteur, gravé sur bois.
> Exemplaire de Viollet-le-Duc. Piqûres de vers racc.

319. THYARD (P. de.) Les Oevvres poetiques de Pontvs de Tyard, Seigneur de Bissy : ascavoir, Trois liures des Erreurs Amoureuses. Vn liure de Vers Liriques. Plvs Vn recueil des nouuelles œuures Poëtiques. *A Paris, par Galiot du Pré*, 1573. In-4, de 4 ff., prél., 164 pp. et

20 ff. — Ponti Thyardei, Bissiani, ad Petrvm Ronsardvm, De Cœlestibus Asterismis Poëmatium. *Parisiis, apud Galéotum à Prato*, 1573. In-4, de 4 ff. — Mantice ou Discours de la vérité de Diuination par Astrologie. Autheur Pontus de Tyard.... Seconde Edition augmentee. *Paris, Galiot du Pré*. S. d. In-4, de 2 ff., 114 pp. et 1 f. (errata). — Solitaire premier, ov Dialogve de la fvrevr poetiqve. Par Pontus de Tyard... Seconde Édition, augmentée. *Paris, Galiot du Pré*. S. d. (épître dédic. du 1$^{er}$ avril 1575, et non 1573). In-4, de 2 ff. et 68 pp. — 4 part. en 1 vol.; veau fauve, dent., tr. dor.

Recueil fort rare. Au verso du titre des *Œuvres*, un Sonnet de Ronsard sur les *Erreurs amoureuses*, qui manque à l'édition ci-dessus. Le dessin des belles initiales historiées et des en-têtes est attribué à Jean Cousin.

Exemplaire du comte de Corbière, assez grand de marges (sauf qq. ff.), mais un peu roux.

320. **LE FEVRE DE LA BODERIE.** La Galliade ov de la Revolvtion des arts et sciences, à Monseignevr fils de France, frere vniqve du Roy. Par Guy le Féure de la Boderie, secretaire de Monseigneur, et son Interprete aux langues peregrines. *Paris, Guillaume Chaudiere*, 1578. In-4; mar. vert, fil., tr. dor. (*Niedrée*).

Première édition de ce poëme peu connu, qui fournit de précieux renseignements sur les artistes et les savants les plus renommés en France au XVI$^e$ siècle.

Magnifique exemplaire, réglé, d'Armand Bertin, puis d'Yemeniz.

321. **LA PRIMAUDAYE.** Cent qvatrains consolatoires dv sievr de la Primaudaye. *A Lyon, par Benoist Rigavd*, 1582. In-8, de 27 pp.; mar. vert, fil., tr. dor. (*Kœhler*).

Bel exemplaire d'une édition rare. Haut.: 0, 156. De la bibl. Yemeniz.

322. **SAINTE-MARTHE.** Les premieres œvvres de Scevole de Sainte-Marthe, gentilhomme Lodvnois. Qui contiennent ses Imitations de Traductions recueillies de diuers Poëtes Grecs et Latins... *A Paris, de l'Imprimerie de Federic Morel*, 1571. (Au v° du titre : ) *Acheuées d'imprimer le 25. de Feburier l'an* M. D. LXIX (1569). In-8, de 8 et 120 ff. — Hymne svr l'Auant-Mariage dv Roy. Par Sceuole de Saincte-Marthe... *Ibid*. 1570. In-8, de 16 ff. — En 1 vol.; mar. rouge, fil. à fr., tr. dor. (*Hardy*).

Première édition, fort bien imprimée. Le second opuscule est très-rare.
Magnifique exemplaire, avec témoins.

## POËTES FRANÇAIS.

**323. SAINTE-MARTHE.** Les OEuvres [latines et françaises] de Scevole de Sainte-Marthe. Derniere edition. *Paris, Iacques Villery*, 1629-30. 4 part. en 1 vol. in-4; mar. rouge ancien, riches compart., tr. dor. et cis.; étui de mar. vert (*Lortic*).

> Première édition collective, non indiquée au *Manuel*. Chaque volume a un titre et une pagination spéciale.
> Magnifique exemplaire, avec témoins, couverte d'une élégante reliure. De la bibl. Desq.

**324. ALIZET.** La Calliope chrestienne, ou Recveil De Prieres, Consolations et Meditations Spirituelles : par Benoit Alizet. *A Geneve de l'Imprimerie de Gabriel Cartier*, 1593. In-8, de 4 ff. prél. et 120 pp.; mar. La Vallière, fil., tr. dor. (*Lortic*).

> Poëte huguenot, pour ainsi dire inconnu. Ni Viollet-le-Duc, ni M. Brunet, ni les grands ouvrages de biographie ne parlent de cet émule de Du Bartas. On trouve, entre autres, dans ce volume rarissime, les pièces suivantes : *Aux fidèles Pasteurs et Docteurs des églises chrestiennes reformées... ès divers pays de l'Europe; — Aux magnifiques Seigneurs, Cité et République de Berne, en l'an* 1568; — *Aux mesmes, l'an* 1574. *Supplication pour l'assistance des Eglises françoises dissipées* (après la Saint-Barthélemy); — *A l'Eglise et Republique de Genève en l'an* 1580; — plusieurs pièces adressées à des pasteurs des églises reformées, etc.
> Très-bel exemplaire.

**325. DU CHESNE.** Le Grand miroir dv monde; Par Ioseph Dv Chesne, sieur de la Violette, D. médecin. *Lyon, povr Barthelemi Honorat*, 1587. In-4, de 8 ff. et 206 pp.; cuir de Russie, fil., tr. dor. (*Thompson*).

> Première édition, fort rare. Bel exemplaire.

**326. DU VERDIER.** Les Omonimes, satire des mœvrs corrompues de ce siècle Par Antoine dv Verdier, homme d'armes de la compagnie de Monsieur le Seneschal de Lyon. *A Lyon, par Ant. Gryphius*, 1572. (A la fin :) *A Lyon, de imprimerie de Pierre Roussin*, 1572. In-4, de 12 ff. ch.; veau ant., fil., tr. dor. (*Kœhler*).

> Seule édition publiée, fort rare. Magnifique exemplaire, de la coll. Van der Helle.

**327. PASSERAT.** Le premier livre des poemes de Iean Passerat. Reueus et augmentez par l'Autheur en ceste derniere edition. *A Paris, par la veufue Mamert Patisson*, 1602. Pet. in-8; veau fauve, fil., tr. dor.

> Bel exemplaire d'un volume rare.

## BELLES-LETTRES.

**328. DESPORTES.** Les premieres œvvres de Philippe Des Portes. Av Roy de Pologne. *Paris, Robert le Mangnier,* 1573. In-4; mar rouge, fil., tr. dor. (*Niedrée*).

<small>Première édition. Magnifique exemplaire, réglé. Une cassure racc. au 2<sup>e</sup> f.</small>

**329. DESPORTES.** Les premieres œvvres de Philippes Des-Portes. Derniere édition, reueüe et augmentee. *A Paris, par Mamert Patisson,* 1600. In-8; mar. rouge, fil. à comp., dos orné, tr. dor. (*anc. rel.*).

<small>Une des plus belles éditions de ce poëte et la plus recherchée. Magnifique exemplaire, couvert d'une riche reliure portant sur les plats et au dos les initiales R, M, A, T, E, N, S, etc., entrelacées.</small>

**330. DESPORTES.** Les OEvvres de Philippes Des-Portes, Abbé de Thiron. Reueues et corrigées. *A Rouen de l'imprimerie de Raphael du petit Val,* 1611. Pet. in-12; vél. bl., avec une bordure en mar. rouge, doré, milieu à compart. en mar. olive, avec dorure en écaille de poisson, doublé de mar. rouge, dent., tr. dor. (*anc. rel.*).

<small>Édition la plus complète, ornée d'un joli titre gravé par L. Gaultier. Elle a été donnée par Thibault Desportes, sieur de Beuilliers, secrétaire et grand audiencier de France. Elle commence par huit pièces de vers en l'honneur du poëte, dont quatre en français, parmi lesquelles on remarque une *Élégie sur les Œuvres de M. Des-portes,* par Des Yveteaux. A la suite de la table, se trouve le *Tombeau de Messire Ph. Desportes,* pièce en vers de I. de Montereul.
La reliure qui recouvre ce volume est fort originale, mais malheureusement ce n'est qu'un remboîtage; elle est d'un format un peu plus grand que le livre. H. : 0, 133.</small>

**331. DESPORTES.** Les CL. Pseavmes de David, Mis en vers François, par Philippes Des-Portes abbé de Thiron. Auec quelques cantiques de la Bible, et autres œuures Chrestiennes, et Prieres du mesme Autheur. *A Paris, par la vefue Mamert Patisson,* 1603. In-12; mar. vert, fil. à fr., tr. dor. (*Duru*).

<small>Édition complète. Les œuvres chrétiennes et prières annoncées sur le titre forment des parties distinctes; la première est intitulée : *Poesies chrestiennes* (*ibid.,* 1601), la seconde : *Qvelqves prieres et meditaions* (sic) *chrestiennes* (ibid., 1601).
Joli exemplaire.</small>

**332. VAUQUELIN DE LA FRESNAYE.** Les Diverses Poesies dv

sievr de la Fresnaie Vavqvelin... *A Caen, Par Charles Macé Imprimeur du Roy.* 1612. Pet. in-8; mar. rouge, riches compart., tr. dor. (*Capé*).

Cette édition ne diffère de la première de 1605, dont les exemplaires sont presque introuvables, que par un nouveau titre et les trois ff. suivants qui ont été réimprimés. Tout le reste du volume appartient au premier tirage. Les exemplaires de cette édition sont aussi extrêmement rares. Celui-ci est très-pur et parfaitement conservé (H. : 0,150).

333. LA ROQUE. Les OEvvres du Sievr de la Roqve de Clairmont en Beavvoisis. Reveves, et augmentées de plusieurs Poësies outre les précédentes Impressions. A la Royne Margverite. *Paris, V<sup>ve</sup> Claude de Monstroeil,* 1609. In-12, de 8 ff. prél., 803 pp., et 14 ff. de table; mar. rouge, fil., tr. dor. (*Masson-Debonnelle*).

Cette édition paraît être la même que celle qui est décrite au *Manuel* sous la date de 1619, au lieu de 1609, sans doute par suite d'une faute typographique. Très-bel exemplaire.

334. PASQUIER (E.). Les Ievx poetiqves d'Estienne Pasquier. *Paris, Iean Petit-pas,* 1610. In-8, de 8 ff. prél. et 799 pp., portr.; veau fauve, fil., tr. dor.

M. Brunet indique cette édition sous le titre de *Jeunesse d'E. Pasquier et sa suite.* Dans le présent exemplaire, le titre de *Jeux poétiques* se répète après la p. 328 et il est compris dans la pagination. Le volume contient : le *Monophile,* les *Colloques d'amour,* les *Lettres amoureuses,* les *Jeux poétiques,* la *Puce* (titre spécial), la *Main* (titre spécial). Le portrait de l'auteur, gravé par Th. de Leu, est placé en tête, mais il devrait l'être avant le titre de la *Main,* car il est compris dans la pagination.

Édition rare. Bel exemplaire.

335. PASQUIER (E.). Recveil des rymes et proses de E. P. *A Paris, Charles l'Angelier,* 1555. Pet. in-8, de 68 ff. ch.; mar. bleu jans., tr. dor. (*Capé*).

Le nom de l'auteur figure en toutes lettres dans l'extrait du privilége, du 24 octobre 1555, accordé au libraire Vincent Sertenas, dont l'adresse se trouve sur le titre de certains exempl. Plusieurs pièces comprises dans ce recueil fort rare n'ont pas été réimprimées dans les Œuvres complètes de Pasquier.

Très-bel exemplaire, de la bibl. Bordes.

336. REGNIER. Les Satyres et autres œuvres dv sievr Regnier. Augmentés de diverses Pieces cy-devant non imprimées. *A Leiden, chez Jean et Daniel Elsevier,* 1652. Pet. in-12; mar. bleu, fil., tr. dor. (*Trautz-Bauzonnet*).

La plus précieuse des éditions de Regnier. La dix-neuvième satire est en original.

Très-bel exemplaire. H. : 124 mill. 1|2.

337. REGNIER. Les Satyres dv sievr Regnier. Derniere Edition, reueuë, corrigée et de beaucoup augmentée, tant par le sieur de Sigogne, que de Berthelot. Dediées av Roy. *Paris, de l'impr. d'Anthoine dv Brveil*, 1614. Pet. in-8 ; mar. vert, fil. à fr., tr. dor.

Cinquième édition. Très-bel exemplaire.

338. URFÉ (D'). Le Sireine de messire Honoré d'Vrfé... Reveu, corrigé et augmenté de nouueau par l'Autheur... auec autres Poësies du mesme Autheur, nouuellement mises en lumiere. *A Paris, chez Toussainct du Bray*, 1618. In-8, de 128 ff.; mar. rouge, fil. à comp., fleurons, tr. dor. (*Lortic*).

Dernière édition de ce poëme. Charmant exemplaire.

339. (AUBIGNÉ. Th.-A. d'.) Les Tragiqves, Donnez av pvblic par le larcin de Promethee. *Au dezert, par L. B. D. D.*, 1616. Pet. in-4 ; mar. rouge, fil. à fr., tr. dor. (*Capé*).

Première édition, fort rare, mais sans l'*errata*, qui, ayant été ajouté après coup, ne figure que dans un petit nombre d'exemplaires. Celui-ci provient de la coll. Max. Du Camp.

340. AUBIGNÉ (Th.-A. d'). Les Tragiqves ci-devant donnez au pvblic par le larcin de Promethee et depuis avovez et enrichis par le S$^r$ d'Avbigné. *S. l. n. d.* In-8 ; veau antiqué, fil., tr. dor. (*Kœhler*).

Seconde édition, plus complète et rare. Elle a été exécutée vers 1620, à l'imprimerie particulière de d'Aubigné, dirigée par J. Moussat. A la fin, se trouve un éloge en prose d'Henri IV, pour avoir donné la paix à la France.

341. MAILLIET. Les Poesies dv sievr de Mailliet. A la louange de la Reyne Marguerite. Augmentées en ceste seconde Edition. Et dediées à Sa Maiesté. *A Paris, Par Iean Heravlt*, 1612. Pet. in-8, de 85 pp. ; mar. rouge, fil., doublé de mar. citron, tr. dor. (*Chambolle-Duru*).

Poëte bordelais extrêmement rare.
Très-bel exemplaire provenant de la bibl. de M. H. Bordes, avec son ex-libris frappé en or sur la doublure.

342. COLAS (P.). Les Larmes d'Aronthe svr l'infidélité de Clorigene. Recit Pastoral diuisé en Cinq Journées Par P. Colas... *Lyon, Iean Lautret*. 1620. (Au r° du dernier f. :)... *Imprimé*

POËTES FRANÇAIS. 131

*à Lyon par Iean Lautret, le 7 Nouembre* 1619. In-12, titre gravé; mar. vert, fil., tr. dor. (*Thibaron-Echaubard*).

Volume fort rare, que M. Brunet n'a sans doute pas vu, car il ne l'aurait pas classé au *Théâtre*. Outre le poëme annoncé au titre, il contient encore : *Le Songe d'Erice*, *L'Ombre d'Alcis*, *Les Allarmes de Cloelis*, et d'autres poésies parmi lesquelles on remarque des stances *Contre une qui dit au peintre de luy faire les tetons durs*.

Joli exemplaire.

343. LA BORDERIE. Les Prelvdes de Perroqvet, flvteur tolosain. Dedies a Monseigneur le Duc de Mayenne. Par le Sieur de la Borderie. *A Bourdeaus, par Gilbert Vernoy*, 1620. Pet. in-4, de 4 ff. et 80 pp.; mar. violet, fil., tr. dor. (*Ducastin*).

Volume fort rare.

344. SONNET DE COURVAL. Satyre Menippée svr les poingnantes traverses et incommoditez du Mariage. Avec la Timethelie ov censvre des femmes. Par Thomas Sonnet, docteur en médecine, Gentilhomme Virois. Troisiesme edition. Reueuë de nouueau par l'Autheur et augmentée d'vne Deffence apologetiqve, contre les Censeurs de sa Satyre du Mariage. *A Paris, chez Jean Millot*, cıɔıɔcx (1610). 4 part. in-8; mar. orange, fil. à comp., doublé de mar. orange, à riches compart. (*Hering et Muller*).

Cette édition n'a pas été suffisamment décrite. Chaque partie porte une pagination distincte, mais les signatures des cahiers continuent pour les trois premières parties. Elles ont chacune un titre particulier. La seconde est ainsi intitulée : *Thimethelie ov Censvre des femmes. Satyre seconde. En laquelle sont amplement descrites les Maladies qui arriuent ordinairement à ceux qui vont trop souuent à l'escarmouche soubs la Cornette de Venus. Par Th. Sonnet, Sieur de Courval*, etc. A la suite de cette satire, on trouve : *Six epitaphes ou Tombeaux*, contenant plusieurs détails biographiques inconnus. Après la *Deffence Apologetiqve*, viennent 4 ff. non chiff. contenant une épître au lecteur et des stances sur son livre, feuillets portant la signat. A et qui ne semblent pas être ici à leur place.

La 4ᵉ partie jointe à cet ouvrage est intitulée : *Responce à la Contre-Satyre par l'Avtheur des Satyres dv mariage, et Thimethelie. Imprimé à Paris*, 1609. Cette Contre-Satire, non indiquée au *Manuel*, était intitulée : *Contre-Satyre pour la deffence des Dames, faicte par des Gentils-hommes des plus affidez à ce sexe*. Sonnet-Courval nous informe que l'auteur anonyme de cette *Contre-Satyre*, dédiée *aux plus belles dames de la cour*, avait déjà publié un opuscule intitulé : *A La Louange des femmes vertueuses, par un Advocat du Parlement de Paris*. Ces curieux renseignements bibliographiques nous paraissent complétement nouveaux.

Volume rare, provenant des bibl. Courbonne et Yemeniz.

345. THEOPHILE (Viaud). Les OEvvres de Theophile, Diuisées en trois parties. Premiere partie contenant l'immortalité de l'Ame, auec plusieurs autres pieces. La seconde, les Tragedies. Et la troisiesme, les pieces qu'il a faites pendant sa prison. Dediees aux beaux esprits de ce temps. *Paris*, *Anthoine de Sommaville*, 1656. In-12, de 269 et 303 pp.; mar. rouge, fil., tr. dor. (*Duru*).

Édition presque complète et l'une de celles qu'on recherche. Bel exemplaire.

F. Depuis Malherbe jusqu'à nos jours.

a. *Poésies de divers genres.*

346. MALHERBE. Les Oevvres de M$^{re}$ François de Malherbe, Gentil-homme ordinaire de la chambre du Roy. Seconde édition. *Paris, Charles Chappellain*, 1631. In-4; mar. rouge, fil. à fr., tr. dor. (*Petit*).

Réimpression pure et simple de l'édition originale, publiée par Franç. d'Arbaud, sieur de Porchères, cousin de l'auteur. Les poésies ont une pagination à part. Le *Discours sur les Oeuvres de M. de Malherbe* (par Ant. Godeau) a été transposé à la fin dans cet exemplaire. Il est suivi du privilége, à la fin duquel on lit : *Acheué d'imprimer le 22 de Décembre* 1629, ce qui prouve que cette partie de l'ouvrage provient du tirage fait pour l'édition originale.

Le portrait de l'auteur manque, mais l'exemplaire est superbe et grand de marges.

347. Le Cabinet des mvses, ou nouueau recueil des plus beaux vers de ce temps. *A Rouen, de l'impr. de David du Petit-Val*, 1619. In-12, de 943 pp. et 8 ff.; mar. rouge, fil. à froid, tr. dor. (*Lortic*).

Recueil très-rare. Bel exemplaire.

348. Iardin des Mvses ov se voyent les Fleurs de plusieurs aggreables poësies, recueillies de diuers Autheurs tant anciens que modernes. *Paris, A. de Sommaville et A. Courbé*, 1643. In-12; mar. vert, fil., tr. dor. (*Trautz-Bauzonnet*).

Charmant exemplaire de ce recueil de pièces curieuses.

349. Recveil des plvs beavx vers de Messievrs de Malherbe, Racan, Maynard, Bois-Robert, Monfvron, Lingendes, Tovvant, Motin, de Lestoille et autres diuers Auteurs des plus fameux Esprits de la Cour. Reueuz, corrigez et augmentez. *Paris*,

*Toussainct du Bray*, 1630. In-8 ; mar. rouge, fil., tr. dor. (*Hardy-Mennil*).

Le privilége est du 2 juin 1626 et la première édition de ce recueil a été donnée en 1627. Celle-ci est de beaucoup augmentée. Très-bel exemplaire.

350. RECVEIL CHRESTIEN, ov sont une Prophetie de S<sup>te</sup> Brigide Royne d'Escosse..... Vn Discours faict, et presenté, par le feu Cheu. de Bonnet au Roy Charles IX... et vn autre Discours, faict par le sieur Mario Verdisot Venitien... en vers italiens [avec une trad. en vers français] audit Roy Charles.... descriuant et narrant, des grands voyages faicts... en la Turquie : Et les chemins, villes..... nommément de la Terre Sainte. Par G. de Bonnet, son neueu, sieur et Baron d'Aumelas.... A LA ROYNE REGENTE. *A Paris, chez Pierre Chevalier*, 1611. — Extraict d'vn Livre intitvlé Historiale description de l'Ethiopie, imprimé en Anuers par Christofle Plantin, l'an 1558. Où sont des propheties confirmatiues de celles qui sont cy devant [dans le Recueil Chrestien]. Des lettres escrites à nostre Sainct Pere le Pape Clement VII, par l'Empereur et Roy d'Ethiopie, autrement Prete-Ian..... *A Paris*, 1611. 2 part. en 1 vol. in-8 ; mar. rouge, fil. à comp., tr. dor. (*anc. rel.*).

Exemplaire de MARIE DE MÉDICIS, portant, sur les plats et au dos, des lis couronnés.

Le premier ouvrage est orné de beaux portraits de Henri IV, de Louis XIII et de Marie de Médicis, gravés par L. Gaultier. A la suite d'une longue épître dédicatoire adressée à la reine-mère, de même que dans le corps de l'ouvrage, on trouve des pièces de vers de différents auteurs. Ce recueil est omis dans le *Manuel*. Exemplaire Yemeniz.

351. EXPILLY. Les Poemes dv sievr d'Expilly à M<sup>me</sup> la marqvise de Monceavx. *A Paris, chez Abel Langellier*... 1596. 2 part. en 1 vol. pet. in-4, portr.; mar. bleu., fil., dos orné, tr. dor. (*Hardy-Mennil*).

Première édition de ces poésies. Elle est très-rare et les exemplaires en sont généralement incomplets. A celui-ci il manque un feuillet de dédicace, et un feuillet blanc à la fin de la première partie, correspondant aux pages 107 et 108. Le texte de la première partie s'arrête à la page 106 et la pagination continue dans la seconde partie qui est dédiée à *Messire Françoys de Bone, seigneur de Lesdiguières*. En tête du volume se trouve un beau portrait de l'auteur, gravé, ainsi que les deux titres, par Th. de Leu.

Magnifique exemplaire. De la coll. H. Bordes.

352. EXPILLY. Les Poemes de Messire Clavde Expilly, Conseiller du Roy an son Conseil d'Etat et Prezidant au Parlemant de

Grenoble. *A Grenoble, de l'imprimerie de Pierre Verdier*, 1624. Gr. in-4 ; veau fauve, fil. (*Kœhler*).

<small>Seconde édition, fort rare et plus complète que la première. Elle est imprimée selon le système orthographique proposé par l'auteur. Très-bel exemplaire.</small>

353. FRENICLE. Les OEvvres de N. Frenicle. *Paris, Jean de Bordeaux*, 1629. In-8 ; mar. vert, fil., tr. dor. (*Capé*).

<small>Très-bel exemplaire. De la coll. Desq.</small>

354. (COLLETET, Guill.) Les Divertissemens de Colletet. *Paris, Rob. Estienne*, 1631. Pet. in-8 ; mar. brun jans., tr. dor. (*Petit*).

<small>Première édition. Exemplaire grand de marges et très-pur.</small>

355. SARASIN. Les OEvvres de Monsievr Sarasin. *Imprimé à Roven et se vend à Paris, chez Augustin Courbé*, 1658. In-12 ; mar. rouge, fil. à fr., tr. dor. (*Hardy*).

<small>Joli exemplaire.</small>

356. GOMBAULD. Les Poesies de Gombavld. *Paris, Aug. Courbé*, 1646. In-4 ; mar. bleu, fil. à compart., tr. dor.

<small>Magnifique exemplaire, presque à toutes marges, on dirait même en grand papier (H. : 0, 231).</small>

357. RACAN. Dernieres œvvres et poesies chrestiennes de Messire Honorat de Bveil, Chevalier, Seigneur de Racan... *Paris, Pierre Lamy*, 1660. Pet. in-8 ; mar. rouge, riches comp. à pet. fers, tr. dor. (*anc. rel.*).

<small>Magnifique exemplaire, couvert d'une riche reliure à la Duseuil.</small>

358. (CAILLY, J. de.) Diverses petites poesies dv chevallier d'Aceilly. Premier volume. *A Paris, imprimées chez André Cramoisy*, 1667 (au-dessous de l'adresse : ) *Et se donnent au Palais*. In-12 ; mar. rouge, fil., tr. dor. (*Padeloup*).

<small>Exemplaire provenant de la coll. Dinaux et l'un des trois avec titre qui soient connus de cette édition originale. Charles Nodier, qui a donné une nouvelle édition de ce jeune et charmant poëte, d'après celle de La Monnoye, n'avait jamais pu se la procurer ni même la voir (voir son Catalogue).</small>

359. FURETIÈRE (Ant.). Poesies diverses dv Sievr Fvretière A. E. P. (avocat en Parlement). *Paris, Guill. de Luynes*, 1655. In-4, front. gravé ; mar. rouge, fil., tr. dor. (*Capé*).

<small>Première édition. Très-bel exemplaire.</small>

360. BENSSERADE. Les OEuvres de Monsieur de Bensserade. *Paris, Charles de Sercy*, 1697. 2 vol. in-12, front. gravés; mar. vert, fil., tr. dor. (*Chambolle-Duru*).

>Première édition des œuvres diverses de ce poëte. L'éditeur annonce dans son épître qu'il se trouve dans le premier volume plusieurs pièces « qui n'ont jamais veu le jour ».
>Les pièces préliminaires contiennent un long *Discours sommaire de Monsieur L. T.* (l'abbé Tallemant) *touchant la vie de M. de Bensserade.*
>Très-bel exemplaire.

361. SCARRON. Recueil des œuvres burlesques de M. Scarron, dediees à sa chienne. *Paris, Toussainct Quinet*, 1648. In-4; veau fauve (*anc. rel.*).

>Ce recueil contient en outre : Jodelet ou le maitre valet, les Trois Dorotees ou le Jodelet soufflete.
>Exemplaire aux armes de la comtesse DE VERRUE.

362. BOILEAU. Satires du Sieur D\*\*\*. *Paris, Fred. Leonard*, 1666. In-12, front. gr.; mar. rouge, fil., tr. dor.

>Édition originale. Elle contient les sept premières satires avec le *Discours au Roi.* Très-bel exemplaire.

363. BOILEAU. Satires du Sieur D\*\*\*. Seconde édition. *Paris, Claude Barbin*, 1667. In-12; mar. vert, fil. à fr., tr. dor. (*Hardy*).

>Édition plus rare encore que la première.

364. BOILEAU. Satires du Sieur D\*\*\*. Seconde edition. *Paris, Denys Thierry*, 1667. In-12; cuir du Russie, fil., tr. dor.

>Édition faite sur le privilége de Claude Barbin, mais elle en diffère en ce que le *Discours au Roy* se trouve répété une seconde fois avant la satire VI et que la satire II à M. de Molière se trouve supprimée. Cette singularité a échappé à Berriat Saint-Prix.

365. BOILEAU. Satires dv Sievr D\*\*\*. *Paris, L. Billaine, D. Thierry, F. Leonard et Cl. Barbin*, 1668. In-8, front., 4 ff. lim., 76 (et non 78) pp. et 6 ff.; mar. vert, fil., tr. dor. (*Lortic*).

>Troisième édition originale, contenant de plus que la seconde les satires VIII et IX et le *Discours sur la satire.* Qq. piqûres de vers.

366. BOILEAU. Satires dv sievr D\*\*\*. *Paris L. Billaine, D. Thierry, F. Leonard et Cl. Barbin*, 1669. In-12, front. (de 1666), 3 ff., 76 pp. (les 9 prem. *Satires*), 6 ff. (*Discours sur*

*la satire*), et 11 pp. (*Epître au Roy*); mar. lilas, fil., tr. dor. (*Niedrée*).

<blockquote>Quatrième édition originale, fort rare.</blockquote>

367. BOILEAU. OEuvres diverses du sieur D***, avec le Traité du Sublime ou du merveilleux dans le Discours..... *Paris, Cl. Barbin*, 1674. In-4, 2 fig. gr.; mar. rouge, fil. (*anc. rel.*).

<blockquote>Première édition sous le titre d'*Œuvres*. On y trouve pour la première fois l'*Art poétique* et les quatre premiers chants du *Lutrin*.
Précieux exemplaire, portant sur un f. de garde un envoi autographe de Boileau à M. du Lignon de Bettin, auteur de l'*Histoire de l'idolâtrie payenne*.</blockquote>

368. BOILEAU. OEuvres diverses du sieur D***. Avec le Traité du Sublime... *Paris, Cl. Barbin*, 1675. 2 part. en 1 vol. in-12, fig.; mar. La Vallière, fil., fleur., tr. dor. (*Lortic*).

<blockquote>Belle réimpression de l'édition ci-dessus. Entre les pp. 132 et 133 on a intercalé dans celle-ci l'*Epistre V*, dont les pages sont chiffrées 133 à 139.</blockquote>

369. BOILEAU. OEuvres diverses du sieur D***... Nouvelle édition, reveue, corrigée et augmentée de plusieurs pieces nouvelles. *Suivant la copie à Paris, à Amsterdam, chez Abraham Wolfgang*, 1680. In-12, fig.; mar. bleu, fil. à comp., tr. dor. (*Hardy*).

<blockquote>Charmante réimpression de l'édition de Thierry, 1675, à laquelle on a ajouté l'épître V et les satires (IX et X) contre les maltôtes et le mariage, faussement attribuées à Boileau.</blockquote>

370. BOILEAU. OEuvres diverses du sieur D***. Avec le Traité du Sublime... *Sur l'imprimé a Paris, chez Denys Thierry*, 1682. In-12, de 155 pp. et 6 ff.; 118 pp. et 6 ff.; veau fauve, fil., tr. dor. (*Niedrée*).

<blockquote>Jolie copie, avec quelques variantes, d'une édition inconnue jusqu'ici. On lit au privilége : *Achevé d'imprimer pour la seconde fois le 12 de janvier* 1682.</blockquote>

371. BOILEAU. OEuvres diverses du sieur D***... Nouvelle edition reveüe et augmentée. *A Paris, chez Denys Thierry*, 1683. In-12; mar. rouge, fil. à comp., tr. dor. (*anc. rel.*).

<blockquote>Édition originale des épîtres VI à IX, des V<sup>e</sup> et VI<sup>e</sup> chants du *Lutrin*, etc. Elle est précédée d'une *lettre autographe* d'envoi de Boileau à M. de Guilleragues, ambassadeur de France à Constantinople, auquel est adressée la cinquième épître commençant ainsi :

<blockquote>Esprit né pour la cour et maître en l'art de plaire,
Guilleragues, qui sais et parler et te taire.</blockquote></blockquote>

On conçoit, quand on songe à l'extrême rareté des autographes de Boileau, le prix qu'ajoute une pareille pièce à une édition originale.

372. BOILEAU. OEuvres diverses du sieur D***... Nouvelle édition reveuë et augmentée. *Paris, Denys Thierry,* 1685. In-12; mar. rouge, fil., tr. dor. (*Lortic*).

Édition originale, très-rare. Elle contient le Remerciement à l'Académie et cinq épigrammes.

373. BOILEAU. OEuvres diverses du sieur D***... Nouvelle édition, revue et augmentée de diverses pièces nouvelles. *Suivant la copie de Paris, à Amsterdam, chez Abraham Wolfgang,* 1686. In-12; mar. vert, fil., fleurons, tr. dor. (*Lortic*).

Joli exemplaire d'une belle réimpression de l'édit. de Barbin, 1683, à laquelle on a ajouté les maltôtes, la satire sur le mariage et la réponse.

374. BOILEAU. OEuvres diverses Du Sieur D*** Avec le Traité du sublime... de Longin. Et les Reflexions critiques sur ce Rheteur : où l'on répond aux objections faites contre quelques Anciens. Nouvelle Edition reveuë et augmentée. *Paris, Denys Thierry,* 1694. 2 vol. in-12; mar. rouge, fil., tr. dor. (*anc. rel.*).

Cette édition contient de plus que les précédentes l'*Ode sur la prise de Namur* et la satire (X$^e$) sur le mariage.

Bel exemplaire aux armes du marquis de Franconville, lieutenant général des armées navales.

375. BOILEAU. OEuvres diverses du S$^r$ Boileau Despreaux... Nouvelle édition reveuë et augmentée. *Paris, Denys Thierry,* 1701. 2 vol. in-12; mar. bleu, fil., tr. dor. (*Lortic*).

Édition originale « sans contredit la plus précieuse de Boileau, » dit M. Berriat-Saint-Prix. C'est la dernière donnée par l'auteur et son « édition favorite. » Les fautes commises dans l'édition in-4 de la même année ont été corrigées dans celle-ci.

376. BOILEAU. OEuvres de Nicolas Boileau Despreaux avec des éclaircissements historiques, donnez par lui-même... *La Haye, P. Gosse et J. Neaulme,* 1729. 2 vol. in-fol., fig. de B. Picart; mar. rouge, fil., tr. dor. (*Derome*).

Réimpression de la première édition illustrée avec les mêmes figures. En tête du 1$^{er}$ vol. se trouve le portrait de la princesse de Galles, gravé par Gunst, d'après Kneller.

Très-bel exemplaire, fort bien relié.

b. *Poèmes sacrés, satiriques, badins, etc. — Fables, Contes, Chansons.*

377. **LA FONTAINE.** Élégie. In-4, de 2 ff.; mar. orange, fil. à compart., milieu en mosaïque, tr. dor. (*Lortic*).

    Édition originale de cette célèbre Élégie, *aux Nymphes de Vaux*, écrite à l'occasion de la disgrâce du surintendant Fouquet. C'est une pièce volante, imprimée probablement à Paris en 1661, d'une manière occulte. Les exemplaires en sont introuvables, et elle est restée inconnue à Walckenaer et à M. Brunet. Les pages sont chiffrées et le texte finit au milieu de la troisième.

    Cet exemplaire a appartenu au fameux surintendant. Au haut de la première page, on lit : *M. Foucquet*, envoi écrit de la main même du grand poëte.

    On a joint à cette haute rareté bibliographique un précieux AUTOGRAPHE DE LA FONTAINE. C'est le brouillon même de son *Ode pour la paix* qui a paru pour la première fois en 1671 (voir plus bas, le n° 379). Le texte en était d'abord conforme à l'imprimé, sauf deux changements, mais ensuite La Fontaine a biffé les trois premiers vers qu'il a remplacés par sept autres. La pièce ainsi modifiée a été réimprimée dans les *Ouvrages de prose et de poésies des sieurs de Maucroix et de la Fontaine*; Amsterdam, 1685, 2 vol. in-12; t. I, p. 121. Notre autographe offre en outre la première pensée du poète, car il s'y trouve des mots ratués qui n'ont jamais figuré à l'impression.

378. **LA FONTAINE.** Poëme de la captivité de saint Malc, par M. de La Fontaine. *Paris, Claude Barbin,* 1673. In-12; mar. vert jans., tr. dor. (*Trautz-Bauzonnet*).

    Édition originale de ce petit poëme. On dit, ce qui expliquerait son extrême rareté, qu'elle a été supprimée parce que l'auteur, dans son épître dédicatoire au cardinal de Bouillon, lui a donné le titre d'*Altesse Sérénissime*. Cette épithète est en effet biffée dans le présent exemplaire qui provient de la coll. Solar, et on y a substitué, à l'encre, le titre d'*éminentissime*.

379. **LA FONTAINE.** Fables novvelles et autres poësies de M. de la Fontaine. *Paris, Denys Thierry,* 1671. In-12, fig. de Chauveau; mar. vert, fil., tr. dor. (*Hardy*).

    Ce volume contient huit fables alors inédites, l'*Élégie sur Fouquet*, la seconde édition d'*Adonis*, l'*Ode pour la paix*, et autres poésies également publiées pour la première fois. Très-bel exemplaire.

380. **LA FONTAINE.** Fables choisies mises en vers par J. De La Fontaine. *Paris, Desaint et Saillant,* 1755-59. 4 vol. gr. in-fol., fig. d'Oudry; mar. rouge, large dent., tr. dor. (*Padeloup*).

    Très-bel exemplaire, en *grand papier de Hollande*, couvert d'une reliure avec fers spéciaux à cet ouvrage.

381. LA FONTAINE. Fables choisies, mises en vers par M. de la Fontaine, et par lui reveuës, corrigées et augmentées. *Paris, Denys Thierry et Claude Barbin*, 1678, 1679, 1694. 5 vol. in-12, fig. de Chauveau et autres; mar. vert, fil., tr. dor. (*Hardy*).

Seule édition complète qui ait été imprimée sous les yeux de l'auteur.
Le t. I<sup>er</sup> est de premier tirage, avec les armes gravées du Dauphin, mais sans le f. d'errata. L'avertissement suivi d'*errata* de la 3<sup>e</sup> partie appartient à cette même partie, qui commence le second recueil de Fables, et non pas à la 4<sup>e</sup>, comme dit M. Brunet. Le t. III n'a pas le carton indiqué au *Manuel*, pour la p. 99, mais, en revanche, le f. suivant est un carton dont M. Brunet ne parle pas. Ceux du t. IV ne se trouvent pas dans cet exemplaire. La 5<sup>e</sup> partie est de la bonne date, mais de troisième tirage.
Bel exemplaire.

382. LA FONTAINE. Contes et novvelles en vers. De M. De la Fontaine. *Paris, Claude Barbin*, 1667. Pet. in-8, de 11 pp. 92 pp. et 1 f. pour le priv. — Devxiesme partie des Contes et novvelles en vers. De M. de la Fontaine. *Paris, Claude Barbin*, 1667. Pet. in-8, de 11 pp. prél., 160 pp., et 3 pp. pour le priv. — En 1 vol.; mar. vert, fil., tr. dor. (*Hardy*).

La première partie paraît être en édition originale, avec un nouveau titre; on remarquera que jusqu'à ce moment les bibliographes n'ont pas signalé de réimpression avec la date de 1667 au nom de Cl. Barbin. Le privilége est du 14 janvier 1664, et l'*achevé d'imprimer* du 10 janvier 1665, comme dans l'édition originale. Cependant le vers 14 de *Joconde* est tel qu'il resta définitivement après correction.
La seconde partie paraît être également en édition originale, avec un nouveau titre. Le privilége est du 30 oct. 1665, au nom de Cl. Barbin seul, et l'*achevé d'imprimer* du 21 janvier 1666. Or la réimpression connue jusqu'ici avec la date de 1667 est non pas au nom de Barbin, mais à celui de Louis Billaine, cessionnaire de la moitié du privilége.
En tout cas, il n'y aurait que la comparaison attentive avec l'édition originale datée de 1675, édition presque introuvable, qui pourrait résoudre cette question.

383. LA FONTAINE. Contes et nouvelles en vers. De M. de La Fontaine. *Paris, Claude Barbin*, 1669. In-12; mar. rouge, fil., dos à petits fers et en mosaïque, tr. dor. (*Lortic*).

Troisième édition originale. On n'en rencontre pour ainsi dire pas d'exemplaires avec le nom de Barbin, car le *Manuel* n'en signale point. Celui-ci est un des rares où le conte de la *Servante justifiée* est terminé (p. 119) par deux vers obscènes, imprimés en caractères italiques et qui ne sont pas de La Fontaine.
Très-bel exemplaire, dans une charmante reliure.

**384. LA FONTAINE.** Contes et nouvelles en vers, De M. de la Fontaine. *Paris, Claude Barbin*, 1673. Pet. in-12, de 88 ff.; mar. vert, fil., tr. dor. (*Niedrée*).

Contrefaçon hollandaise de la première partie, ce que l'on reconnaît aisément à la forme du caractère italique de la préface. Elle est fort rare et n'est pas indiquée au *Manuel*.

**385. LA FONTAINE.** Novveaux Contes de Monsievr de la Fontaine. *Mons, Gaspar Migeon*, 1674. Pet. in-8, de 168 pp.; mar. rouge, fil., doublé de mar. vert avec une riche dent., tr. dor. (*Smeers*).

Édition originale de la quatrième partie des Contes, laquelle, ayant été interdite, dut paraître secrètement. On présume que Mons, désigné comme lieu de l'impression, n'est qu'une supercherie et que le livre est sorti des presses d'un imprimeur de province, de Rouen, peut-être.

Très-bel exemplaire.

**386. LA FONTAINE.** Contes et nouvelles en vers. De Monsieur de la Fontaine. Nouvelle Édition enrichie de Tailles-Douces. *Amsterdam, Henri Desbordes*, 1685. 2 t. en 1 vol. in-12, gravures à l'eau-forte de Romain de Hooge; mar. rouge, fil., tr. dor. (*rel. angl.*).

Les épreuves de cet exemplaire sont très-belles et de premier tirage. Il est du reste en tout conforme à la description minutieuse donnée au *Manuel* de la première des trois éditions sous cette date. II. : 0,163.

**387. LA FONTAINE.** Contes et nouvelles en vers, par M. de La Fontaine. *Amsterdam (Paris, Barbou)*, 1762. 2 vol. in-8, fig., mar. vert, fil., dent., doublé de tabis, tr. dor. (*Derome*).

Édition dite des *Fermiers généraux*, ornée de fig. d'Eisen et des culs-de-lampe de Choffart. Admirable exemplaire, avec témoins, et contenant des épreuves d'une beauté rare. Le *Cas de conscience* et le *Diable de Papefiguières* sont doubles, en états différents, couverts et découverts. On y trouve en outre trois figures un peu libres et qui, comme telles, avaient été refusées par les fermiers généraux; ce sont : une seconde gravure pour la *Servante justifiée*, une seconde gravure pour *Richard Minutolo*, enfin une autre pour le *Tableau*.

Le portrait de Choffart est à fond blanc et de premier tirage.

Plusieurs portraits de La Fontaine ont été ajoutés : 1° deux portraits différents par Aug. de Saint-Aubin; 2° une charmante épreuve du portrait gravé par Ficquet, avec le *ruisseau blanc*; 3° le portrait dessiné par Marillier, *avant la lettre*; 4° deux petits portraits fort rares, gravés d'après H. Rigaud, l'un par J.-B.-M. Dupréel, l'autre par C.-S. Gaucher; ils sont tirés sur la même feuille.

La reliure, avec l'adresse de Derome le jeune, est celle avec lyre et trophée que les fermiers généraux faisaient exécuter pour leurs exemplaires particuliers.

Exemplaire de Renouard, avec sa signature.

388. LA FONTAINE. Contes et Nouvelles en vers par Jean de la Fontaine. *Paris, de l'imprim. de P. Didot l'aîné, l'an III° de la république,* 1795. 2 vol., in-12; mar. rouge, fil. à compart., tr. dor. (*Motet*).

Magnifique exemplaire en grand papier, auquel on a ajouté les culs-de-lampe de Choffart tirés à part et quelques-unes des figures originales de l'édition des *Fermiers généraux*, ainsi que d'autres qui n'en sont que des copies.

389. (DORAT, Cl.-J.) Les Baisers, précédés du mois de mai, poëme. *A la Haye, et se trouve à Paris chez Lambert*, etc., 1770. Gr. in-8, fig.; mar. rouge, large dentelle à l'oiseau, dite *Pompadour*, tr. dor. (*Lortic*).

Superbe exemplaire en *grand papier* de ce poëme, orné de charmantes vignettes et de culs-de-lampe d'après Eisen. Le titre est en rouge et noir; les épreuves, de premier tirage, sont d'une beauté exceptionnelle.

390. (DORAT, Cl.-J.) Fables nouvelles. *La Haye, et se trouve à Paris, chez Delalain,* 1773. 2 tomes en 1 vol. in-8, mar. vert, fil., tr. dor. (*rel. angl.*).

Un des chefs-d'œuvre de Marillier : deux frontispices, vignettes et culs-de-lampe.

Exemplaire en papier de Hollande, avec de fort belles épreuves.

---

391. Le Parnasse satyrique du sieur Theophile. *M. DC. LX.* (1660). Pet. in-12; mar. rouge, fil. à compart., doublé de mar. rouge avec dent., tr. dor. (*Thouvenin*).

Jolie édition, en lettres rondes, et la plus recherchée.

Charmant exemplaire de Cigongne et de Mgr le duc d'Aumale.

392. Le Cabinet satyrique ou recueil parfait des vers piquans et gaillards de ce temps. Tiré des secrets cabinets des Sieurs de Sigognes, Regnier, Motin, Berthelot, Maynard... Derniere édition, reueuë, corrigée, et de beaucoup augmentée. *M. DC. LXVI* (1666). *S. l.* (*Amsterdam, D. Elzevier, à la Sphère*). 2 vol. pet.-in-12; mar. rouge, fil. à compart., doublé de mar. rouge, dent., tr. dor. (*Thouvenin*).

Très-bel exemplaire (H. : 0, 129), provenant des mêmes collections que le précédent, et couvert d'une reliure identique.

**393. Les Poësies facétieuses par les beaux esprits de ce temps.** *S. l.* (Hollande), 1668. Pet. in-12, de 93 pp.; mar. bleu, dos et coins ornés, tr. dor. (*Trautz-Bauzonnet*).

<small>Première édition. Recueil de poésies libres et satiriques qui se joint à la collection elzévirienne. Il est devenu fort rare.

Très-bel exemplaire.</small>

**394. SAINCTONGE. Poésies galantes de Madame de Sainctonge.** *Paris, Jean Guignard*, 1696. In-12, de 4 ff. prél., 200 pp. et 4 ff.; mar. bleu, fil., tr. dor. (*Capé*).

<small>En tête du volume se trouve une épître dédicatoire en vers adressée à son Altesse royale Madame et signée *Gillot de Sainctonge*. M. Brunet ne cite pas ces poésies, et les grandes biographies ne parlent pas de cette dame.

Charmant exemplaire.</small>

---

**395. GUEDRON et BOESSET. Airs de cour, à quatre et cinq parties, par P. Guedron.** *Paris, Pierre Ballard*, 1608, 1612, 1617, 1618, 1620, 5 parties. — Airs de cour, à quatre et cinq parties, par Anthoine Boesset. *A Paris, par Pierre Ballard*, 1617, 1620, 1621, 1624, 1628, 5 part. — Ensemble 10 part. en 1 vol. in-8 obl.; mar. olive; fil., tr. dor. (*anc. rel.*).

<small>Exemplaire de dédicace au roi LOUIS XIII, parsemé de son chiffre couronné et de fleurs de lis. A la fin, il contient une série de chansons manuscrites, parmi lesquelles il y en a deux AUTOGRAPHES DU ROI LUI-MÊME.

« Ce recueil d'airs de cour n'aurait pas appartenu au roi Louis XIII, qu'il serait encore bien précieux, car tous les livrets de musique de chambre que les Ballard publiaient seuls à cette époque, en vertu d'un privilége du roi, étaient bientôt gâtés et détruits par l'usage, et ne survivaient guère à la génération qui les avait vus naître; de même que les livres de chasse, de cuisine, de jardinage et de prédictions. Mais ce recueil, outre son incontestable mérite de rareté et de curiosité, est en quelque sorte un monument historique, une relique de la vie privée de Louis XIII. Tallemant des Réaux (édition de M. Paulin Paris, t. II, p. 246) a placé ce roi dans la confrérie des musiciens : « Il composait en musique et ne s'y connaissait « pas mal. » Nous sommes donc fondés à lui attribuer les vers et la musique de deux chansons qu'il a écrites et notées de sa propre main à la fin du recueil, l'une sur l'éloignement d'une dame qu'il ne nomme pas, l'autre sur le départ d'*Amarillis*. Cette Amarillis pourrait bien être madame de Hautefort, dont il s'était fait le chaste adorateur. Voici deux couplets de cette touchante chanson d'amour :

Quels lauriers pui-je pretendre
Dans l'amertume ou je vy? </small>

> Sans cœur, que pui-je entreprendre ?
> Hélas ! tu me l'as ravy.
> Ah ! qu'il me vaudroit bien mieux
> N'avoir point reveu tes yeux !
>
> Dans quel goufre de tristesse
> Mes jours sont ensevelis !
> Las ! malgré moy je te laisse,
> Tu le vois, Amarillis,
> Et ne sçais l'arrest des cieux
> Qui m'eslongne de ses yeux.

« Il y a plusieurs autres airs manuscrits qui sont certainement de ceux que le roi aimait à chanter lui-même en basse-contre, mais qui ont été copiés par une autre main, peut-être celle de Moulinié, le compositeur favori du roi, qui semble avoir mis son paraphe sur la dédicace du premier fascicule. N'oublions pas d'indiquer dans ce fascicule la fameuse chanson du *Petit pon*, que Louis XIII entonnait de si gaillarde humeur quand il était *dans ses bonnes*. On voit cela et bien d'autres choses dans le Journal de son médecin ordinaire, Hérouard. Peut-être y découvrira-t-on quelque passage relatif à ce recueil d'airs de cour, formé et relié exprès pour Louis XIII, qui l'a tenu plus d'une fois entre ses mains royales dans les concerts intimes que dirigeait Antoine Boesset, l'intendant de la musique de la chambre du roi et de la reine. » (*Note de M. Paul Lacroix, jointe au volume.*)

396. LA BORDE (J.-B. de). Choix de chansons, mises en musique par M. de la Borde, premier valet de chambre ordinaire du roi, gouverneur du Louvre, ornées d'estampes par J. M. Moreau (Le Bouteux, Le Barbier et Saint-Quentin). *Paris, chez de Lormel*, 1773. 4 t. en 2 vol. gr. in-8, fig.; mar. rouge, fil., tr. dor. (*anc. rel.*).

Très-bel exemplaire, sans le portrait de l'auteur qu'on ajoute quelquefois, mais qui ne fait pas partie de l'ouvrage.

### 3. *Poëtes italiens et espagnols.*

397. DANTE. Credo che Dante fece quando fu acusato per heretico allo Inquisitore esso lui a Rauenna. *S. l. n. d.* In-4, de 4 ff., caract. demi-gothique; mar. citron, fil., ornem. sur les plats, tr. dor. (*Bedford*).

Édition du XV<sup>e</sup> siècle, de toute rareté.
Exemplaire Libri, le seul cité au *Manuel*.

398. DANTE. Comincia la comedia di dante alleghieri di firenze nella q̃le tracta delle pene et punicioni de uicii et demeriti et premii delle uirtu. *S. l.* (Foligno), *J. Numeister*, 1472.

Pet. in-fol., de 248 ff. non ch., sans aucun f. blanc; mar. vert, fil.

> Il est reconnu aujourd'hui que c'est la plus ancienne édition connue de la *Divine Comédie*. Le texte, sans être irréprochable, offre de bonnes leçons. Elle est fort rare. (Voir Brunet.)
>
> Ce qui rend précieux cet exemplaire, c'est qu'il est couvert de notes manuscrites de Lucca PULCI, célèbre poëte italien du XVe siècle.

**399. DANTE.** Qui comīcia la vita e costumi dello excellēte Poeta vulgare Dante alighieri di Firenze... (A la fin des sonnets :) *De Spiera uendelin fu il stampatore* || *del mille quattrocento e settantasetti* (1477)... Gr. in-fol., goth., de 374 ff.; mar. citron, fil. à froid, tr. dor. (*Duru*).

> Magnifique exemplaire d'une édition rare, accompagnée d'un commentaire attribué à Benvenuto da Imola, et précédée d'une biographie du poëte par Boccace. Pour la correction du texte, elle est supérieure à toutes les éditions précédentes.

**400. DANTE.** (La Divina Commedia.) Comento di Christophoro Landino Fiorentino sopra la comedia di Danthe Alighieri poeta Fiorentino. (A la fin :) *Fine del comento... impresso in Firenze per Nicholo di Lorenzo della Magna a di. XXX. dagosto. M. CCCC. LXXXI* (1481). Gr. in-fol., fig.; mar. vert foncé, compart. en or et à froid, tr. dor. (*Lortic*).

> Édition rare et très-recherchée, d'abord parce que c'est la première du commentaire de Landino, mais surtout parce qu'on y trouve assez souvent des gravures en taille-douce attribuées à Baccio Baldini, qui les aurait exécutées d'après les dessins de Sandro Botticelli. Ces gravures sont rangées parmi les pièces rares et précieuses pour l'origine de la gravure en creux.
>
> Le présent exemplaire, presque à toutes marges et fort bien conservé, sauf qq. racc., contient deux de ces gravures; ceux qui en ont plus de deux sont extrêmement rares.
>
> Il a aussi le f. blanc, qui manque presque toujours.

**401. DANTE.** Les terze rime di Dante. (A la fin :) *Venetiis, in ædib. Aldi. accvratissime. Men. Avg. M. DII.* (1502). Pet. in-8; mar. rouge, fil. à froid, fleurons, tr. dor. (*Hardy*).

> Première édition donnée par Alde, et aussi la première qui ait été publiée dans ce format. Elle est rare, recherchée, et on en trouve difficilement des exemplaires bien complets comme celui-ci. Il.: 0,150.

**402. PETRARCA.** Le Cose volgari di messer Francesco Petrarcha. (A la fin :) *Impresso in Vinegia nelle case d'Alde Romano, nel anno M.DI. del mese di Luglio et tolto con*||*sommissima diligenza dallo scritto di*||*mano medesimo del Poeta,* *hauuto da M. Piero Bembo* NOBILE VENETIANO E DALLUI DOUE BISOGNO E STATO RIUEDUTO ET RACCONOSCIUTO. Pet. in-8; mar. rouge, comp., tr. dor. (*rel. ital. du XVI$^e$ s.*).

Première édition aldine. « Ce qui, indépendamment de sa rareté, lui « conservera toujours du prix, dit M. Brunet, c'est qu'elle a été donnée par « Pierre Bembo d'après un manuscrit autographe de Petrarque et que l'é- « diteur, ainsi que l'imprimeur, ont apporté tout leur soin pour la rendre « entièrement conforme à l'original. » Le dernier cahier, dépourvu ici d'un des feuillets blancs annoncés au *Manuel*, n'aura été publié qu'après l'ouvrage et manque très-souvent.

Précieux exemplaire sur VÉLIN, provenant du marquis Terzi de Bergame, et vendu 3350 fr. (plus 5 0|0) à Paris, en mars 1861, quoiqu'il ne porte que 160 mill. La souscription contient le passage *nobile venetiano.... racconosciuto*, qui paraît avoir été supprimé pendant le tirage.

La reliure de ce volume, dont le style ressemble, mais avec plus de simplicité, à celui des reliures de Grolier, a probablement été exécutée dans l'atelier qu'Alde avait établi chez lui.

403. BOCCACCIO. Comincia el nimphale fieso||lano damore composto per || lo excellente hvomo mes||ser Giovanni Boccacci poe||ta fiorentino nel qvale || si contiene lo inamoramen||to dafrico et dimensola|| e i loro accidenti et morte. *S. l. n. d.* In-4, de 80 ff. non ch., à 3 octaves par page, sans ch., récl. ni sign.; mar. rouge, fil. à froid, comp., tr. dor. (*Hardy*).

Édition du xv$^e$ siècle, non indiquée au *Manuel*, et excessivement rare. Exemplaire de toute beauté.

404. ARIOSTO. Orlando fvrioso di Messer Lvdovico Ariosto con la noua giunta... M. D. XXXVIIII (1539). (A la fin.:) *Finisse Orlando furioso....... Stampato in Venegia per Augustino di Bindoni. Nelli anni del signore. M.D.XXXIX.* In-8, goth.; cuir de Russie fauve, fil., tr. dor. (*rel. angl.*).

Édition de toute rareté. D'après le catalogue Dunn Gardener (n° 30, vendu 470 fr.), on n'en connaîtrait qu'un seul exemplaire complet, appartenant à M. Melzi, de Milan. Celui-ci est superbe, avec témoins, et bien complet, car il a les 2 ff. pour les portraits gravés d'après le Titien et un f. contenant la table et les annotations.

405. Trabisonda Historiata ne laquale si contiene Nobilissime battaglie con la vita e morte de Rinaldo. (A la fin :)... *Impresso in Venetia. Nel M ccccxi* (1511) *adi xxv de Otubrio.* In-4, à 2 col., lettres rondes, fig. s. bois; mar. rouge, comp. à fr., tr. dor. (*Hardy*).

Édition excessivement rare. Bel exemplaire, avec témoins.

10

146    BELLES-LETTRES.

406. El libro chiamato Trabisonda : Nel qual se tratta de la vita et morte de Rinaldo. (A la fin :)... *Stampato in Vinegia per Aloise Torti...* 1535. In-4; mar. rouge, fil., tr. dor. (*anc. rel.*).

> Édition rare. Bel exemplaire.

407. ALAMANNI (Luigi). Gyrone il Cortese. *Stampato in Parigi da Rinaldo Calderio et Claudio suo figluolo.* (A la fin :) *Stampato in Parigi, l'Anno* 1548. In-4; mar. La Vallière, fil. à froid, ornem. sur les plats, tr. dor. (*Capé*).

> Seule édition imprimée sous les yeux de l'auteur. Beau frontispice gravé sur bois. Magnifique exemplaire, grand de marges.

408. SANNAZARO. Arcadia del Sannazaro MDXXXIIII.. ( A la fin :) *Impresso in Vinegia nelle case delli heredi d'Aldo Romano, et Andrea Socero,* 1534. In-8; veau fauve, dos fleurdelisé et dauphin couronné sur les plats, tr. dor. (*rel. du XVI<sup>e</sup> s.*).

> Exemplaire du Dauphin, depuis HENRI II.

409. BOSCAN. Las Obras de Boscan y algvnas de Garcilasso de la Vega repartidas en qvatro libros. (A la fin : ) *Acabaron se de imprimir... : en Barcelona en la officina de Carles Amoros,* 1543. In-4; mar. brun, riches compart. à froid, tr. dor. (*Hagué*).

> La plus ancienne édition connue de ces poésies célèbres et fort rare. Magnifique exemplaire, très-grand de marges. La reliure a été faite à l'imitation de l'ancienne qui recouvrait ce volume.

## IV. THÉATRE.

### 1. *Théâtre grec et latin.*

410. Tragœdiæ selectæ Æschyli, Sophoclis, Euripidis, cum duplici interpretatione latina una ad verbum, altera carmine. (*Genevæ*) 1567, *excud. Henr. Stephanus.* 2 vol. in-16; mar. rouge, fil., tr. dor. (*anc. rel.*).

> Très-bel exemplaire aux armes de DE THOU. Il provient de la bibl. de R. Heber et de J.-Ch. Brunet.

411. ÆSCHYLI tragœdiæ sex (en grec). (A la fin:) *Venetiis, in ædibvs Aldi et Andreæ soceri,* 1518. In-8; mar. rouge, fil., tr. dor. (*anc. rel.*).

> Première édition. Très-bel exemplaire.

412. SOPHOCLIS tragœdiæ septem... (en grec.). (A la fin :) *Venetiis, in Aldi Romani Academia*, 1502. In-8; mar. brun, fil., tr. dor. (*Clarke et Bedford*).

>Première édition, rare et estimée. C'est le premier livre avec la souscription au nom de *l'Académie aldine*.
>Très-bel exemplaire, grand de marges (H. : 0,161).

413. SOPHOCLE. Tragedie de Sophocles intitulee Electra... traduicte du grec... en rythme francoyse (par Lazare de Baïf)... *Imprimee a Paris pour Estiëne Roffet*, 1537. In-8; mar. vert, fil., tr. dor. (*Bauzonnet-Trautz*).

>Bel exemplaire de cette pièce précieuse et rare.

414. (EURIPIDES. Medea, Hippolytus, Alcestis et Andromache, græce, cura Io. Lascaris. *Florentiæ, per Laurentium de Alopa.*) S. d. (vers 1496). In-4; mar. La Vallière, comp. à froid, tr. dor. (*Capé*).

>Édition *princeps*, très-rare, imprimée en lettres capitales grecques. Elle ne contient que les quatre tragédies qu'on connaissait à cette époque.
>Magnifique exemplaire, avec témoins.

415. EVRIPIDIS tragœdiæ septendecim, ex quib. quædam habent commentaria... (A la fin :) *Venetiis, apvd Aldvm mense febrvario. M. D. III.* (1504 n. style). 2 tom. en 1 vol. in-8; mar. rouge, fil. à compart., ancre aldine sur les plats, tr. dor. (*rel. angl.*).

>Cette édition peut être considérée comme la première complète de ce poëte. Le titre n'annonce que dix-sept tragédies; la dix-huitième, *l'Hercule furieux*, découverte pendant l'impression du second volume, a été ajoutée à la fin.
>Très-bel exemplaire.

416. EURIPIDIS tragœdiæ XIX. Accedit nunc recens vigesimæ, cui Danae nomen, initium, e vetustis Bibliothecæ Palatinæ membranis, græce et latine. Latinam interpretationem M. Æmilius Portus.... correxit et expolivit...... Carminum ratio ex Gul. Cantero diligenter observata, additis ejusdem in totum Euripidem notis. *Heidelbergæ, typis Hieronymi Commelini*, 1597. 2 vol. in-8; mar. rouge, comp., tr. dor.

>Belle reliure du commencement du XVII⁰ siècle, à riches compartiments d'une finesse d'exécution remarquable. Exemplaire de M. Brunet.

417. EURIPIDE. La Tragedie d'Euripide nommee Hecuba, traduicte de Grec en rhythme Francoise (par Lazare de Baïf).

Dediee au Roy. *Paris, Rob. Estienne*, 1544. ln-8; mar. rouge, orn. à froid, tr. dor. (*Bauzonnet-Trautz*).

<small>Édition originale. « Depuis la page 77 jusqu'à la p. 1.., ce trouvent différents morceaux de poésie : *La fable de Caunus et Byblis suivant Ovide*, « *Siloe de Silvanius*, etc., et à la fin la devise de Baïf : *Rerum vices*. (Brunet). »
Très-bel exemplaire.</small>

418. EURIPIDE. L'Iphigene (*sic*) d'Euripide poete tragiq. : tourne de grec en Francois par l'Auteur de l'art poëtique (Thomas Sibilet). *Paris, Gilles Corrozet*, 1550. In-8; mar. rouge jans., tr. dor. (*Bauzonnet-Trautz*).

<small>Exemplaire très-beau et très-grand de marges.</small>

419. ARISTOPHANIS Comoediae novem (en grec). (A la fin : ) *Venetiis apud Aldum, M. IID.* (1498). In-fol. ; cuir de Russie, fil. à compart., tr. dor.

<small>Première et très-rare édition. Les scolies qui accompagnent ces neuf comédies ont été recueillies par Marc Musurus, qui a fait insérer aussi en tête du volume une préface enthousiaste, écrite dans un style très-coloré. Elle a été traduite en français pour la première fois par M. Didot, dans son *Alde Manuce* (pp. 107-110).</small>

420. PLAVTI Comœdiæ. (A la fin : ) Plautinę nti Comœdię : linguę Latinę delicię : magna ex parte emendatę per Georgium Alexandrinum... *Impresse fuere opera et impendio Ioannis de Colonia Agripinensi : atqz Vindelini de Spira. Venetiis. M. CCCC. LXXII.* (1472). In-fol.; mar. rouge, fil. à compart., milieu, tr. dor. (*Hardy*).

<small>Édition *princeps*, fort rare.
Très-bel exemplaire. Le recto du f. 5, par lequel commence le texte, est entouré d'une charmante bordure peinte en or et en couleurs, où figurent des oiseaux, des fleurs, etc. La banderole placée au bas d'une couronne de laurier, dont le milieu a été laissé en blanc pour un blason, porte la devise : *Francho*.</small>

421. TERENTII (Pub.) Comœdiæ sex, ex recensione Heinsiana. *Lugduni-Batavorum, ex off. Elzeviriana*, 1635. Pet. in-12, titre gravé; mar. rouge, comp., tr. dor. (*anc. rel.*).

<small>Bel exemplaire de la bonne édition aux armes du cardinal DE RICHELIEU. Le dos a été refait. On a ajouté à l'intérieur une doublure en maroquin. De la coll. Brunet.</small>

422. TERENCE. Les six comedies de Terence, tresexcellent

poete comique, mises en francoys, avec le latin correspondant l'vn a l'autre, en faueur des ieunes enfans desireux de la pureté et intelligence de la langue Latine (par J. Bourlier). *Paris, pour Michel Clopeiau*, 1567. (A la fin :) *A Paris, par Fleury Preuost, le vingtiesme iour de Mars*, 1567. In-16; mar. bleu, fil. à fr., tr. dor. (*Capé*).

<small>Charmant exemplaire.</small>

423. SENECA. Scenecae (*sic*) Tragoediae. (A la fin :) *Venetiis in œdibus Aldi et Andreæ Soceri mense octobri* 1517. In-8; veau noir, orn. à froid, tr. dor. et cis.

<small>Première édition aldine, due aux soins de Girolamo Avanzio.
Exemplaire dans sa première reliure, faite au XVIe siècle. De la coll. H. Bordes.</small>

### 2. *Théâtre français.*

#### A. Depuis l'origine jusqu'au milieu du XVIe siècle.

424. Le tres excellent ℯ sainct mys||tere du vieil testament par personnages, auquel sont con||tenus les hystoires de la Bible. Reueu et corrige|| de nouueau et imprime auecques les figu||res pour plus facille intelligence|| nouuellement imprime ||a Paris. Lan mil cinq cens quarante ℯ Deux. On les vend a Paris au palais... par Vincent Sertenas. (A la fin :)... *Nouuellement imprime a Paris par Iehan Real. Lan mil cinq cenz quarante et deux* (1542). In-fol., goth., à 2 col., fig. s. bois; mar. rouge, fil., tr. dor. (*anc. rel.*).

<small>Édition fort rare. Exemplaire défectueux et complété à l'aide de 14 ff. écrits en fac-similé par Fyot. Il provient des coll. Dufay et Soleinne.</small>

425. Le sacrifice de A||braham a huyt personnaiges, cest as||sauoir Dieu, misericorde, Ra||phael, Abrahã, Sarra, Isaac, ||Ismael ℯ Eliezer. Nou||uellement corrige|| et augmente et ioue deuãt|| le Roy|| en lhostel de Flandres a Paris, et despuis a|| Lyon. Lan Mil. D. xxxix. *S. l. n. d.* (*Lyon*, 1539). Pet. in-8, goth., de 44 ff., fig. sur le titre; mar. rouge, fil., tr. dor. (*Bauzonnet*).

<small>Fac-simile d'une édition de la plus grande rareté, exécuté par M. A. Veinant, avec une exactitude et une perfection surprenantes.
Exemplaire Desq.</small>

426. MILLET. (La Destruction de Troye la grant.) (A la fin :)

*Cy finist listoire de la destruction de troye la grant mise par personnaiges par maistre iacques milet licēcie en loix Et imprimee a paris le huytiesme iour de may par Iehan driart Imprimeur demourant a la rue saint Iacques a lenseigne de trois pucelles. Lan mil quatrecens quatre vingtz ꝫ dix huyt* (1498). Pet. in-fol., goth. à 2 col. de 40 lig., de 220 ff., fig. s. bois; mar. violet, compart. en mosaïque, tr. dor. (*Thouvenin*).

<small>Édition de toute rareté. Un dernier f. (221) qui ne contient que le chiffre de Vérard, et qu'on ne trouve que dans quelques exemplaires, car il paraît avoir été ajouté après coup, ne figure pas dans celui-ci. Les gravures sur bois sont très-remarquables et peu connues.

Magnifique exemplaire, provenant des doubles de la Bibl. nationale et en dernier lieu de la coll. Soleinne.</small>

427. MILLET. Sensuyt la de‖structiō de tro‖ye la grāt par‖ psonnages fai‖cte Par les Grecs auec les ‖ merueilleux faitz du preux Hector de Troye filz ‖ du grant Roy Priam... (A la fin :) *Cy finist lhystoire de la destruction de Troye la grant mise par personnaiges par maistre Iaques millet licēcie en loix ꝫ imprimee nouuellemēt a paris lan mil cinq cēs xxvi* (1526) *le xxii iour de mars.* In-4, goth., à 2 col., fig. s. bois; mar. vert, fil. à froid (*Petit*).

<small>Édition très-rare. Exemplaire un peu court de marges, mais très-pur. Qq. racc. au dernier f.</small>

428. Le mistere de la concep‖tion Natiuite Mariage. Et annoncia=‖tion de la benoiste vierge marie. Auec la natiui‖te de Iesuchrist et son enfance. Contenant plusi‖eurs belles matieres : dont les noms sont en la ‖table de ce present liure. Imprime nouuellemēt‖ a Paris. xx. c. (A la fin :) *Cy finist le mistere de la conception... Imprime nouuellement a Paris par Alain lotrian et Denis Ianot. Demourans en la rue neufue nostre Dame a lenseigne de Lescu de France.* S. d. (vers 1530). Pet. in-fol., goth., à 2 col., fig. s. bois; mar. bleu, fil., doublé de mar. bleu à large dent., tr. dor. (*Derome*).

<small>Édition fort rare. Exemplaire de Gaignat, de Morel de Vindé et d'Yemeniz. Le texte avait été anciennement découpé, entouré de cadres en rouge et noir, et monté sur des feuillets encadrés de cartouches. Riche reliure.</small>

429. Le mistere de la cō‖ception : natiuite : ‖ mariage et annūciation de la benoiste vierge ma‖rie. Auec la natiute de Iesuchrist et son enfance... 1547. *On les vend a paris en la rue neufue nostre Dame a lenseigne sainct Nicolas par Pierre sergent.* (A la fin :) *Cy finist le mistere*, etc. Pet. in-4, goth.,

à 2 col., fig. sur bois; mar. La Vallière, fil. à froid, fleurons et milieu, tr. dor. (*Trautz-Bauzonnet*).

Très-bel exemplaire, avec témoins. De la coll. Solar.

430. (La passion de nostre saul‖ueur Iesuchrist auec les addicions et cor‖rections faictes par treseloquent et scientifiq doc‖teur maistre Jehan Michel, lequel mystere fuśt‖ioue a angiers moult triumphamment et ‖sumptueusement en lan‖mil quatre cens qua=‖tre vingtz et six‖ en la fin daoust. *On les vend a paris‖ Chez Jehan driard imprimeur demourant en la rue‖ Sainct iacques a lenseigne des troys pucelles‖ lan mil quatre cens quatre vingtz et dix.*) (Au v° du dernier f. :) *Cy finist le mystere de la passiõ... imprime a paris le septiesme iour de may par iehan driard imprimeur demourãt a la rue Saint iacques a lenseigne des trois pucelles lan mil quatre cẽs quatre vingtz et dix,* (1490). In-fol., goth., à 2 col., de 230 ff.; mar. rouge, fil., dent., tr. dor. (*aux armes de* ROXBURGHE).

Le titre, le f. ci et les 2 derniers ff. sont manuscrits. C'est l'exemplaire même qui a soulevé une grosse question en bibliographie au sujet de la plus ancienne édition de ce Mystère. Cette question a été parfaitement élucidée par M. Brunet. De Bure, sur la foi de la souscription manuscrite de cet exemplaire, a cru à l'existence d'une édition de Driart de 1486. Or il est prouvé que la présente édition est la même que celle dont le seul exemplaire complet que l'on connaisse est aujourd'hui à la Bibliothèque nationale : édition qui ne porte point de souscription et dont le titre, imprimé en deux lignes, est ainsi conçu : *Le mistere de la passion iesucrist iouee a Angiers*. On aurait d'ailleurs pu remarquer que les caractères diffèrent complétement de ceux qui ont été employés par Driart. Il faut cependant croire qu'il a dû exister une édition de Driart non pas de 1486, mais bien de 1490, édition dont on aurait copié la souscription pour le présent exemplaire, car, détail à noter, le mot *dix*, au titre et dans la souscription, a été surchargé postérieurement et transformé en *six* (1486), sans doute pour être d'accord avec la date de la représentation de ce mystère à Angers (fin d'août 1486). En tout cas cette édition doit être antérieure à 1490.

Cet exemplaire, précieux malgré ses imperfections, provient du duc de La Vallière, de Gaignat et d'Heber.

431. Cest le mistere de la passion Iesu‖christ iouee a paris et angiers. (A la fin : ) *Fin du mistere de la passion nostre seig' iesuchrist. Ioue a paris derrenierement cest an. mil quatre cens quatre vingtz & dix imprimee pour Anthoine verard libraire...* S. l. n. d. (avant 1490). In-fol., goth., à 2 col., de 104 (et non 103) ff. pour la première, et de 104 ff. pour la seconde journée; mar. viol., riches comp. à petits fers, tr. dor. (*Kœhler*).

Édition fort rare. M. Brunet avait fait la description de ce beau livre d'après un exemplaire défectueux du f. blanc qui termine le dernier cahier de la première partie. Celui-ci, très-pur (sauf qq. légères restaurations), très-grand de marges, et orné de charmantes initiales peintes en or et en couleurs, provient de la bibl. de Mgr le duc d'Aumale; c'est probablement le même que celui du prince d'Essling.

432. Sensuyt le mistere ‖ de la passiõ nostre ‖ seigñr Jhesucrist ‖ nouuellemēt corrigee Auec les adiciõs faictes ‖ p treseloquēt et scientifiq̃ docteur M. iehan mi‖chel. Leq̃l mistere fut ioue a angiers mõlt triũphãlement et dernierement a Paris. l. c. (A la fin :)"A lhõneur de dieu... *Nouuellemẽt imprimee a paris par la vefue feu iehã trepperel. Demourant en la rue neufue n̅r̅e dame a lenseigne de lescu de frãce.* S. d. (vers 1521). In-4, goth., de cclxiii ff. chif. et 1 f. n. ch., fig. s. bois; mar. vert, riches comp., tr. dor. (*Lortic*).

Édition fort rare et différente de celles citées au *Manuel* avec nom de la veuve Trepperel. Le dernier f. n'est pas coté, et la pagination saute de 89 à 100, de sorte que le volume n'a en réalité que 254 ff.

Raccommodages, et deux marges rapportées au dernier f.

433. La Resurrection de nostre seigneur Iesuchrist par personnages. Cõment il sapparut a ses apostres ¢ a plusieurs autres ‖ et comment il monta es cieulx le iour de son Ascention Nouuellement imprimee a Paris. XIII. (au-dessous une grav. s. b. représ. la Resurrection). (Au v° de l'av.-dernier f. :) *Cy fine le mistere de la resurrection de nostre seigneur Iesuchrist. Nouuellemẽt imprimee a Paris par Alain lotrian. Demourant en la rue neufue nostre Dame a lenseigne de lescu de France.* S. d. In-4, goth., à 2 col., de li ff. chiff., plus 1 f. (table; au v° la grande marque de l'imprimeur); veau antiqué, comp. en or et en couleurs, tr. dor. (*Hagué*).

Édition très-rare, exécutée avant 1539. Elle ne diffère de deux autres du même imprimeur, décrites par M. Brunet, qu'en cela que le nombre de cahiers y est porté à 13, tandis que dans celles-ci il n'est que de 11.

Bel exemplaire, avec témoins. Les 7 derniers ff. ont été refaits avec une rare perfection.

434. La vẽgean‖ce et destru‖ction de Hierusa‖lem par personnaiges ‖ Executee par vaspasien et son filz Titus... Imprimee dernierement a Paris. 1539. *On les vend a Paris en la rue neufue nostre Dame a lenseigne de lescu de France, par Alain Lotrian.* In-4, goth., à 2 col.; mar. violet foncé, fil. à comp., tr. dor. (*Vogel*).

La composition de ce mystère est attribuée tantôt à P. Blanchet, tantôt à Jean Michel.

Édition rare. Exemplaire un peu court en tête, mais avec témoins dans le bas.

435. (GRESBAN, Arnoul et Simon.) Le premier [et le second] volume du triom‖phant Mystere des Actes des Apostres translate fidelement a la ve‖rite historiale, escripte par Sainct Luca Theophile. Et illustre‖ des legendes autenticques et vies de Sainctz Receues par leglise tout ordonne par personnages. (Au vº de l'av.-dernier f. du t. II :) *Cy fine le neufuiesme et dernier liure des Actes des Apostres Nouuellement Imprimez a Paris pour Guillaume alabat bourgeoys et marchant de la ville de Bourges par Nicolas couteau imprimeur demourant a Paris et furent acheuez le. xvº. iour de Mars lan de grace Mil cinq cens xxxvii.* (1537) *auant Pasques.* 2 part. en 1 vol. in-fol., goth., à 2 col., fig. s. bois; veau brun, riches compart. à froid, argent. et dor., avec une plaque historiée dorée d'un côté et argentée de l'autre, tr. dor. (*anc. rel.*).

Première édition connue. Précieux exemplaire qui contient, à la fin de la première partie, les quatre ff. imprimés en plus petits caractères que ceux du volume et qui manquent à tous les autres exemplaires connus. Il y a de plus, à la fin de la deuxième partie, un feuillet contenant un rondeau. Le volume est d'une conservation irréprochable.

La reliure est d'un grand intérêt. Elle porte sur le plat de dessus les initiales G H, et la date : 1597. Le petit sujet du milieu, frappé en or, représente une femme debout dans un cercueil et tenant dans la main gauche un sablier. Sur un côté du cercueil, on lit : *Hodie unimus, cras morimur.* Le sujet de la plaque du second plat est une *Nativité*.

436. GRESBAN (A. et S.). Le premier [et le second] volume des‖ Catholicques œuures et Actes des Apostres redigez en escript‖ par Sainct Luc... Et les demonstrances‖des figures de Lapocalipse veues par Sainct‖ Jehā zebedee... Le tout veu et corrige bien‖ et deuemēt selon la vraye ve‖rite, Et ioue par personna‖ges a Paris en lhostel‖ de Flandres Lan mil cinq cens. xli. (1541). *On les vend en la grand Salle du Palais par Arnoul et Ch. les Angeliers freres...* (A la fin :) *Fin du mistere... Et fut acheue ledit liure dimprimer le. xxvii°. iour de May Lan Mil cinq cens. xli. pour Arnoul ₵ Charles les Angeliers freres.* 3 tomes en 2 vol. in-fol., goth., à 2 col., fig. s. bois; veau fauve, tr. dor. (*anc. rel.*).

Édition la plus complète et la plus recherchée.

Très-bel exemplaire aux armes de LE FEVRE DE CAUMARTIN-SAINT-ANGE. Il provient de la bibl. de Mgr le duc d'Aumale.

437. Miracle de ‖ Nostre Dame comment elle deliura vne ‖ abbesse qui estoit grosse de son clerc. Et ‖ est le dict miracle a xiii persõnaiges... (A la fin :) : *Cy finist*.... *Imprime Nouuellemẽt a Paris pour Pierre Sergent libraire demourãt a Paris en la rue neufue nostre dame a lenseigne sainct Nicolas.* S. d. Pet. in-8, goth., de 24 ff., sign. A. C, fig. s. bois; mar. rouge, tr. dor. (*Duru*).

<small>Fac-simile admirablement exécuté à la plume par Aug. Veinant.

Ce petit volume, qui provient de la coll. Desq, soulève un problème assez important pour la bibliographie. Ce *Miracle* n'est connu jusqu'à ce moment que par le manuscrit unique, conservé à la Bibliothèque nationale (n° 819 et 820 nouv., anc. f. fr.; n° 7208⁴ A ancien), et qui contient une série de *Miracles de Nostre Dame*, dont plusieurs ont été publiés de nos jours : l'ensemble de ces *Miracles* fait l'objet d'une publication due aux soins de MM. Gaston Paris, de l'Institut, et U. Robert, qui s'imprime actuellement pour la Société des anciens textes (Paris, 1876-78; in-8, t. I et II). On a toujours cru que le Miracle dont nous avons rapporté le titre n'avait jamais été imprimé : et en effet on n'en a encore signalé aucune édition. Le présent fac-simile semblerait prouver qu'il en a existé une. La régularité des lettres, leur espacement, ainsi que la disposition typographique en général, font exclure toute idée de supercherie à cet égard, et portent à croire que ce fac-simile a réellement été exécuté d'après un original qu'on n'a pas encore retrouvé. En attendant, ce petit volume devient précieux.

Au titre, se trouve une petite vignette représentant sainte Brigitte à genoux, et au verso du dernier f., la marque de Pierre Sergent, trois petites bordures et l'indication du nombres de feuilles (iij F).</small>

438. Le cry et procla-‖mation publicque : pour iouer le mistere des Actes : des Apostres, en la Ville de Paris : ‖ faict le Ieudy seiziesme iour de Decembre ‖ lan mil cinq cens quarante... *On les vend a Paris... en la bouticque de Denys Ianot*, 1541. In-8, goth., mar. rouge, fil. à compart., doublé de bas. bleue, dent., fil. à comp., tr. dor. (*Bauzonnet*).

<small>Réimpression d'une pièce dont le seul exemplaire connu se trouve à la Bibliothèque nationale. Elle a été faite à *Paris, chez Pinard*, en 1830, par les soins de M. Veinant.

Un des deux exemplaires tirés sur VÉLIN. Il provient des coll. Armand Bertin, Solar et Desq.</small>

439. La Patience de Iob, selon l'histoire de la bible, comme il perdit tovs ses biens par guerre, et par fortune, et la grande pauureté qu'il eust. Et comme tout luy fut rendu par la grace de Dieu. Et est à quarante neuf personnages. XI. Fu. [feuilles]. *A Rouen, chez Romain Beauuais pres le grand portail nostre Dame*. S. d. In-4, à 2 col., lettres rondes, fig. sur bois; mar. rouge, fil., tr. dor. (*anc. rel.*).

Édition fort rare. Sur le titre, une figure sur bois représentant Job, et à la fin, une autre dont le sujet est S<sup>t</sup> Jean à Patmos.

Exemplaire du duc de La Vallière, puis du baron d'Heiss ; acquis au prix de 420 fr. à la vente Y emeniz.

440. Le proces que a || fait Misericorde contre Iustice. pour la redemptiõ || humaine Laquel nous demonstre || le vray mistere de lanũciation nostre || seigneur ihesucrist (à 24 personnages). *S. l. n. d.* Pet. in-4, goth., de 42 ff.; mar. bleu, fil., doublé de tabis, tr. dor. (*Bozerian*).

Copie figurée sur VÉLIN, par Fyot, d'après le seul exemplaire connu. De la bibl. de Soleinne.

441. (ANEAU, Barth.) Chant Natal, contenant sept noelz, ung chant Pastoural, et un chant Royal, auec ung Mystere de la Natiuité, par personnages. Composez en imitation uerbale et musicale de diuerses chansons. Recueilliz sur l'escripture saincte, et d'icelle illustrez. *Apud Seb. Gryphium, Lugduni,* 1539. Pet. in-4, de 16 ff.; mar. bleu, fil., doublé de tabis, tr. dor. (*Bozérian*).

Copie figurée sur VÉLIN, par Fyot, d'une pièce extrêmement rare.
Exemplaire Soleinne et Desq.

442. Le mystere de la vie || et hystoire de mon=||seigneur sainct Martin, lequel fut Archeuesque de || Tours.... (A la fin :) *Imprime Nouuellement a Paris, pour la ueufue Jean Bonfons.* S. d. (entre 1566 et 1575). Pet. in-4, goth., à 2 col.; mar. rouge, fil., tr. dor. (*Hardy*).

Reproduction en fac-simile, exécutée avec une rare perfection par M. Veinant, d'une pièce découverte dans la bibliothèque de Chartres. M. Veinant a pu, à l'aide d'un second exemplaire, refaire les deux feuillets qui manquent à ce premier exemplaire.

443. Sensuit le mistere || de mõseigneur saĩct pierre et sainct paul par personnages. Conte||nãt plusieurs aultres vies || Martires ⁊ cõuersions de || sainctz Cõme de sainct etienne, sainct clemẽt || sainct lin, sainct clete... *Nouuellement imprime a paris Par la ueufue feu Iehan trepperel et Iehan iehannot.* S. d. (entre 1511 et 1520). In-4, goth.; mar. rouge, fil., tr. dor. (*anc. rel.*).

Seule édition connue, de toute rareté. Exemplaire du duc de La Vallière et de Solar, avec le titre habilement refait à la plume.

444. Le Jeu et || Mystere de la Saincte Hostie par || personna-

ges. (Au-dessous, une vignette; à la fin :) *Fin du mystere de la saincte hostie.* In-8, goth., de 38 ff.; mar. rouge, fil. à comp., tr. dor. (*Bradel*).

Copie figurée sur VÉLIN, par Fyot, d'une édition dont on ne connaît aujourd'hui aucun exemplaire, et qui n'est même pas citée au Manuel. Mercier de Saint-Léger, dans une note autographe jointe au volume, croit celle-ci antérieure aux deux autres dont le texte aurait subi beaucoup de modifications.

Exemplaire de Soleinne et Desq.

445. Le mistere ‖ du cheualier qui donna sa femme ‖ au dyable. A dix personnages. Cestassavoir. Dieu le Pere........ *S. l. n. d.* (après 1505). Pet. in-8, goth., de 28 ff.; mar. rouge, compart., doublé de tabis, tr. dor. (*Bradel*).

Copie figurée sur VÉLIN, par Fyot, d'une édition de toute rareté, qui paraît être la plus ancienne connue de cette pièce. Elle ne se rapporte pas très-exactement pour le titre à l'édition citée par M. Brunet; les signatures sont ici A-O par 2, ce qui probablement du copiste.

446. L'Enfant Prodigue ‖ par personnaiges. ‖ Nouuellemēt Translate de latin en frācoys ‖ Selon le texte de leuangille. Et luy bailla sõ ‖ pere la part, Laqlle il despendit meschāmēt ‖ auec folles femmes. iiij (cahiers). (A la fin :) *Cy finist le liure intitule lenfant prodigue Nouuellement Imprime a Paris.* Pet. in-4, goth., à 2 col., de 20 ff.; fig. s. bois; mar. La Vallière jans., tr. dor. (*Duru*).

Admirable reproduction en fac-simile, due à la plume de M. Veinant, d'une édition extrêmement rare.

447. Moralite ‖ Nouuelle du mauuais Riche et ‖ du Ladre. A douze personnages. *S. l. n. d.* Pet. in-8, goth., de 16 ff.; mar. rouge, comp., doublé de tabis, tr. dor. (*Bradel*).

Copie figurée sur VÉLIN, par Fyot, d'une édition fort rare.

448. Maistre Pierre pathelin Hystorie. (A la fin :) *Cy fine la farce de maistre Pierre pa‖thelin. Imprimee a Paris, par Marion de‖ malaunoy vefue de feu maistre Pierre le‖ caron. Demourant en la rue de la iuyfrie a ‖ lenseigne de la Rose, ou au palays a la pre‖miere porte.* S. d. (vers 1500). In-4, goth., de 30 ff. non chiff., sig. *a-f* par 6 et par 4 alternativement, 40 lignes à la page; fig. s. bois; mar. La Vallière, riches ornements sur les plats à pet. fers, tr. dor. (*Masson-Debonnelle*).

# CORNEILLE.

Édition non indiquée au *Manuel*. La marque de Pierre le Caron est au verso du dernier feuillet. Sa veuve ne figure pas dans la liste de Lottin.

Magnifique exemplaire : *De la Bibl. de M. le Marquis d'Aix a la Serraz.*

---

**449. JODELLE.** Les OEvvres et meslanges poetiques d'Estienne Iodelle, sieur du Lymodin. Reueues et augmentees en ceste derniere édition. *Lyon, B. Rigaud*, 1597. In-12 ; mar. rouge, fil., tr. dor., dos à petits fers (*anc. rel.*).

Joli exemplaire, dans une excellente reliure. De la bibl. Brunet.

B. Depuis Corneille.

## CORNEILLE.

(Pour les détails bibliographiques, consulter la *Bibliographie cornélienne*, par M. Emile Picot ; Paris, A. Fontaine, 1876, in-8.)

**450. OEVVRES DE CORNEILLE.** Premiere partie. *Imprimé à Roüen* [par Laurens Maurry], *et se vend A Paris, chez Antoine de Sommaville... Et Augustin Courbé*, 1644. In-12, portrait et front. gravé. — Oevvres de Corneille. Seconde Partie. *Imprimé à Roüen, et se vend A Paris, chez Toussainct Quinet*, 1648. In-12. — Oevvres de Corneille. Troisieme partie. *Imprimé à Roüen, et se vend A Paris, Chez Antoine de Sommaville.* 1652. In-12. — Ensemble 3 vol. in-12 ; mar. rouge, fil. à compart., milieu et dos à petits fers à la Du Seuil, doublé de mar. bleu, large dent., tr. dor. ; étuis en mar. vert (*Lortic*).

Première édition sous le titre d'*Œuvres* (*Bibl. corn.*, n° 98, 100, 101). Elle est très-précieuse, et c'est un bonheur rare aujourd'hui de pouvoir en réunir les trois volumes ; le t. 1er surtout est devenu introuvable : il contient les huit pièces de Corneille antérieures au *Cid*. H. : 0,131 ; 0,132 ; 0,131 1/2.

**451.** OEvvres de Corneille. Premiere [Seconde et Troisiéme] Partie. *A Paris, chez Edme Pepingué*, 1655. 3 vol. in-12 ; mar. rouge, fil. à comp., dos à petits fers, tr. dor. (*Lortic*).

Charmante impression de l'édition originale des *Œuvres* (*Bibl. corn.*, n° 103). Il est bien difficile de trouver ainsi tous les trois volumes à l'adresse de Pepingué. Le présent exemplaire est en outre fort beau. H. : 0,132.

**452.** OEvvres de Corneille. *Paris, Guill. de Luyne*, 1657. 4 vol. in-12 ; mar. rouge, fil. à compart.

Édition extrêmement rare et qui ne diffère que par le titre de celle de 1656, dont on n'a pas encore découvert un seul exemplaire de la première partie (*Bibl. corn.*, n° 105).

Le t. IV ne porte en tête qu'un faux-titre sans nom de libraire : M. E. Picot croit qu'il devait avoir primitivement un titre avec la date de 1656. Cette quatrième partie contient d'abord deux pièces de Thomas Corneille : *Le Feint Astrologue et D. Bertran de Cigarral*, avec pagination suivie ; mais comme la table placée au verso du titre général indique encore : *l'Amour à la mode et le Berger extravagant*, on a joint ces deux pièces en éditions séparées.

453. Le Theâtre de P. Corneille. Revev et corrigé par l'Avthevr. *Imprimé à Roüen, Et se vend A Paris, Chez Thomas Jolly*, 1664. 2 vol. in-fol., portrait et front. gravé; mar. rouge, fil., compart., tr. dor.

Édition dont le texte a été revu per Corneille pour la troisième fois (*Bibl. corn.*, n° 108). Bel exemplaire avec témoins. Au titre, la signature : *ex libris Campy*; on peut consulter sur ce personnage les *Mémoires* de Retz, t. II, p. 336.

454. Le Theatre de P. Corneille. Reveu et corrigé par l'Autheur. *A Rouen Et se vend A Paris, chez Thomas Jolly*, 1664-66. 4 vol. in-8, fig. — Poëmes dramatiques de T. Corneille. *Imprimés à Roven, Et se vendent A Paris, Chez Augustin Courbé*, etc., 1661, 1666. 2 vol. in-8, fig. — Ensemble 6 vol.; mar. rouge, fil. à comp., tr. dor. (*anc. rel.*).

Précieux exemplaire, tant à cause de son excellente reliure que pour certaines particularités que M. Picot a signalées dans son livre (n° 109). Ainsi on ne connaît en tout que quatre exemplaires, y compris celui-ci, qui contiennent des figures dans la 4ᵉ partie des *OEuvres*. Dans ce même 4ᵉ vol., on a relié à la suite la 3ᵉ partie des poëmes de Th. Corneille. Cet exemplaire provient d'Armand Bertin et de Solar.

455. AGESILAS, Tragedie. En Vers libres rimez. Par P. Corneille. *A Roven, Et se vend a Paris, Chez Gvill. de Lvyne*, 1666. In-12; mar. rouge, fil. à fr., tr. dor.

Édition originale (*Bibl. corn.*, n° 85). Exemplaire non lavé, avec qq. taches et des racc. aux trois premiers ff. H.: 0,145.

456. Andromede, Tragédie. Représentée auec les Machines sur le Theatre Royal de Bourbon. *Sur la copie imprimée à Roüen, Chez Lavrens Mavrry*, 1652. In-12; mar. rouge, fil., doublé de mar. bleu, orn. int., tr. dor. (*Gruel*).

Contrefaçon de l'édition originale in-12. Bel exemplaire. H.: 0,133.

457. LE CID, Tragicomedie. *A Paris, Ches Francois Targa* [et]

*Augustin Courbé*. S. d. (1637). Pet. in-12, front. gravé; mar. rouge, fil. à froid, tr. dor. (*Thompson*).

<small>Édition originale in-12 (*Bibl. corn.*, n° 10). Exemplaire non lavé. H.: 0, 116. Racc. au dernier f.</small>

458. Le Cid Tragicomédie. *A Paris Chés Aug. Courbé* [et] *Pierre le Petit*. S. d. Pet. in-12; mar. rouge, fil. à froid, tr. dor.

<small>D'après le *Manuel*, cette édition sans date aurait paru vers la même année que la première. M. E. Picot (*Bibl. corn.*, n° 12) croit qu'elle n'a pu être exécutée que vers 1642.
Exemplaire non lavé. H.: 0, 123.</small>

459. CINNA ov la Clemence d'Avgvste. Tragedie. *A Paris, Chez Tovssainct Qvinet*, 1643. In-12, front. gr.; mar. vert, fil. à comp., tr. dor. (*Niedrée*).

<small>Édition originale in-12 (*Bibl. corn.*, n° 21). Exemplaire avec qq. taches. H.: 0, 119.</small>

460. HERACLIVS Emperevr d'Orient, Tragedie. *Imprimé à Roüen, et se vend A Paris, Chez Antoine de Sommaville*, 1647. In-12; veau fauve, fil. (rel. fatiguée).

<small>Édition originale in-12 (*Bibl. corn.*, n° 51).
Exemplaire avec des notes à l'encre. H.: 0, 129.</small>

461. HORACE Tragedie. *A Paris, Chez Avgvstin Covrbé*, 1641. In-12; front. gr.; mar. orange, fil. à fr., tr. dor. (*Smeers*).

<small>Édition originale in-12 (*Bibl. corn.*, n° 17). Bon exemplaire. H.: 0,123.</small>

462. Horace Tragedie. Par le sievr Corneille. *Suivant la Copie imprimée à Paris*, 1647. In-12; mar. rouge jans., tr. dor. (*Belz-Niedrée*).

<small>Jolie édition publiée par L. et B. Elzevier, à Leyde. Bel exemplaire, avec témoins. H.: 0, 126.</small>

463. LE MENTEVR, Comedie. *Imprimé à Roüen, et se vend. A Paris, Chez Antoine de Sommaville... Et Avg. Courbé*, 1644. Pet. in-12; mar. vert, fil., tr. dor. (*Duru*).

<small>Édition originale in-12 (*Bibl. corn.*, n° 36). Très-bel exemplaire. H.: 0,130. Qq. coins racc.</small>

464. Le Mentevr, Comedie. S. l. n. d. (1652). In-12, de 3 ff. et 120 pp.; mar. rouge, fil., doublé de mar. vert, orn. int. tr. dor. (*Gruel*).

# BELLES-LETTRES.

Contrefaçon excessivement rare. M. E. Picot n'a pu en citer (n° 320) que deux exemplaires : celui-ci, et celui de M. B. Fillon, faisant partie d'un recueil.

Très-bel exemplaire. H.: 0, 134.

465. NICOMÈDE. Tragédie. *Paris, Chez Avg. Covrbé*, 1653. In-12; mar. violet, fil., doublé de mar. rouge, orn. int., tr. dor. (*Gruel*).

Édition originale in-12 (*Bibl. corn.*, n° 66 *bis*). Bel exemplaire. H.: 0, 133.

466. OEDIPE, Tragédie. Par P. Corneille. *Imprimée à Roven, et se vend A Paris, Chez Avg. Covrbé... Et Gvill. de Lvyne*, 1659. In-12; mar. lie de vin, fil. à comp., tr. dor. (*Lortic*).

Édition originale, rare (*Bibl. corn.*, n° 73). Bel exemplaire. H. : 0,136.

467. OTHON. Tragedie. Par P. Corneille. *A Paris, Chez Gvillavme de Lvyne*, 1665. In-12; mar. rouge, fil à comp., tr. dor. (*Lortic*).

Édition originale, avec le titre rectifié (*Bibl. corn.*, n° 84). Très-bel exemplaire. H. : 0,147.

468. PERTHARITE. Roy des Lombards, Tragedie. *A Roven, Chez Lavrens Mavrry... Et... A Paris. Chez Gvill. de Lvynes*, 1653. In-12; mar. rouge, fil. à fr., tr. dor.

Édition originale, rare (*Bibl. corn.*, n° 69). Bel exemplaire, non lavé. H. : 0,131.

469. PULCHERIE. Comedie heroique. *A Paris, Chez Guillaume de Luyne*, 1673. In-12; mar. rouge, fil. à fr., tr. dor.

Édition originale (*Bibl. corn.*, n° 89). Exemplaire non lavé, grand de marges (H.: 145 mill. et 1/2), mais avec des taches au coin du bas de plusieurs ff.

470. D. Sanche d'Arragon, Comedie Heroique. *Suiuant la Copie imprimée A Paris*, 1650. In-12; mar. La Vallière jans., tr. dor. (*Niedrée*).

Jolie copie sortie des presses des Elzeviers, à Leyde, avec une sphère sur le titre (*Bibl. corn.*, n° 350). Elle est fort rare, car M. Picot ne l'a connue que par le présent exemplaire, qui est très-beau, non lavé, mais un peu roux. H. : 0,126.

471. SERTORIVS, Tragedie. *Imprimé à Roven, Et se vend A Paris, Chez Avg. Covrbé... Et Gvill. de Lvyne*, 1662. In-12;

de 6 ff. et 82 pp.; mar. lie de vin, fil. à comp., tr. dor. (*Lortic*).

<small>Édition originale, dont il y a deux sortes d'exemplaires (*Bibl. corn.*, n° 81). H. : 0,136.</small>

472. SOPHONISBE, Tragedie. Par P. Corneille. *Imprimée à Roven, Et se vend A Paris, Chez Guillavme de Luyne,* 1663. In-12; mar. rouge, fil. à fr., tr. dor.

<small>Édition originale (*Bibl. corn.*, n° 82). Exemplaire presque non rogné (H. : 0,150), mais avec qq. taches.</small>

473. SURENA General des Parthes, Tragedie. *A Paris, Chez Guillaume de Luyne,* 1675. In-12; mar. rouge, fil. à fr., tr. dor.

<small>Édition originale, rare (*Bibl. corn.*, n° 90). Exemplaire non lavé, grand de marges (H. : 0,147), mais avec des taches.</small>

474. THEODORE Vierge et Martyre, tragedie chrestienne. *Imprimé à Rouen, Et se vend A Paris, Chez Aug. Covrbé,* 1646. In-12; mar. rouge, fil. à fr., tr. dor. (*Lortic*).

<small>Édition originale in-12 (*Bibl. corn.*, n° 48). Très bel exemplaire. H. : 0,135.</small>

475. TITE ET BERENICE. Comedie heroique par P. Corneille. *A Paris, Chez Guillaume de Luyne,* 1671. In-12; mar. rouge, fil. à fr., tr. dor.

<small>Édition originale, rare (*Bibl. corn.*, n° 87). Le présent exemplaire offre cette particularité que la dernière page est chiffrée régulièrement 76 et non pas 44, ce qui prouve que la faute a été corrigée pendant le tirage. Grand de marges (H. : 0,145), non lavé, mais avec des taches.</small>

476. LA TOISON D'OR, Tragedie. *Imprimée à Roven, Et se vend A Paris, Chez Avg. Covrbé... et Gvillavme de Luyne,* 1661. In-12; mar. lie de vin, fil. à comp., tr. dor. (*Lortic*).

<small>Édition originale, très-rare (*Bibl. corn.*, n° 77). Bel exemplaire, sauf qq. coins et le dernier f. restaurés. H. : 0,141.</small>

477. LA VEFVE ov le traistre trahy. Comedie. *A Paris, Chez François Targa,* 1634. In-8; mar. vert, fil. à compart., milieu, tr. dor. (*Lortic*).

<small>Édition originale très-rare (*Bibl. corn.*, n° 3),. Exemplaire un peu court (H. : 0,157). Racc. au titre.</small>

BELLES-LETTRES.

### MOLIÈRE.

(Pour les détails bibliographiques, consulter la *Bibliographie moliéresque*, par M. Paul Lacroix (Bibliophile Jacob). Seconde édition; Paris, Fontaine, 1875, in-8.)

478. LES OEVVRES de Monsievr Moliere. *Paris, Gabriel Quinet [et Louis Billaine]*, 1666. 2 vol. in-12, front, gr.; mar. vert, fil. à comp., milieu à la Duseuil, dos à petits fers, tr. dor. (*Lortic*).

Édition précieuse, la première du theâtre de Molière avec une pagination suivie (*Bibl. moliér.*, n° 267).
Très-bel exemplaire, sauf qq. racc. H. : 0,142.

479. LES OEUVRES de Monsieur de Moliere. *A Paris, Chez Denys Thierry... et Claude Barbin*, 1674-1675. 7 vol. in-12; mar. orange, fil. à comp., tr. dor. (*Smeers*).

C'est au savant auteur de la *Bibliographie moliéresque*, à M. Paul Lacroix, que revient l'honneur d'avoir récemment démontré que c'est la *Véritable édition originale de Molière* (voir sa notice sous ce titre; Paris, A. Fontaine, 1873, gr. in-18), celle qui contient le véritable texte, revu et corrigé par Molière peu de temps avant sa mort. L'importance de cette édition avait été signalée pour la première fois, treize ans auparavant, par un autre savant bibliographe, M. Pierre Deschamps, rédacteur du catalogue de la célèbre bibliothèque Solar (1860). Le t. VII renferme la première édition du *Malade imaginaire*, d'après le manuscrit de l'auteur, et aussi la première édition de l'*Ombre de Molière*, comédie par Brécourt.
Cette édition précieuse est aujourd'hui excessivement rare.
Très-bel exemplaire. H. : 0,152.

480. Les OEuvres de Monsievr de Moliere. *A Paris, Chez Denis Thierry... Claude Barbin... et Pierre Trabouillet*, 1681. 5 vol. in-12; mar. olive, fil., tr. dor. (*Lortic*).

Réimpression de l'édition précédente, exécutée à Lyon, au sentiment de M. Potier. Elle est peu commune.
Très-bel exemplaire. H. : 0,148.

481. LES OEUVRES de Monsieur de Moliere. Reveuës, corrigées et augmentées. Enrichies de figures en Taille-douce. *Paris, Denys Thierry, Claude Barbin et Pierre Trabouillet*, 1682. 8 vol. in-12; mar. rouge, fil., tr. dor. (*Hardy-Mennil*).

Édition publiée par Vinot et La Grange. Elle contient six comédies qui étaient restées inédites (*Bibl. moliér.*, n° 277).
Magnifique exemplaire, réglé. H. : 0,164.

482. LES OEUVRES de Monsieur Moliere. Édition nouvelle,

Enrichie de figures en taille-douce; et augmentée des OEuvres Posthumes. *A Amsterdam, Chez Jaques le Jeune*, 1684-1689 (OEuvres Posthumes). 6 vol. in-12; mar. rouge, fil., tr. dor. (*Lortic*).

<blockquote>Jolie édition imprimée par D. Elzevier et mise en vente par H. Wetstein, avec des frontispices ajoutés (*Bibl. moliér.*, n° 279).
Très-bel exemplaire. H. : 0,130.</blockquote>

483. OEUVRES de Moliere. Nouvelle édition. *Paris, Christophe David*, 1739. 8 vol. in-12, fig.; mar. vert, fil., tr. dor. (*anc. rel.*).

<blockquote>Édition très-estimable, conforme pour le texte à celle de 1734 donnée par Marc-Antoine Joly (*Bibl. moliér.*, n° 320).
Magnifique exemplaire, réglé. H. : 0,160.</blockquote>

484. OEUVRES de Monsieur de Moliere. Nouvelle édition. *Amsterdam, Arkstée et Merkus*, 1744. 4 vol. pet. in-12, portr. et fig. de Punt, d'après Boucher; mar. rouge, fil., tête dor. (*Trautz-Bauzonnet*).

<blockquote>Superbe exemplaire, relié sur brochure et non rogné.</blockquote>

485. L'AMOVR MEDECIN. Comedie. Par I. B. P. Moliere. *Paris, Théodore Girard*, 1666. In-12, front.; mar. vert, fil. à comp., tr. dor. (*Lortic*).

<blockquote>Édition originale (*Bibl. moliér.*, n° 11).
Bel exemplaire. H. : 0,147 1/2.</blockquote>

486. L'Amovr medecin. Comedie. Par I. B. P. Moliere. *Paris, Pierre Traboüillet*, 1669. In-12; mar. vert, fil. à comp., tr. dor. (*Lortic*).

<blockquote>Deuxième édition. Bel exemplaire. H. : 0,147.</blockquote>

487. L'Amour medecin. Comedie. Par I. B. P. Moliere. *Paris, Cl. Barbin*, 1674. In-12; mar. rouge, fil. à fr., doublé de mar. vert, dent., tr. dor. (*Gruel*).

<blockquote>Joli exemplaire. H. : 0,146.</blockquote>

488. AMPHITRYON, comedie. Par I. B. P. de Moliere. *Paris, Iean Ribov*, 1668. Pet. in-12; mar. vert, fil. à fr., tr. dor.

<blockquote>Édition originale, rare (*Bibl. moliér.*, n° 16).
Très-bel exemplaire. H. : 0,146.</blockquote>

489. Amphitryon. Comedie. Par I. B. P. de Moliere. *Sur l'Im-*

*primé, A Paris*, 1669 (avec une *Sphère* sur le titre). In-12 ; mar. rouge, fil., orn., doublé de mar. bleu, fil. à comp., tr. dor. (*Gruel*).

<small>Contrefaçon faite peut-être à Rouen. Bel exemplaire. H. : 0,134.</small>

490. Amphitryon, comedie. Par I. B. P. de Moliere. *Paris, Claude Barbin*, 1674. In-12 ; mar. rouge jans., tr. dor. (*Smeers*).

<small>Contrefaçon faite en France. Très-bel exemplaire. H. : 0,147.</small>

491. L'AVARE, comedie. Par I. B. P. Moliere. *Paris, Iean Ribov*, 1669. In-12 ; mar. vert, fil. à comp., tr. dor. (*Lortic*).

<small>Édition originale (*Bibl. moliér.*, n° 17). Exemplaire restauré aux derniers ff. H. : 0,142.</small>

492. Le Bourgeois gentilhomme comedie-balet. Faite à Chambort, pour le Divertissement du Roy. Par I. B. P. Moliere. *Paris, Claude Barbin*, 1673. In-12 ; mar. vert, fil. à comp., tr. dor. (*Lortic*).

<small>Deuxième édition, faite pour le compte de Molière (*Bibl. moliér.*, n° 20). Très-bel exemplaire, non lavé. H. : 0,148.</small>

493. LA CRITIQVE DE L'ESCOLE DES FEMMES, comedie. Par I. B. P. Moliere. *Paris, Claude Barbin*, 1663. In-12 ; mar. rouge jans., tr. dor. (*Chambolle-Duru*).

<small>Édition originale, rare (*Bibl. moliér.*, n° 8).
Très-bel exemplaire, réglé. H. : 0,152.</small>

494. LE DEPIT AMOVREVX, comedie. Representée sur le Theatre du Palais Royal. De I. B. P. Moliere. *Paris, Gabriel Qvinet*, 1663. In-12, de 105 pp.; mar. vert, fil. à fr., fleur., tr. dor. (*Niedrée*).

<small>Édition originale, dont il y a deux sortes d'exemplaires, ce qui n'est pas indiqué dans la *Bibl. moliéresque* (n° 2).
Exemplaire mal lavé. H. : 0,138.</small>

495. L'ESCOLE DES MARIS, comédie, de I. B. P. Moliere. Representée svr le Theatre du Palais Royal. *Paris, Cl. Barbin*, 1661. In-12, front.; mar. rouge jans., tr. dor. (*Trautz-Bauzonnet*).

<small>Édition originale (*Bibl. moliér.*, n° 5). Exemplaire avec témoins sur les côtés, mais un peu court en tête. H.: 0,146. Qq. coins racc.</small>

## MOLIÈRE.

**496. L'ESCOLE DES FEMMES.** Comedie. Par I. B. P. Moliere. *Paris, Gabriel Qvinet,* 1663. In-12, front., 5 ff. et 95 pp.; mar. vert, fil. à comp.; tr. dor. (*Lortic*).

    Édition originale, second tirage (*Bibl. moliér.,* n° 6). Bel exemplaire. H.: 0,143 1|2.

**497.** L'Escole des femmes, comedie. Par I. B. P. Moliere. *Paris, Estienne Loyson,* 1665. In-12, fig. ; mar. rouge, fil., tr. dor. (*Capé*).

    Deuxième édition. Très-bel exemplaire. H.: 0, 141 1|2.

**498. L'ESTOVRDY** ov les contre-temps, comedie Representée svr le Theatre du Palais Royal: Par I. B. P. Moliere. *Paris, Gabriel Qvinet,* 1663. In-12; mar. rouge, fil., dent., tr. dor.

    Édition originale (*Bibl. moliér.,* n° 1). Exemplaire non lavé. H.: 0,137.

**499. LES FASCHEVX** comedie, De I. B. P. Moliere, Representee svr le Theatre du Palais Royal. *Paris, Gvillavme de Lvyne,* 1662. In-12; mar. vert, fil.

    Édition originale (*Bibl. moliér.,* n° 7). Exemplaire réglé. H.: 0,147.

**500. LES FEMMES SÇAVANTES.** Comedie. Par I. B. P. Moliere. *Et se vend pour l'Autheur. A Paris, Chez Pierre Promé,* 1673. In-12; mar. rouge, fil., dent., tr. dor.

    Édition originale (*Bibl. moliér.,* n° 23).
    Exemplaire non lavé, avec qq. taches. H.: 0,137.

**501. LE FESTIN DE PIERRE,** comédie. Par J. B. P. de Moliere. Édition nouvelle et toute differente de celle qui a paru jusqu'à present. *Brusselles, George de Backer,* 1694. Gr. in-12, de 72 pp.; mar. rouge, fil., doublé de mar. rouge à comp., tr. dor. (*Niedrée*).

    Pour l'édition originale, voir dans les Œuvres de 1682. On trouve dans celle-ci la scène du Pauvre, avec d'autres variantes que celles qui sont dans l'édition de Wetstein, 1683.
    Très-bel exemplaire. H. : 0,157.

**502. LES FRAGMENS** de Moliere. Comedie. *Paris, Jean Ribou,* 1682. In-12; mar. rouge, fil. à froid, tr. dor.

    Édition originale (*Bibl. moliér.,* n° 31). Ce sont des fragments du *Festin de Pierre,* qui n'avait pas encore été publié, cousus ensemble par Champmeslé. Le texte diffère, en bien des endroits, du texte complet de cette pièce publiée pour la première fois dans les Œuvres de Molière, en 1682 (voir ci-dessus, n° 481) ; en outre, plusieurs scènes qui se trouvent ici, scènes fort jolies et qui sont certainement de Molière, ne figurent point dans l'édition de la pièce entière. Bel exemplaire. H. : 0,144.

503. GEORGE DANDIN, ov le Mary confondv. Comedie. Par I. B. P. de Moliere. *Paris, Iean Ribov*, 1669. In-12 ; mar. rouge jans., tr. dor. (*Duru*).

> Édition originale (*Bibl. moliér.*, n° 18).
> Très-bel exemplaire. H.: 0,146. Qq. taches.

504. Le Malade imaginaire, Comedie, meslee de musique et de dance. Par M. De Moliere. *A Cologne, chez Iean Sambix*. 1674. In-12, de 2 ff. et 126 pp. ; mar. vert, fil. à comp., tr. dor. (*Lortic*).

> Contrefaçon de la pièce de Molière. On croit qu'elle a été imprimée en France (*Bibl. moliér.*, n° 27). Il y a eu deux éditions sous la même date ; celle-ci est plus rare que celle qui contient 160 pp.
> Très-bel exemplaire. H.: 0,144.

505. LE MARIAGE FORCÉ. Comédie. Par I. B. P. de Moliere. *Paris, Iean Ribov*, 1668. In-12 ; mar. vert, fil. à fr., tr. dor.

> Édition originale (*Bibl. moliér.*, n° 10).
> Très-bel exemplaire. H. : 0,145.

506. LE MEDECIN MALGRÉ-LUY. Comédie. Par I. B. P. de Moliere. *Paris, Iean Ribov*, 1667. Pet. in-12, front., 3 ff. prélim. et 152 pp. ; mar. vert, fil. à comp. tr. dor. (*Lortic*).

> Édition originale (*Bibl. moliér.*, n° 13). M. Lacroix n'assigne à cette pièce que 2 ff. prél., y compris le front. gravé : le présent exemplaire en a 4 : front, titre, 1 f. pour le privilége et 1 f. blanc.
> Très-bel exemplaire. H.: 0,147.

507. Le Medecin malgré luy. Comedie. Par I. B. P. Moliere. *Et se vend pour la Veuve de l'Autheur, A Paris, Chez Henry Loyson*, 1673. Pet. in-12 ; mar. bleu, fil. à compart., tr. dor. (*Lortic*).

> « On est étonné, dit M. Lacroix (*Bibl. moliér.*, n° 128), de voir paraître
> « cette réimpression un mois après la mort de Molière. Le nouveau privilége
> « est daté du 21 mars 1673 ! »
> Fort rare. Bel exemplaire, très-grand de marges. H.: 0,140.

## MOLIÈRE.

**508. LE MISANTROPE**, comedie. Par I. B. P. De Moliere. *Paris, Iean Ribov*, 1667. In-12, front. gravé; mar. vert, fil. à comp., tr. dor. (*Lortic*).

<small>Édition originale (*Bibl. moliér.*, n° 12). Superbe exemplaire, très-grand de marges. H. : 0,147.</small>

**509. Le Misantrope**, comedie. Par I. B. P. De Moliere. *Paris, Iean Ribov*, 1667. In-12, de 10 ff. prél. et 84 pp.; mar. rouge jans., tr. dor. (*Smeers*).

<small>Contrefaçon de l'édition originale. Elle est rare. Bel exemplaire. H. : 0,141.</small>

**510. MONSIEVR DE POVRCEAVGNAC**, Comedie. Faite a Chambord, pour le Diuertissement du Roy. Par I. B. P. Moliere. *Paris, Iean Ribov*, 1670. Pet. in-12; mar. rouge, fil. à fr., tr. dor. (*Duru*).

<small>Édition originale (*Bibl. moliér.*, n° 19). C'est une des pièces de Molière les plus rares.
Bel exemplaire. H. : 0,139.</small>

**511. Monsievr de Povrceavgnac**, Comedie. Faite à Chambord, pour le Divertissement du Roy. Par I. B. P. Molliere (*sic*). *Paris, Claude Barbin*, 1673. Pet. in-12; mar. vert, fil. à comp., tr. dor. (*Lortic*).

<small>D'après M. Lacroix (*Bibl. moliér.*, n° 169), ce serait une édition posthume, tandis qu'au n° 19, le savant bibliographe indique, sous la même date et chez le même libraire, une autre édition qui serait la dernière publiée du vivant de Molière, et n'aurait pas les deux ff. prél. qui se trouvent dans l'autre après le f. de titre. Cette édition existe-t-elle réellement? Celle que nous décrivons est fort rare, et le présent exemplaire est très-beau. H. : 0,146 1/2.</small>

**512. LES PRÉCIEVSES RIDICVLES**. Comedie. Representée av Petit-Bourbon. Jouxte la Copie Imprimée. *Paris, Gvill. de Luyne*, 1660. Pet. in-12, de 5 ff. prél., 83 pp. et 2 pp. pour le privil.; mar. vert jans., tr. dor. (*Lortic*).

<small>Contrefaçon de l'édition originale de toute rareté, faite dans la même année. Le collationnement de cet exemplaire ne se rapporte pas à la contrefaçon signalée par M. Lacroix (*Bibl. moliér.*, n° 3). Il est très-bien conservé, mais un peu rogné dans le bas. H. : 0,125.</small>

**513. Les Pretievses ridicvles** comédie. Représentée au petit Bourbon. Novvellement mises en Vers. Seconde Edition. *Paris, Estienne Loyson*, 1661. In-12, de 12 (et non 4), ff. prél. et 60 pp.; mar. orange, fil. à comp., tr. dor. (*Lortic*).

<small>Cette édition, indiquée souvent comme étant la seconde de cette pièce de Molière, n'en est qu'une traduction en vers par Bodeau de Saumaize.
Très-bel exemplaire.</small>

514. Psiché, tragedie-ballet. Par I. B. P. Moliere. *Paris, Claude Barbin*, 1673. In-12; mar. vert, fil. à comp., tr. dor. (*Lortic*).

<small>Deuxième édition (*Bibl. moliér.*, n° 21). Magnifique exemplaire, avec nombreux témoins. H. : 0,159.</small>

515. Sganarelle, ov le cocv imaginaire. Comedie. Auec les Argumens de chaque Scene. *A Paris, Chez Augustin Courbé*, 1662. In-12; mar. rouge jans., tr. dor.

<small>Deuxième édition, publiée, sans la participation de Molière, par le sieur de Neuf-Villenaine, auteur des arguments (*Bibl. moliér.*, n° 4).
Un des exemplaires rares qui offrent cette particularité signalée par M. Lacroix que le nom du sieur de Neuf-Villenaine a été remplacé dans le privilége par celui de *de Molier*. Il est très-beau et grand de marges (H. : 0,153), sauf qq. ff. un peu plus courts que les autres.</small>

516. Sganarelle ou le Cocu imaginaire. Comedie. Avec les Argumens de chaque Scene. *Suivant la Copie imprimée, à Paris* (*Amsterdam, Abr. Wolfgang*, au *Quærendo*), 1662. Pet. in-12, de 3 ff. prél. et 40 pp. — La Cocuë imaginaire. Comedie (par Donneau de Vizé). *Suivant la copie imprimée à Paris* (*ibid.*), 1662. Pet. in-12, de 5 ff. prél. et 26 pp. — En 1 vol.; mar., rouge, fil., tr. dor. (*Capé*).

<small>Le collationnement donné par M. Lacroix pour la première pièce (*Bibl. moliér.*, n° 4) paraît inexact : c'est sans doute celui de la seconde, qui se trouve généralement à la suite.
Joli exemplaire. H. : 0,123 1/2.</small>

517. SGANARELLE ov le Cocv imaginaire. Comedie. Par I. B. P. Molier (*sic*). *Paris, Iean Ribov*, 1666. Pet. in-12, de 45 pp.; mar. vert, fil. à comp., tr. dor. (*Lortic*).

<small>« Cette édition, dit M. P. Lacroix, est probablement l'édition originale « publiée par Molière. » Elle est fort rare et on en a longtemps ignoré l'existence.
Exemplaire relié sur brochure et non rogné. H. : 0,157.</small>

518. LE SICILIEN, ov l'amovr peintre, comedie. Par I. B. P. de

Moliere. *Paris, Iean Ribov*, 1668. In-12; mar. vert, fil. à fr., tr. dor.

<small>Édition originale (*Bibl. moliér.*, n° 14). Bel exemplaire, non lavé, avec qq. taches. H. : 0,145 1/2.</small>

519. Le Sicilien. Comedie de Monsievr de Molliere. *Paris, Nicolas Pepinglé* (sic), 1668. In-12; mar. rouge jans., tr. dor. (*Smeers*).

<small>Contrefaçon de l'édition originale. On croit qu'elle a été faite en province. Exemplaire non lavé. H. : 0,140.</small>

520. LE TARTVFFE, ov l'Impostevr, comedie. Par I. B. P. de Moliere. *Imprimé aux despens de l'Autheur, et se vend A Paris, Chez Iean Ribov*, 1669. In-12; mar. vert, fil. à comp., tr. dor. (*Lortic*).

<small>Édition originale, fort rare (*Bibl. moliér.*, n° 15). Bel exemplaire, non lavé. H. : 0,140.</small>

521. Le Tartvffe, ov l'Impostevr, comedie. Par I. B. P. de Moliere. *Paris, Iean Ribov*, 1669. Pet. in-12, front.; mar. vert, fil. à comp., tr. dor. (*Lortic*).

<small>Seconde édition. Bel exemplaire, non lavé. H. : 0,141.</small>

522. Le Tartuffe, ou l'Imposteur, Comedie. Par I. B. P. Moliere. *Paris, Claude Barbin*, 1673. In-12; mar. vert, fil. à comp., tr. dor. (*Lortic*).

<small>Dernière édition préparée par Molière, mais publiée après sa mort. Elle est rare et offre des variantes. Bel exemplaire; racc. au titre.</small>

523. MOLIÈRE. Les Plaisirs de l'isle enchantée, Covrse de bagve, Collation ornée de Machines, Comedie meslée de Danse et de Musique, Ballet du Palais d'Alcine, Feu d'artifice : Et autres Festes galantes et magnifiques; faites par le Roy à Versailles, le 7 May 1664. Et continuées plusieurs autres Iours. *A Paris, Chez Robert Ballard*, 1664. In-fol., de 71 pp. ch. pour les deux premières journées et 12 pp. non ch. pour la troisième, avec 9 grandes grav. dess. et grav. par Isr. Silvestre; mar. rouge, fil. à comp., tr. dor. (*anc. rel.*).

<small>Édition non indiquée au *Manuel*. « La première journée se compose de « la course de bagues, dont les vers sont de Benserade. La seconde journée « est l'édition ORIGINALE de la *Princesse d'Élide*, de Molière, complète, avec « ses intermèdes et ses arguments (que les éditeurs en ont séparés, bien à « tort, par la suite). Cette première édition présente quelques variantes,</small>

…  « particulièrement à la fin du quatrième acte, avec les éditions suivantes.
« La pièce était jouée par Molière et sa troupe. La troisième journée est
« l'édition originale du *Palais d'Alcine*, ballet dont les vers sont de Bense-
« rade. Dans le récit de cette troisième journée on trouve, au recto du der-
« nier feuillet, le passage contenant un blâme adressé par le roi à la co-
« médie du *Tartuffe*. Les planches de Silvestre sont de second état, avec
« son *excud.* et le *cum privilegio*. Ces belles planches avaient été tirées d'a-
« bord sans texte, avec ces mots : *Isr. Silvestre delineavit et sculpsit* (Didot,
« *Catal. raisonné*, N° 948). »

Magnifique exemplaire, aux armes de COLBERT sur les plats de la reliure, et le SEUL CONNU de ce tirage.

524. Le ‖ Songe dv ‖ resveur ‖. *A Paris, Chez Gvillavme de Lvyne*, 1660. In-12, de 36 pp.; mar. rouge jans., tr. dor. (*Belz-Niedrée*).

L'historique de cet opuscule se trouve en partie dans la préface. Un nommé Boucher avait fait imprimer, en la même année 1660, une pièce en prose intitulée : *la Pompe funèbre de Scarron*. Dans ce libelle, l'auteur anonyme, qui n'était autre que Bodeau de Saumaize, passait en revue les auteurs dramatiques capables de concourir à l'héritage du créateur du genre burlesque. Après avoir mis de côté d'abord Corneille et ensuite Molière lui-même « comme un bouffon trop sérieux », il se décida dérisoirement pour Bois-Robert.

C'est en réponse à cette boutade que l'auteur inconnu du présent volume, *le Songe du resveur*, a imaginé, en guise de représailles, cette bluette au milieu de laquelle il a intercalé des épigrammes foudroyants contre Saumaize, épigrammes qu'il a mis sous le nom de Quinault, de Boyer, de Bois-Robert, de *Molière* lui-même, de Boileau, de Corneille, de Furetière, de Benserade, etc. Il est hors de doute qu'il était en rapports intimes avec eux pour avoir osé mettre en avant leurs noms, sans avoir encouru aucune réclamation à cet égard. M. Lacroix pense même que ces épigrammes appartiennent bien à ceux dont elles portent le nom. La moitié du poëme est consacrée à la défense de Molière contre Saumaize qui y est traité d'une rude façon.

Ce volume est donc d'un grand intérêt pour une collection moliéresque. M. Lacroix l'a réimprimé en 1867, d'après l'exemplaire qu'il croyait unique et qui est conservé à la bibliothèque de l'Arsenal : il n'a appris que plus tard l'existence de celui-ci.

525. L'Apollon francois, ov L'Abregé des Regles de la Poësie Françoise. Par L. I. L. B. G. N. *A Roven, chez Ivlien Covrant*, 1674. In-8; mar. rouge, fil., tr. dor. (*Lortic*).

Les initiales désignent : Les-Isles-Le-Bas, Gentilhomme normand, auteur de plusieurs tragédies. Ce qui donne de l'importance à ce petit volume fort rare, que M. Brunet n'a cité que d'après le catalogue La Vallière-Nyon, c'est qu'on y trouve un *Sonnet sur la sépulture de Jean-Baptiste Poclin* (sic) *dit Molieres* (sic), *Comédien, au cimetière des Mornes* (sic), *à Paris*, sonnet qui fait connaître les motifs pour lesquels le grand poëte fut inhumé au cimetière de Saint-Joseph, réservé aux enfants morts sans avoir reçu le baptême, aux suicidés et à ceux qui étaient décédés sans avoir demandé le secours de la Religion.

## RACINE.

526. OEuvres de Racine. *A Paris, Chez Claude Barbin*, 1676. 3 vol. gr. in-12, fig. grav. par Chauveau et Séb. Le Clerc d'après Le Brun; mar. bleu, fil. à comp., milieu, tr. dor. (*Lortic*).

Précieuse édition originale collective des neuf pièces représentées jusqu'à cette date. La *Phèdre*, annoncée au v° du titre du t. II comme devant faire partie du volume, n'a paru qu'en 1677 et c'est cette édition originale qui est jointe au présent exemplaire. Le t. III, qui complète la collection, se compose d'*Esther* (Denys Thierry, 1689) et d'*Athalie* (le même 1692) en éditions originales (figures).
Superbe exemplaire, avec témoins. H. : 0,160.

527. OEuvres de Racine. *Suivant la Copie imprimée A Paris*, 1678. 2 vol. pet. in-12, fig.; mar. rouge, fil., tr. dor. (*Nicdrée*).

Charmante réimpression de l'édition originale. Elle a été faite à Amsterdam, par Wolfgang, au *Quærendo*, et s'arrête à la *Phèdre*.
Bel exemplaire. H. : 0,125.

528. OEUVRES de Racine. *Paris, Denys Thierry*, 1697. 2 vol. in-12, front. et fig. de Chauveau; mar. rouge, fil., tr. dor. (*Hardy*).

Dernière édition publiée du vivant de l'auteur, et la première qui contient *Esther* et *Athalie*. Elle est rare et recherchée.
Très-bel exemplaire. H. : 0,159 1/2.

529. OEUVRES de Racine. Nouvelle édition. Augmentée de diverses Piéces et de Remarques, etc. Avec de très-belles Figures en Tailles douces. *A Amsterdam et à Leipzig, chez Arkstée et Merkus*, 1750. 3 vol. gr. in-12, fig. grav. par Tanjé, d'après Du Bourg; mar. vert, fil., tr. dor. (*Derome*).

Très-bel exemplaire. H. : 0,164.

530. ALEXANDRE LE GRAND. Tragedie. *Paris, Pierre Trabouillet*, 1672. In-12; mar. bleu, fil. à comp., tr. dor. (*Lortic*).

Deuxième édition. Très-bel exemplaire. H. : 0,150.

**531.** ANDROMAQVE. Tragedie. *A Paris, Chez Claude Barbin*, 1668. In-12; mar. bleu, fil. à comp., tr. dor. (*Lortic*).

<small>Édition originale. Bel exemplaire. H.: 0,144. Racc. au dern. f. et le titre remargé en tête.</small>

**532.** ATHALIE, tragedie, Tirée de l'Ecriture sainte. *A Paris, Chez Denys Thierry*, 1692. In-12, avec 1 grav.; mar. bleu, fil. à comp., tr. dor. (*Lortic*).

<small>Édition originale in-12. Très-bel exemplaire. H.: 0,158.</small>

**533.** BAJAZET. Tragedie. Par M$^r$ Racine. *Et se vend pour l'Autheur, A Paris, Chez Pierre Le Monnier*, 1672. In-12; mar. bleu, fil. à comp., tr. dor. (*Lortic*).

<small>Édition originale. Bel exemplaire. H.: 0,154. Qq. piq. de vers bouchées.</small>

**534.** BERENICE. Tragedie. Par M. Racine. *A Paris, Chez Claude Barbin*, 1671. In-12; mar. bleu, fil. à comp., tr. dor. (*Lortic*).

<small>Édition originale. Très-bel exemplaire. H.: 0,154. Qq. piq. de vers bouchées.</small>

**534 bis.** (de S*** .) Réponse à la critique de Berenice. *Paris, Guillaume de Luyne*, 1671. In-12; mar. bleu, fil. à comp., tr. dor. (*Lortic*).

<small>Très-bel exemplaire.</small>

**535.** BRITANNICUS tragedie. *Paris, Claude Barbin*, 1670. In-12, de 8 (et non 7) ff. et 80 pp.; mar. bleu, fil. à comp., tr. dor. (*Lortic*).

<small>Édition originale. H.: 0,142.</small>

**536.** ESTHER. Tragedie. Tirée de l'Escriture sainte. *A Paris, Chez Denys Thierry*, 1689. In-4. — Chœurs de la tragedie d'Esther, avec la musique, composée par J. B. Moreav, Maistre de Musique du Roy. *Paris, Thierry, Barbin et Ballard*, 1689. In-4, avec la belle grav. de Séb. Le Clerc, d'après Le Brun. — Athalie. Tragedie. Tirée de l'Ecriture sainte. *A Paris, Chez Claude Barbin*, 1691. In-4, avec la belle grav. de Mariette d'après J.-B. Corneille. — En 1 vol.; mar. rouge, fil., fleurons, tr. dor. (*Müller*).

<small>Éditions originales en ce format. Superbe exemplaire d'A. Bertin, parfaitement complet.</small>

537. ESTHER. Tragedie. Tirée de l'Escriture Sainte. *A Paris, Chez Claude Barbin*, 1689. In-12, avec 1 grav.; mar. bleu, fil. à comp., tr. dor. (*Lortic*).

<blockquote>Édition originale in-12. Superbe exemplaire. H.: 0,159.</blockquote>

538. IPHIGÉNIE. Tragedie. Par M. Racine. *A Paris, Chez Claude Barbin*, 1675. In-12; mar. bleu, fil. à comp., tr. dor. (*Lortic*).

<blockquote>Édition originale. Bel exemplaire. H.: 0,153. Qq. piq. de vers bouchées.</blockquote>

539. MITHRIDATE, tragedie. Par M$^r$ Racine. *A Paris, Chez Claude Barbin*, 1673. In-12, de 5 ff. et 81 pp.; mar. bleu, fil. à comp., tr. dor. (*Lortic*).

<blockquote>Édition originale. Très-bel exemplaire. H.: 0,153. Qq. piq. de vers bouchées.</blockquote>

540. LES PLAIDEVRS. Comedie. *A Paris, chez Gabriel Quinet*, 1669. In-12; demi-rel. de veau fauve, dos et coins (*Trautz-Bauzonnet*).

<blockquote>Édition originale, de la plus grande rareté. Exemplaire un peu court. H. : 0,137.</blockquote>

541. PHÈDRE ET HIPPOLYTE. Tragédie. Par M$^r$ Racine. *A Paris, Chez Iean Ribou*, 1677. In-12, sans la grav.; mar. bleu, fil. à comp., tr. dor. (*Lortic*).

<blockquote>Édition originale. Exemplaire d'une qualité exceptionnelle, relié sur brochure et non rogné. H.: 0,180 1/2. Légers racc. au titre et au dern. f.</blockquote>

542. LA THEBAYDE ov les freres ennemis. Tragedie. *A Paris, Chez Claude Barbin*, 1664. In-12; mar. bleu, fil. à compart., tr. dor. (*Lortic*).

<blockquote>Édition originale. Bel exemplaire. H.: 0,147.</blockquote>

---

543. LA FONTAINE. L'Eunuque. Comédie (imitée de Térence). *Paris, Chez Avgustin Courbé*, 1654. In-4; veau fauve, dent., tr. marb. (*Thouvenin*).

<blockquote>Édition originale du premier ouvrage du grand poëte dont le nom figure dans le privilége. Magnifique exemplaire, très-grand de marges.</blockquote>

544. QUINAULT. Le Théatre de M. Quinault. *Suivant la Copie imprimee A Paris* (Amsterdam, avec le *Quærendo* d'Abraham

Wolfgang), 1663. 2 vol. pet. in-12, fig.; mar. rouge jans., tr. dor. (*Duru*).

Très-bel exemplaire et bien plus complet que les exemplaire ordinaires. Il contient :

T. I. *La Mort de Cyrus* (1662) ; — *Le Mariage de Cambise* (1662) ; — *Le Feint Alcibiade* (1662) ; — *Les Coups de l'amour et de la fortune* (1662) ; — *Amalasonte* (1662) ; — *Stratonice* (1662) ; — *Astrate, roy de Tyr* (1665) ; — *La Mère coquette ou les amans broüillez* (1666) ; — *Bellerophon* (1670).

T. II. *La Comédie sans comédie* (1662) ; — *Le Fantosme amoureux* (1662) ; — *La Genereuse ingratitude* (1662) ; — *L'Amant indiscret ou le maistre étourdi* (1662) ; — *Les Rivalles* 1662) ; — *Agrippa roy d'Albe ou le Faux Tiberinus* (1663) ; — *Pausanias* (1697).

Il renferme donc seize pièces au lieu de douze que comporte l'édition de 1662.

545. REGNARD. Les OEuvres de M. Regnard. *Bruxelles, frères t'Serstevens*, 1711. 2 vol. in-12; fig., mar. rouge jans., tr. dor. (*Petit*).

Première édition du théâtre complet de Regnard, imprimée en caract. elzéviriens, ornée à chaque volume d'un frontispice, gravé par Berterham d'après B. Picart, et d'une figure sur cuivre à chaque pièce.

Charmant exemplaire, avec témoins.

### 3. *Théâtre italien et espagnol.*

546. DIVIZIO DA BIBIENA. Comedia di Bernardo Divitio da Bibiena intitolata Calandra. *Stampata in Venetia per Marchio Sessa*, M. D. XXXIIII (1534). In-8, de 47 ff.; mar. rouge, fil., tr. dor. (*Niedrée*).

Magnifique exemplaire d'une édition extrêmement rare.

547. Les Abvsez, comédie faite à la mode des anciens Comiques, premierement composée en langue Tuscane, et nommée Intronati, depuys traduite en Françoys par Charles Estienne, et nouuellement reueue et corrigée. *A Paris, par Estienne Groulleau*, 1549. In-16, fig. s. bois; mar. vert, comp., tr. dor. (*Bauzonnet*).

Pièce fort rare. Très-joli exemplaire, dans une charmante reliure avec compartiments dits *à la rose*. De la bibl. Brunet (350 fr.).

548. ANDREINI. L'Adamo. Sacra rappresentatione di Gio. Battista Andreino Fiorentino. *Con priuilegio ad' instanza di Geronimo Bordoni libraro in Milano*. 1613. In-4, fig. s. cuivre; mar. rouge, comp. à froid, fleurons, tr. dor. (*Hardy*).

Première édition de ce poëme dramatique qui passe pour avoir fourni à Milton le sujet et quelques détails du Paradis perdu. Les planches sont exécutées d'après les dessins de Carl' Antonio Procaccini.

549. Celestine en la=‖quelle est traicte des deceptions des seruiteurs ‖ enuers leurs maistres, ꝗ des macquerelles en=‖uers les amoureux trāslate dytalie en frācois..... (A la fin :) *Imprime a Paris par Nicolas cousteau imprimeur. Pour Galliot du pre... Et fut acheue le pmier iour Daoust Lan mil cinq cens vingt et sept* (1527). In-8, goth., fig. s. bois; mar. brun, fil., tr. dor. (*rel. angl.*).

Traduction française, des plus curieuses, de la *Tragi-comedia de Calisto y Melibea* espagnole, d'après la version italienne.

550. CERVANTES (M. de). Ocho comedias y ocho entremeses nuevos, nunca representados. Compuestas por Miguel de Cervantes Saavedra, etc. *Año* 1615. *En Madrid, por la viuda de Alonso Martin.* Pet. in-4, de 4 ff. prél., 257 ff. chiff. plus 1 f.; mar. rouge, fil., tr. dor. (*anc. rel.*).

Première édition, très-rare.

## V. ROMANS.

### 1. *Romans français.*

#### A. Romans de chevalerie.

##### a. *Introduction.*

551. (BONNOR, Honoré de.) Larbre des batailles. (A la fin :)... *imprime a paris le viii. io<sup>r</sup> de iuing Mil. cccc. quatre vigtz ꝗ treize* (1493) *par anthoine verard.....* In-fol., goth., fig. s. bois; mar. vert, fil. à fr., doublé de mar. rouge à large dent., tr. dor. (*Duru*).

Édition fort rare de ce beau livre dédié à Charles VIII. Magnifique exemplaire, couvert d'une riche reliure : il provient de la bibl. Yemeniz. H.: 0,253. Le f. de titre et plusieurs ff. à la fin sont restaurés dans les parties blanches.

##### b. *Romans du cycle de Charlemagne et des vassaux.*

552. TURPIN (pseudo). Cronique et histoire faicte et composee par ‖ reuerend pere en dieu Turpin archeues‖que de Reims, lung des pairs de frāce ‖ Contenant les prouesses et faictz ‖ darmes aduenuz en son temps ‖ du tres magnanime Roy ‖

Charles le grāt, autre-‖mēt dit Charlemai-‖gne : ⱶ de son nepueu Raoulād‖ Lesquelles il redi‖gea ‖ comme cōpilateur dudit œuure... (A la fin :) *Imprime a Paris par maistre Pierre Vidoue, pour honneste personne Regnault chauldiere... Ce huitiesme iour de Iuing mil cinq cens. xxvii* (1527). In-4, goth.; mar. vert, dent., doublé de tabis, tr. dor.

<blockquote>
Édition originale, très-précieuse, de ce livre célèbre qui est une sorte de roman de chevalerie. Très-bel exemplaire provenant des doubles de la Bibl. royale.
</blockquote>

553. FIERABRAS. (A la fin :) *Cy finist Fierabras Imprime a Lyon par Iaques maillet. Lan de ‖ grace Mil. cccc. lxxxix.* (1489). *Le xxi iour de iuillet.* Gr. in-4, semi-goth., fig. s. bois ; mar. violet, comp. et ornem. dor. et à froid, tr. dor. (*Thouvenin*).

<blockquote>
Édition rarissime. Elle est très-importante, car c'est la première et la seule parmi celles du XV<sup>e</sup> siècle qui nous révèle le nom de l'auteur de cette fameuse compilation qui est pour la Suisse romande le plus ancien monument de son histoire littéraire. Cet auteur s'appelait JEHAN BAGNYON et était de Lausanne : nom inconnu jusqu'ici dans les annales des lettres et que nous avons la bonne fortune de signaler, croyons-nous, pour la première fois. Nous avons donné plus haut quelques détails à ce sujet, à l'occasion d'un manuscrit précieux de ce roman en prose (voir le n° 42). Voir aussi au n° 30 la description d'un manuscrit de la célèbre chanson de geste de *Ferabras d'Alixandre*.

Exemplaire Yemeniz, le seul qui paraisse avoir passé en vente. Racc. au bas du 1<sup>er</sup> f.
</blockquote>

554. La cōqste du grant ‖ roy Charlemaigne ‖ des espaignes. Et les vail‖lances des douze pers de‖ France. Et aussi celles de ‖ Eierabras (*sic*). (Au v° du dern. f. :) *Cy finist Fierbras* (sic) *imprime a lyon pres de nostre dame de confort par Pierre mareschal Barnabas Chaussard imprimeurs ⱶ libraires. Lan de grace. M. cccc. ⱶ ung* (1501). *Le. xxx. de Ianuier.* In-4, goth., fig. s. bois ; mar. rouge, riches comp., doublé de mar. vert, avec encadrement de feuillage d'or, tr. dor. (*Lortic*).

<blockquote>
La *Conqueste des Espaignes* n'est autre chose que le roman de *Fierabras*, sous un nouveau titre. Édition fort rare.

Magnifique exemplaire, avec témoins : il a 235 mill. de haut., tandis celui d'Yemeniz ne portait que 216 mill. Le titre, le dern. f. (blanc) et qq. coins sont habilement restaurés.
</blockquote>

555. MORGANT. Histoire de Morgant le Geant : Lequel avec ses freres persecutoit souuent les Chrestiens... *Paris, Nicolas*

*Bonfons*, 1584. In-4, à 2 col., fig. sur bois; mar. rouge, fil. à fr., tr. dor. (*Bauzonnet*).

<small>Exemplaire en parfaite condition provenant de la vente Yemeniz (495 fr.).</small>

556. OGIER LE DANOIS. Ogier le Dannoys duc de || dānemarche : qui fut lũg || des douze peres de france, lequel auec layde du roy Charlemaigne || chassa les payēs hors de Rōme... (A la fin :) *Imprime a Lyon sur le rosne par Claude nourry, dit le Prince... Et fut acheue de imprimer le septiesme iour du moys de Nouēbre. Lan de grace Mil. ccccc. xxv* (1525). Pet. in-fol., goth., à longues lignes, fig. s. bois; mar. rouge, fil. à comp., doublé de mar. bleu, rich. orn. int., tr. dor. (*Lortic*).

<small>Édition bien imprimée et d'une grande rareté, dont M. Brunet ne cite que l'exemplaire de De Bure, vendu 2,200 fr. chez Yemeniz : il avait 247 mill. de haut. Celui-ci est superbe de conservation, avec témoins, et porte 250 mill.</small>

557. MILLES ET AMYS [Amis et Amiles]. Milles ¢ 'Amys. || La tres ioyeuse plaisante ¢ re||creatiue hystoire des faitz gestes || triūphes ¢ prouesses des tres preux ¢ vaillans cheualiers Mil|| les ¢ Amys. Et de leurs enfãs, cestassauoir Anceaulme ¢ Florisset... (A la fin :)... *nouuellement imprime a Lyon sur le Rosne par Oliuier Arnoullet ¢ fut acheue le dernier iour de Aaoust. Lan. mil. CCCCC. liij* (1553). In-4, goth., à longues lignes, sign. A-S par 8, T par 6, 35 lignes à la page, fig. s. bois; mar. rouge, fil. à comp., doublé de mar. bleu, tr. dor. (*Lortic*).

<small>Édition non indiquée au *Manuel*, et de toute rareté.
Très-bel exemplaire, avec témoins.</small>

558. HUON DE BORDEAUX. Les gestes et faictz || merueilleux du no||ble Huon de Bor-||deaulx Per de France, Duc de Guyenne, Nouuellement redige en bon || Francoys.. *A Paris. Pour Iean Bonfons*. S. d. In-4, goth., à 2 col., fig. s. bois; mar. bleu, fil., tr. dor. (*Trautz-Bauzonnet*).

<small>Édition rare. Bel exemplaire, mais un peu court en tête. Racc.</small>

559. GUERIN DE MONTGLANE. Sensuyt la tres||plaisante hystoi||re du Preux et || vaillant Guerin de Montglaue (*sic*)... (A la fin :)... *Nouuellemēt imprimee a Paris pour Iehã Trepperel... en la rue neufue nostre dame A lenseigne de Lescu de France.* S. d. Pet. in-4, goth., 94 ff., sign. A-V, 38 lign. à la page, fig. s. bois; mar. rouge, fil. à comp., doublé de mar. bleu, tr. dor. (*Lortic*).

Édition non décrite. Elle contient à la fin le roman abrégé de Girard de Viane. Magnifique exemplaire, très-pur.

560. MEURVIN. Histoire dv prevx et vaillant cheualier Meuruin, fils d'Oger le Dānois, lequel par sa prouesse conquist Hierusalem, Babilone, et plusieurs autres royaumes sur les infidelles. *A Paris, par Nicolas Bonfons.* S. d. (vers 1580). In-4, à 2 col., fig. s. bois; mar. rouge, fil. à compart., tr. dor. (*Kœhler*).

> Roman rare, dont on ne connaît que trois éditions.
> Très-bel exemplaire, de la coll. Yemeniz (310 fr.).

561. QUATRE FILS AYMON. *Les quatre*|| *filz aymon.* (A la fin :) *Cy finist lystoire du preux et vaillāt cheualier* || *regnault de Montauban. Imprime a lyon sur* || *le rosne par Claude nourry. Lan mil cinq cens et six* (1506) *le seiziesme iour daoust.* Gr. in-4, goth., à longues lignes, fig. s. bois; mar. vert, riches compart., tr. dor. (*Chambolle-Duru*).

> Édition précieuse, non mentionnée jusqu'ici par les bibliographes. Elle se compose de 139 ff. non ch., sign. *a-s* par cahiers de 8 ff., sauf *a* qui en a quatre et *s*. sept. Les gravures sur bois sont remarquables de composition.
> Magnifique exemplaire, très-grand de marges, avec témoins.

562. RENAUD DE MONTAUBAN. Sensuit la cōqueste || du trespuissāt em-||pire de Tresbisōde || et de la spacieuse asie… (A la fin :) *Cy fine… La Conqueste… faicte par regnault de Montauban… Nouuellemēt imprime a Paris par la vefue feu Iehan treperel demourant a la rue neufue nostre Dame a lēseigne de lescu de France.* S. d. (de 1520 à 1527). Pet. in-4, goth., fig. s. bois; mar. olive, fil. à fr., doublé de mar. rouge, dent., tr. dor. (*Kœhler*).

> Première édition, rarissime. Exemplaire du prince d'Essling, Solar et Double, fort bien conservé.

563. MABRIAN. Histhoire || singuliere ҁ fort recreati||ue Cōtenāt la reste des faitz ҁ Gestes des quatre filz || Aymon, Regnault, Allard, Guichard, et le petit Ri||chard. Et de leur cousin le subtil Maugis (lequel fut || pape de Rōme). Semblablement La cronicque ҁ hystoi||re du chēualeureux preux ҁ redoubte prīce Mabrian ||Roy de Hierusalez et de Inde la maiour filz de yuon || roy de Hierusalē Lequel fut filz du vaillāt Regnault || de montauban… *On les vend a paris en la grant salle du palays : au premier pillier En la boutique de Galliot du pre Libraire iure de Luniuersite.* (A la fin :) *Fin de la Cronicque… Du*

*preux... Mabrian... Nouuellement Imprime a Paris par Jaques Nyuerd libraire ayant sa bouticle ioingnāt la pmiere Porte du Palays.* S. d. (1525). In-fol., goth., à 2 col., fig. s. bois; mar. rouge, fil., tr. dor. (*anc. rel.*).

SEUL EXEMPLAIRE CONNU de la première édition de ce roman de chevalerie important. C'est par erreur que M. Brunet a mentionné un exemplaire chez le prince d'Essling : cet amateur n'avait que l'édition de 1530.

Il est fort bien conservé et grand de marges. Sur le titre, la signature de Daniel Dumonstier, célèbre peintre de portraits au XVIIe siècle. Figures maladroitement coloriées.

564. MAUGIST. L'Histoire de Mau‖gist Daigremont‖ et de Viuian son‖frere. En laquelle est contenu comme Maugist, a layde de Oriande ‖ la Fee samye, alla en lisle de Boucaut... *A Paris. Pour la veufue Iean Bonfons...* S. d. In-4, goth., à longues lignes; mar. rouge, fil., tr. dor. (*Derome*).

Édition rare. Exemplaire de Girardot de Préfond, d'Héber et d'Yemeniz. Piqûres sur qq. marges.

#### c. Romans de la Table ronde et des Amadis.

565. SAINT-GRAAL. Cest lhystoire du‖ sainct Greaal. Qui‖ est le premier liure de la Table ronde... ( A la fin : )... *Nouuellement imprime a Paris. Par Phelippe le noir... Et fut acheue le .xxiiii. iour Doctobre Mil cinq cens vingt et troys* (1523). 2 tom. en 1 vol. pet. in-fol., goth., à 2 col., fig. s. bois; mar. vert, riche dent., orn. sur les plats, tr. dor. (*anc. rel.*).

Édition très-rare. Il paraîtrait que c'est la même que celle de 1516, dont on aurait simplement recomposé le commencement et la fin; car elles se rapportent ligne pour ligne. Le frontispice gravé sur bois porte la croix de Lorraine : il représente les fameuses aventures de Virgile et le Jugement de Pâris, où ce dernier est remplacé par le roi François Ier.

Ce superbe exemplaire a appartenu au roi LOUIS XIV : la reliure est parsemée de L couronnés. Il a été acquis au prix de 3950 fr. à la troisième vente Techener.

566. MERLIN. Le premie (*sic*)‖ [et le second] volume de merlin. S. l. n. d. (*Paris, Vérard,* 1498). 2 part. en 1 vol. pet. in-fol., goth., à 2 col., fig. s. bois; mar. rouge, fil. à compart., tr. dor. (*anc. rel.*).

Première édition, fort rare et la plus recherchée. Ces deux volumes contiennent en entier l'histoire de Merlin. Le troisième, qui forme un ouvrage indépendant, mais faisant suite à celui-ci, renferme les *Prophéties* de Merlin.

Très-bel exemplaire, non lavé.

# BELLES-LETTRES.

**567. PROPHÉTIES DE MERLIN.** Sensuit ||les pphecies || de Merlin Qui est la tierce p||tie et derniere... (A la fin : ) *Nouuellement imprimees a Paris, En la grant rue sainct Iacques... acheue dimprimer le xxiii<sup>e</sup> iour de Decembre Mil cinq centz .xxviii* (1528). In-4, goth., à 2 col.; mar. rouge, fil., tr. dor. (*Niedrée*).

C'est le troisième volume de l'édition donnée par Philippe le Noir.
Très-bel exemplaire, avec témoins.

**568. LANCELOT DU LAC.** Le premier [ le second et le tiers] volume || De lancelot du lac nouuellement imprime a Paris***. (A la fin du t. I<sup>er</sup> :) *Cy finist le premier volume de la table ronde lancelot du lac. Imprime a paris Lan mil quatre cens quatre vingtz et quatorze* (1494). *Le premier ious de Iuillet pour Anthoine verard Libraire demourant a paris.* (A la fin du t. III :) *Cy fine le derrenier volume... Imprime por anthoine verard...* 3 t. en 2 vol. in-fol., goth., fig. s. bois; mar. rouge, large dent., mors de mar. et dent., tr. dor. (*Lewis*).

Édition à 45 lignes, fort rare. Magnifique exemplaire, de la coll. Yemeniz, adjugé 4400 fr. à M. Quaritch.

**569. LANCELOT DU LAC.** Le premier [ le second et lé tiers] volume de Lance||lot du lac nouuellemēt || imprime a paris. *Mil cinq cens .xxxiii* (1533). *On les vend a Paris... par Philippe le noir...* (A la fin :) *Cy fine le dernier volume de la Table ronde... Nouuellement imprime a Paris pour Phelippe le Noir...* 3 part. en 1 vol. in-fol., goth., à 2 col.; mar. rouge, fil., fleurs de lis, écu de France en mosaïque, dos à petits fers, tr. dor. (*Lortic*).

Édition très-rare. Magnifique exemplaire, avec témoins.

**570. PERCEVAL.** Tresplaisante et Re||creatiue Hystoire || du Trespreulx et vaillant Cheuallier || Perceval le galloys... (A la 2<sup>e</sup> col. du dernier f. :) *Fin du Romant... Le tout nouuellement Imprime a Paris, pour hōnestes personnes Iehan sainct denys. et Iehan longis... Et fut acheue de Imprimer le premier iour de Septembre. Lan mil cinq cens trente* (1530). Pet. in-fol., goth., fig. s. bois; mar. vert, fil., tr. dor. (*anc. rel.*).

Seule édition connue de ce roman en prose. Elle est rare et fort recherchée.
Très-bel exemplaire. Les premiers ff. sont courts en tête.

**571. ARTUS DE BRETAGNE.** Sensuit le preux || cheuallier Art'|| de Bretaigne. Traictant de ||merueilleux faitz. Imprime|| nouellemēt a Paris en la || rue neufue nostre dame a lē||seigne de lescu de France. xxxvj. (A la fin :)... *Imprime nouuellement a Paris par Alain Lotrian...* S. d. In-4, goth., à 2 col., fig. sur bois; mar. rouge, riches comp., doublé de mar. bleu aux armes de France, tr. dor. (*Lortic*).

Édition fort rare, non indiquée au *Manuel*. Alain Lotrian exerçait seul à l'*Écu de France* depuis 1532 jusqu'en 1543.

Superbe exemplaire, avec témoins.

**572. GIGLAN.** LHystoire de Giglā || Roy de Galles filz|| de messire Gauuaī || et de Geoffroy son compagnō tous deux chevaliers de || la table Ronde... Nouuellement translate Despaignol en Francoys. *Imprime a Paris par Nicolas Chrestien demourant en la rue neufue nostre Dame a lenseigne de lescu de France.* S. d. In-4, goth., fig. s. bois; mar. rouge, fil. à comp., tr. dor. (*anc. rel.*).

Édition fort rare, non indiquée au *Manuel*. Exemplaire avec témoins. Qq. taches.

**573. GYRON LE COURTOYS** (par Hélie de Borron). Auecques la deuise des armes de tous les cheua=||liers de la table ronde. *Imprime a paris pour Anthoine verard...* S. d. (vers 1501). Gr. in-fol., goth., à 2 col., fig. s. bois; mar. rouge, fil à comp. à la Grolier, doublé de mar. bleu, dent., tr. dor. (*Lortic*).

Première édition, fort rare et la plus recherchée.

Bel exemplaire, mais avec le f. de titre et le 8e f. prél. (blanc au v°) refaits en fac-simile. D'ailleurs on ne connaît que quelques exemplaires absolument complets. Celui-ci offre une particularité que M. Brunet a constatée dans un des exemplaires de la Bibl. nat. : les 8 premiers ff. du texte ainsi que les ff. 12 et 13 (11 et 12 dans l'autre) appartiennent à une autre édition qui paraît avoir été faite aussi par Vérard, mais en caractères moins forts : elle reproduit celle-ci page pour page.

**574. MELIADUS** || De leonnoys... *On les vend a Paris... en la boutique de Galliot du Pre...* (A la fin :) ... *acheue dimprimer a Paris le. xxv°. iour du moys de Nouembre. Lan mil. cinq cens. xxviii* (1528) (au verso, la marque de Galliot du Pré). In-fol., goth., à 2 col.; veau fauve, à riches compart. en or et en couleurs, tr. dor. (*Hagué*).

Première édition, extrêmement rare. Magnifique exemplaire, très-grand de marges, et couvert d'une charmante reliure ; le dessin des plats est composé avec beaucoup de goût dans le style Renaissance. H. : 0,322. Cet exemplaire avait appartenu aux mêmes personnages que le manuscrit des *Aventures des chevaliers de la table ronde* que nous avons décrit plus haut (n° 44). On y lit aussi, sur le titre et à la fin du volume, la signature et la devise d'un amateur du XVI° siècle, nommé SALLIN, qui était assez au courant des romans de la Table ronde, à en juger par quelques notes qu'il a mises sur les marges de qq. ff. du commencement. Le titre porte aussi la signature d'un *I. de Pyochet*, avec la devise : *In Pace novi hostes*, et enfin celle du marquis d'Aix à la Serraz. Le prologue de ce livre porte, en guise de signature, l'anagramme : *Gaing me nuy*, que maître Sallin explique en ces termes : *Cest a dire Jean Guagnim*.

575. TRISTAN. Les grandes || proesses du tresvaillant, noble et ex=||cellent cheualier Tristan filz Du || noble roy Meliadus De Leon=||noys... *Nouuellemēt im*||*prime a Paris Lan*|| *Mil cinq cens xxxiii* (1533). (A la fin) : *Nouuellement imprime... Le dixiesme iour de Septēbre.* 2 part. en 1 vol. in-fol., goth., à 2 col.; mar. vert, comp. à la Grolier, tr. dor. (*Lortic*).

Édition donnée par Denys Janot. Curieux frontispice gravé sur bois (voir Didot, *Catal. raisonné*, n° 607).
Très-bel exemplaire. Qq. racc.

576. Le premier livre dv nouueau Tristan, Prince de Leonnois, chevalier de la table ronde, et d'Yseulte, princesse d'Yrlande, Royne de Cornouaille. Fait françoys, par Ian Maugin, dit l'Angeuin... *A Paris, chez la veuue Maurice de la Porte,* 1554. In-fol.; mar. bleu, fil., tr. dor. (*Kœhler*).

Première édition de ce remaniement dedié à Maupas, abbé de Saint Jean de Laon. Une épître et une ode à lui adressées se trouvent au commencement du volume.
Bel exemplaire, sauf le dernier feuillet restauré. De la coll. Yemeniz.

577. ISAIE LE TRISTE. LHistoire de Isaie || le triste filz de Tri||stan de leonnoys... (A la fin :)... *nouuellement Imprime a Paris : pour Iehan Bonfons...* S. d. Pet. in-4, goth., à longues lign., fig. s. bois; mar. bleu, fil., tr. dor. (*Trautz-Bauzonnet*).

Édition rare, exécutée de 1548 à 1572. Très-bel exemplaire. Légers racc.

578. CLERIADUS ET MELIADICE. Cy cōmence le prologue du liure de cleriadus et meliadice. (A la fin :) *Cy finist le romant & cronique de Cleriadus et Meliadice fille au roy* || *dengleterre. Nouuellemēt imprime a Paris le huitiesme iour de may mil* || *quatrecens quatrevingz & quinze* (1495). *Pour Anthoine verad* (sic) *libraire demo*||*rant sur le pont nostre dame*

*a limaige sainct Iehan leuangeliste...* In-fol., goth., à longues lignes, de 94 ff. (le dernier coté xcviij), fig. s. bois; peau de truie, riches compart. à petits fers à froid, tr. dor.; coins et fermoirs en argent oxydé; étui en peau de truie (*Trautz-Bauzonnet*).

Première édition.

Exemplaire UNIQUE, imprimé sur VÉLIN. Il est orné de TRENTE-CINQ MINIATURES exécutées par un artiste du temps. Les lettres initiales des chapitres sont peintes en or et en couleurs. Il y manquait le premier et le dernier ff. que le relieur a remplacés par des ff. blancs : il est, en effet, très-probable que ces ff. étaient blancs, ou bien le premier contenait le titre, et le dernier, la marque de Vérard, ce qu'il est impossible de vérifier, car on ne connaît de ce beau livre même aucun exemplaire sur papier. En tout cas, le texte est bien complet et il contient (f° xxxv), chose rare à cette date, une charmante chanson composée de neuf vers, dont le premier est :

Alez vous en mon desir amoureux !

C'est feu P. Jannet qui a trouvé en 1850 ce livre précieux, et il l'a cédé à M. Yemeniz. On se rappelle la grande bataille qui a été livrée en 1867, à la vente de la riche collection du célèbre bibliophile lyonnais, pour la possession de ce trésor en son genre : il a été adjugé à M. Didot pour la somme de *dix mille francs*, aux applaudissements de la salle entière.

579. PERCEFOREST. La Tresele=‖găte Delicieuse ‖ Melliflue et tresplaisante Hystoire du... Roy Perceforest ‖ Roy de la grand Bretaigne.... *Nouuellemet Imprime a Paris. Mil. v. cẽs. xxxj* (1531) (au bas du frontispice :) *Egidius Gormontius.* (A la fin de la 6ᵉ partie :) *Cy fine le sixiesme et dernier Volume des anciennes Cronicques de la grant Bretaigne... Imprime nouuellement a Paris, et fut acheue ce present volume le. xviii. iour du moys de Decembre, Mil cinq cens. xxxii* (1532). 6 tom. en 2 vol. pet. in-fol., goth., à 2 col.; mar. rouge, riches compart. à la Grolier, doublé de mar. bleu, dent. à feuillages, tr. dor. (*Lortic*).

Seconde édition connue, fort rare. Très-bel exemplaire, bien complet. Qq. racc.

---

580. AMADIS de GAULE (les vingt-quatre livres). *Lyon, Chambéry et Paris*, 1575-1615. 24 vol. (dont 3 doubles) in-16, et 3 vol. in-8. — Le Thresor de tovs les livres d'Amadis de

Gaule. *Lyon.* 1606, 2 vol. in-16. — Ensemble 29 vol.; mar. bleu foncé, fil., tr. dor. (*anc. rel.*).

Voici la composition de cet exemplaire :

T. I<sup>er</sup> : *Lyon, B. Rigaud*, 1575; — t. II à VIII : *Lyon, Franç. Didier*, 1577; — t. IX : *Lyon, B. Rigaud*, 1575; — t. X : *Lyon, F. Didier*, 1577; — t. XI et XII : *Lyon, B. Rigaud*, 1576; — t. XIII : *Lyon, F. Didier*, 1577; — t. XIV : *Chambéry, Fr. Poumar*, 1575; — t. XV et XVI : *Lyon, B. Rigaud*, 1577-1578; — t. XVII : *Lyon, Et. Michel*, 1578; — t. XVIII : *Lyon, L. Cloquemin*, 1579; — t. XIX : *Lyon, J. Beraud*, 1582; — t. XX et XXI : *Lyon, L. Cloquemin*, 1581.

Les t. XIII à XXI n'ont paru que dans le format in-16, et c'est avec ces volumes qu'on complète l'édition in-8 des douze premiers livres.

Cet exemplaire a en double les volumes suivants, complément nécessaire des précédents : *le XVI<sup>e</sup> livre*, trad. par Nic. de Montreux, un jeune homme de 15 à 16 ans (*Paris, J. Poupy*, 1577): volume le plus rare de tous; — *le XIX<sup>e</sup> livre*, trad. par Jacques Charlot (*Lyon, L. Cloquemin*, 1581); — *le XX<sup>e</sup> livre*, trad. par Jean Boyron (*Lyon, A. Tardif*, 1582).

Les trois derniers livres de ce roman, qui n'ont paru que dans le format in-8, sont ici en édition originale (t. XXII : *Paris, Gilles Robinot*, 1615; — t. XXIII : *Paris, Cl. Rigaud*, 1615; — t. XXIV : *Paris, G. Robinot*, 1615).

Enfin, un dernier complément, le *Thresor de tovs les livres d'Amadis de Gavle...* (*Lyon, J.-A. Huguetan*, 1606, 2 vol. in-16) termine cette collection qu'il serait pour ainsi dire impossible de se procurer aussi complète, surtout en reliure ancienne et uniforme.

Cet exemplaire aurait fait partie de la bibliothèque de la marquise de Pompadour. Il est d'une belle conservation, sauf un certain nombre de coins racc. Il provient de la coll. d'*Edward Vernon Utterson*.

Le t. VII porte au titre cette inscription à l'encre : *Ce liure est à Daniel Dumonstier* : c'est le célèbre peintre de portraits au XVII<sup>e</sup> siècle.

581. FLORES DE GRÈCE. Histoire du tres-vaillant et redovté dom Flores de Grece, svrnommé le chevalier des Cignes, Second fils d'Esplandian, Empereur de Constātinople : mise en François par le Seigneur des Essars Nicolas de Herberay, commissaire ordinaire en l'artillerie. Reueuë et corrigée de nouueau outre les precedentes impressions. *Paris, Iean Ruelle,* 1573. In-8; mar. fauve, fil., comp. en mosaïque, tr. dor. (*Capé*).

Édition non indiquée au *Manuel* et fort bien imprimée.

Très-bel exemplaire, avec témoins.

582. OLIVIER DE CASTILLE. Oliuier de || Castille. (A la fin :) *Cy fine lhystoire de oliuier de castille Et de artus dalgarbe son loyal cõpaignõ Et de helayne fille au roy dãgleterre ɀ de henry filz de oliuier q̃ grās* || *fais darmes firēt en leur tēps.*

*Dieu leur pardoint & a tous trespassez. Amen.* S. l. n. d. In-fol., goth., à longues lign., fig. s. bois; mar. rouge, doublé de mar. rouge, riche dentelle int., tr. dor. (*Trautz-Bauzonnet*).

« Il est dit dans le prologue que *maistre Loys Garbin* (dit Cruise), *citoyen et imprimeur de Genesue*, a été sollicité d'imprimer ce roman. Les caractères sont, en effet, ceux des *Sept Sages de Rome,* imprimés par lui en 1492 (Didot, *Catal. raisonné*, n° 319) ».

Exemplaire UNIQUE, de toute beauté, avec témoins et non lavé.

583. PALMERIN D'OLIVE. L'histoire de Palmerin d'Oliue, filz du roy Florendos de Macedone, et de la belle Griane... traduit iadis par vn Auteur incertain de Castillan en Françoys, mis en lumiere et en son entier, selon nostre vulgaire, par Ian Maugin, dit le petit Angeuin. *A Paris, pour Vincent Sertenas...* 1553. (A la fin :) *Nouuellement imprimé à Paris par Est. Groulleau, pour luy, Iean Longis et Vincent Sertenas Libraires.* In-fol., fig. s. bois; veau fauve, fil. à compart., tr. dor. (*Bauzonnet*).

Curieuses figures sur bois; le dessin de plusieurs est attribué à Jean Cousin.

Très-bel exemplaire, réglé.

584. PALMERIN D'ANGLETERRE. Le premier [et le second] livre dv prevx, vaillant et tresvictorievx chevalier Palmerin d'Angleterre, filz dv roy dom Edoard... Traduit de Castillan en François par maistre Jacques Vincent, du Crest Arnauld en Dauphiné... *A Lyon, par Thibauld Payen,* M. D. LIII (1553). 2 part. en 1 vol. in-fol.; veau fauve, riches compart. à la Grolier, tr. dor. (*Hagué*).

Première édition. Magnifique exemplaire, très-grand de marges. H. : 0,329; celui de M. Yemeniz ne comportait que 315 mill.

d. *Romans de Rome la Grant, ou de l'Antiquité.*

585. JASON ET MÉDÉE. Cest lhystoire du preux et vaillant cheualier Ja==son filz au noble roy Eson roy de Thebes, et de samye Medee... (A la fin :) ....*Nouuellement imprime a Paris par Alain Lotrian...* S. d. (entre 1532 et 1543). In-4, goth., fig. s. bois; mar. vert, fil. à fr., tr. dor. (*Capé*).

L'auteur de ce roman est Raoul Le Fèvre, dont le style a été retouché dans la présente édition.

Exemplaire Yemeniz, avec témoins.

586. TROIE LA GRANDE. Le recueil des hystoires de Troye. ||
Le premier volume du recueil des || stoires (*sic*) et singulari-
tez de Troye la grande... Le tout cõpose par excellẽt hystoriographe... Raoul le feure... chapellain de... monseigneur
Philippe duc de Bourgoigne. (A la fin :) *Finist le recueil...
Imprime a Lyon par Anthoine du Ry, le second iour de Decembre. Lan mil cinq cens vingt ȝ neuf* (1529). 2 parties en
1 vol. pet. in-fol., goth., fig. s. bois; mar. rouge, comp. à
froid, fil., tr. dor. (*Duru*).

<small>Très-bel exemplaire de cette édition rare, ornée de curieuses figures sur bois. Qq. racc.</small>

587. FLORIMONT. Hystoire ȝ ancienne || Cronicque de lexcel-
lent roy Florimõt filz du noble Ma||taquas duc Dalbanie...
(A la fin :) ....*nouuellement imprimee pour Jehan longis... et
fut acheuee dimprimer le vingtiesme iour Dauril. Lan mil
cinq cens vingt huyt* (1528). In-4, goth., fig. s. bois; mar.
brun, fil. à compart., tr. dor.

<small>Première et rare édition d'un des plus rares romans de chevalerie.
Très-bel exemplaire, provenant de De Bure, Morel de Vindé et Yemeniz.</small>

588. ALEXANDRE LE GRAND. ICy cõmence lhystoi=||re du
tres vaillãt no||ble preux et hardy || roy Alixãdre le grãt || ia-
dis roy ȝ seigneur de tout le monde... (A la fin :) ..*nouuellemẽt imprime a Lyon sur le rosne par Oliuier Arnoullet*. S. d.
In-4, goth., à longues lignes, fig. s. bois; mar. rouge, fil. à
riches compart., doublé de mar. bleu, orn. intér., tr. dor.
(*Lortic*).

<small>Magnifique exemplaire d'une édition extrêmement rare.</small>

589. JUDAS MACHABÉE. Les excellẽtes magnifiques et trium-
phan||tes croniques. des treslouables et moult vertueux faictz
de la saincte hystoire de bible du tres||preux et valeureux
prince Iudas machabeus vng des .ix. preux tresuaillant iuif...
(Au r° du dern. f. :)... *Imprime a Paris... pour Anthoine
bon mere Imprimeur... ȝ acomply ou moys Daoust. Lan de
Salut Mil cinq Cens et .xiiii.* (1514). Pet. in-fol., goth., fig.
s. bois; mar. La Vallière, compart. à froid, tr. dor. (*Bauzonnet*).

<small>Première édition, rare, ornée de figures sur bois remarquables.
Exemplaire Cigongne, très-grand de marges. Racc. aux premiers ff.</small>

590. (DESTRUCTION DE JERUSALEM.) *S. l. n. d.* (*Lyon,
Guillaume Le Roy*, vers 1480). In-fol., goth., ff. non ch.,

sign. a-eij, à 24 et 25 lignes par page entière; mar. rouge, fil., tr. dor. (*Padeloup*).

> Édition imprimée avec les caractères du *Doctrinal du temps* de Michault. Le présent exemplaire est incomplet des ff. *a* et *eiii*, mais il est le SEUL CONNU. Grand de marges; celle du bas du dern. f. est rapportée. Racc.

**591. LES SEPT SAGES DE ROME.** Les sept sages de Rõme. (A la fin :) *Cy finist le present liure des sept* || *Sages de Romme. Imprime a Ge*||*neue. Lan* M.CCCC.XCiiii (1494). *Le* || *x.xj iour de Iullet. Dieu en soit loue.* || *Amen.* In-fol., goth., de 52 ff. (le dern. blanc), fig. s. bois; veau fauve, compart. en or et en couleurs, tr. dor. et cis. (*Hagué*).

> L'une des premières éditions. Elle est ornée de 50 gravures sur bois des plus intéressantes (voir Didot, *Catal. raisonné*, n° 320).
> Superbe exemplaire, très-grand de marges, et L'UN DES DEUX CONNUS : le second est à la bibl. de l'Arsenal. Qq. racc.

**592. (LES NEUF PREUX.)** (A la fin :) *Cy fine le liure intitule le trium=*||*phe des neuf preux... Et* || *a este imprime en la ville dabbeuil=*||*le par Pierre gerard et finy le penul*||*time iour de may lan mil. quatre c s quatre vingtz sept* (1487). Pet. in-fol., goth., à 2 col., fig. s. bois; mar. rouge, riches compart. en mosaïque, doublé de mar. bleu à comp. en mosaïque, tr. dor. et cis; étui de mar. La Vallière (*Lortic*).

> Première édition, extrêmement rare. C'est le troisième livre imprimé à Abbeville.
> Magnifique exemplaire, dans une superbe reliure.

**593.** Les neuf preux : || Nouuellement imprime a Paris. (A la fin :) *Imprime a Paris par Michel le noir... Et fut acheue le troiziesme iour de decembre. Lan mil cinq cens ɤ sept.* (1507). In-fol., goth., fig. s. bois; mar. rouge, fil., tr. dor. (*anc. rel.*).

> Seconde édition connue et presque aussi rare que la précédente d'Abbeville. Très-bel exemplaire, de la bibl. Cigongne. Les ff. Oiiii et Riiii sont transposés.

**594. LES TROIS GRANDS.** Les troys grans. (A la fin :) *Cy finent les troys grans. Cestassauoir* || *Alexandre. Pompee. et Charlemaigne.* S. l. n. d. In-4, goth., fig. s. bois; mar. rouge, fil., doublé de mar. bleu à riche dentelle, tr. dor. (*Trautz-Bauzonnet*).

> Seule édition connue de ce roman. Exemplaire UNIQUE et très-beau, sauf qq. racc. Charmante reliure. De la coll. Yemeniz.

### e. *Romans d'aventures.*

**595. GÉRARD DE NEVERS.** Lhistoire de tres=‖ noble et cheualereux ‖ prīce Gerad (*sic*) cōte ‖ de neuers ꝛ de rethel ꝛ de la ‖ vertueuse et tres ‖ chaste prīcesse euriant de sauoye sa mye (au-dessous, la marque de Hemon le Fevre). (A la fin :)... *Noullement* (sic) *iprime a Paris Le .xxiij*[e] *De may. M. ccccc. xx.* (1520). *Pour Hemon le Feure*... In-4, goth., fig. s. bois; mar. rouge du Levant, fil. à fr., doublé de mar. bleu doré en plein à petits fers, tr. dor. (*Bauzonnet-Trautz*).

Première édition connue. Elle est de toute rareté et M. Brunet n'en cite que le présent exemplaire qui provient de la coll. Solar. Un certain nombre de ff. soit remargés. La dorure des plats intérieurs est d'une grande richesse.

**596. CLAMADES.** (Au r° du dern. f. :) *Cy finist clamades liure tresexcellent ꝛ pi‖teux Imprime a Vienne par maistre pierre ‖ schenck*. S. d. In-4, goth., à longues lignes; mar. vert, fil. à compart., tr. dor. (*Duru*).

SEUL EXEMPLAIRE CONNU de cette édition, mais incomplet du feuillet de titre et du cahier *d* tout entier composé de 8 ff. Une figure sur bois au v° du dern. f. De la coll. Yemeniz. Qq. racc.

**597. VALENTIN ET ORSON.** Lhystoire des deux nobles et vail=-lans chevaliers Valentin ꝛ Orson enfans de lempereur de Grece et ne ‖ pueux au treschrestiē roy de frāce Pepin... (A la fin :)... *Imprime a Lyon p Olliuier Arnoullet Lan Mil. ccccc. xxxix* (1539) ꝛ *le xxj de Apuril.* In-4, goth., fig. s. bois; mar. La Vallière, riches comp. à la Grolier, tr. dor. (*Hagué*).

Édition extrêmement rare. Exemplaire avec témoins. Une piqûre de vers non bouchée, et une autre mal raccommodée.

**598. ROBERT LE DIABLE.** LA terrbile (*sic*) et mer=‖ueilleuse vie de Robert le Dyable ‖ filz du duc Haubert de Normādie. ‖ Lequel en son cōmencemēt estoit tres maul=uais : et apres fut nomme homme de Dieu. (A la fin :)... *Imprime nouuellement a Lyon : par Iean Canterel dit Motin, en la maison de feu Barnabe Chaussard :...* 1545. Pet. in-4, goth., fig. sur bois; mar. orange, compart. en or et à fr., tr. dor. (*Duru-Chambolle*).

Édition de toute rareté, non indiquée au *Manuel*. Très-bel exemplaire, avec témoins.

599. GUILLAUME DE PALERME. Lhystoire du noble et preulx vaillant cheualier Guillaume de Palerne (*sic*) ¢ de la belle Melior... (A la fin :) *Imprime nouuellement a Lyon. Le viij de Iuing Mille. cccc. et lij* (1552) *par Oliuier Arnoullet.* Pet. in-4, goth., fig. s. bois, mar. brun; comp. à froid, tr. dor. (*Duru-Chambolle*).

Première édition connue, de toute rareté. M. Brunet ne cite que l'exemplaire de la bibl. de l'Arsenal. Celui-ci est très-beau, mais a le titre refait en fac-simile.

600. HUGUES CAPET. Ein lieplichs lesen vnd ein‖warhafftige Hystorij wie‖einer (d' da hiesz Hug Schapler vñ wz metzgers gschlecht) ein gewaltiger küng‖zu Franckrich ward... (A la fin :) *In dem iar M. V$_c$... disz bücchlin getrückt vnd seliglichen geendet durch Hans Grüningern in der kaiserlichen fryen Statt Strasburg* (1500). In-fol., goth., fig. s. bois; mar. lie de vin, fil., ornem. en mosaïque sur les plats, tr. dor. (*Lortic*).

Le texte original de la chanson de geste de *Hugues Capet*, composée vers 1340, n'a été publiée que de nos jours, par le marquis de La Grange (Paris, 1864, in-16), d'après le seul manuscrit connu. Il n'en existe aucune traduction en prose française, mais a été traduit en prose allemande vers 1440, par Élisabeth de Lorraine, comtesse de Vaudemont, mariée au comte de Nassau-Saarbruck. L'édition ci-dessus est la première de cette traduction publiée par Conrad Heindörffer. Elle est ornée de 36 grandes figures sur bois, et les exemplaires en sont presque introuvables. Celui-ci est magnifique et avec témoins.

601. MELUSINE nouuelle‖mēt corrigee et im-‖primee a paris Par pierre le Caron-‖ (au-dessous, la marquede Jehan Petit). (A la fin :) *Cy finist lystoire de melusine nouuellement Imprimee a Paris par Pierre le Caron Demourant en la rue de la iuyrie*...S. d. (vers 1495). In-fol., goth., à longues lignes, fig. s. bois; cuir de Russie, fil., tr. dor. (*Trautz-Bauzonnet*).

Édition fort rare de ce roman dû à la plume de Jean d'Arras.
Exemplaire grand de marges. Piq. de vers racc. et le dern. f. remargé.

602. (MÉLUSINA.) Das abenteürlich büch beweiset vns võ‖einer frawen genant Melusina... (A la fin :) *Getruckt vnd vollendt von Iohanni bämler zu Augspurg... Anno dñi M. CCCC. LXXX. iar* (1480). In-fol., goth., fig. s. bois; mar. rouge, riche dent., tr. dor. (*rel. angl.*).

« Édition non citée au *Manuel* de ce roman de chevalerie. Les gravures

« sur bois sont singulières par leur rudesse et leur extrême archaïsme. Elles
« sont exécutées dans la manière des xylographes primitifs (Didot, *Catal.*
« *raisonné*, n° 10). »

Cette traduction a été faite sur l'original français par Thüring von Ring-
geltingen. Magnifique exemplaire, très-grand de marges.

603. GEOFFROY A LA GRAND DENT. Sensuyt les faitz et
gestes des ‖ nobles cõquestes de Geoffroy a‖ la grāt dēt seigneur de Lusignen (*sic*) ‖ ꝯ sixiesme filz de Raymondin cō‖te
dudict lieu ꝯ de Melusine. (A la fin :) *Imprime a Lyon sur le
Rosne pres nostre dame de cõfort par Oliuier Arnoullet. Le.
xxv. de Octobre. Mil. CCCCC. xlix* (1549). In-4, goth., fig.
s. bois; mar. vert, fil., tr. dor. (*aux armes de* MARLBO-
ROUGH).

La plus ancienne édition connue de ce roman. Elle est de toute rareté. Le
héros du roman est Geoffroy II de Lusignan, fils de Geoffroy Ier et d'Eustache
Chabot. D'après la légende, il aurait été fils de la fée Mélusine. C'était un
fameux guerrier du milieu du XIIIe siècle; il eut même l'audace de se mettre
en révolte contre le roi saint Louis.

604. BAUDOUIN DE FLANDRES. (Au r° du 5° f.:) Cy commence le liure‖de baudoyn conte de flan‖dres Et de ferrant
filz au ‖ roy de portingal qui apres ‖ fut conte de flandres.
(A la fin :)... *Impresse a lion sur le rosne & fini le douzeiesme
iour du moys de nouembre lā courant mil iiii cens lxxviii*
(1478) (par Barth. Buyer). Pet. in-fol., goth., à 2 col.; mar.
rouge, riches compart., doublé de mar. bleu, avec riches
orn. aux angles et au centre, tr. dor. (*Lortic*).

Première édition. Magnifique exemplaire, réglé. Piq. de vers racc.

605. PARIS ET VIENNE. Paris et la belle ‖ Uienne. (A la fin :)
*Cy finist lhystoire du tresuaillãt cheualier Paris et de la belle
Vienne fille du daulphin de viennoys... Imprimee a Lyõ sur
le rosne par Claude nourry alias le prince. Le. xxvi. iour de
Auril. Lan. M. CCCCC. & xx.* (1520). In-4, goth., fig. s. bois;
mar. bleu, comp., tr. dor. (*Bauzonnet*).

Édition extrêmement rare. Exemplaire d'Armand Bertin, l'un des deux
que signale le *Manuel*. Racc.

606. TROIS FILS DE ROIS. Sensuit le liure des ‖ trois filz de
Roys ‖ cest assauoir de fra=‖ce, ‖ dangleterre, et descosse,
lesquelz en leur ieu=‖nesse pour la foy crestiẽne eurẽt de
glorieuses vi‖ctoires sur les turcz au seruice du roy de cecille
‖ leql fut fait apres vng des lecteurs de lempire. (A la fin:)...

*Imprime nouuelle*||*ment a Paris par Alain Lotriã Impri*||*meur et libraire demourãt en la rue neuf*||*ue nostre dame a l'eseigne de lescu d' Frãce.* S. d. (entre 1532 et 1540). In-4, goth., fig. s. bois; mar. rouge, fil., ornem. et tr. dor. (*anc. rel.*).

<small>Édition de toute rareté, non indiquée au *Manuel*.
Très-bel exemplaire. Les figures sont coloriées.</small>

607. **FLORENT ET LYON** enfans || de lempereur de romme. || X. ca. (au-dessous, une grande grav. s. bois). (A la fin :) *Cy finist lhistoire de Flo*||*rent et Lyon. Nouuellemēt* || *imprime a Paris en la rue* ||*Neufue nostre Dame a len*||*seigne de lescu de France.* In-4, goth., à 2 col. de 39 lignes à la page, de 42 ff., fig. s. bois; mar. rouge jans., doublé de mar. rouge, doré en plein à petits fers, tr. dor. (*Capé*).

<small>Première édition, non citée au *Manuel* et rarissime. Elle est sortie des presses d'Alain Lotrian, vers 1532-40.
Magnifique exemplaire, avec témoins.</small>

608. **HÉLÈNE DE CONSTANTINOPLE.** Le Romant de la || belle Helaine de || Constantinople || Mere de Sainct Martin de Tours en Touraine, ҫ de Saint Brice || son Frere. XI. Ca. *A Paris. Chez Simon Caluarin, rue Sainct Iacques a lenseigne de la Rose blanche couronnee.* S. d. In-4, goth., à 2 col.; mar. vert, fil. à comp., tr. dor. (*Trautz-Bauzonnet*).

<small>La date de cette édition fort rare se rapporte à l'intervalle compris entre 1553 et 1593.
Exemplaire réglé, grand de marges. Qq. racc. De la bibl. Yemeniz.</small>

609. **BERINUS.** Sensuyt la descript||ion en forme de ro=||mãt de lhystoire du || noble cheuallier Berinus. Et du vaillant, et tres || cheualereux chãpion Aygres de laymant son filz||... Nouuellemēt reduit de langaige incõgneu au vulgaire langage frãcoys... (A la fin :)... *Imprime nouuellemēt a paris p Iehã Iannot* (sic)... In-4, goth., à 2 col., fig. s. bois; mar. bleu, fil. à fr., tr. dor. (*Niedrée*).

<small>On apprend par le privilége, imprimé au verso du frontispice, que ce livre a été achevé le 18 décembre 1521. C'est la plus ancienne édition de ce roman. Le *Manuel* n'en cite aucune adjudication.
Exemplaire Yemeniz. Le dern. f. est réparé.</small>

610. **LE CHEVALIER DORÉ.** La plaisante et amoureuse histoire du cheuallier dore, et de la pucelle surnommee cueur dacier. (A la fin :).. *nouuellement imprimee* MDXLII (1542).

Pet. in-8, lettres rondes ; fig. s. bois ; mar. rouge, fil., doublé de mar. bleu, dent., tr. dor. (*Trautz-Bauzonnet*).

Édition rare de ce roman qui n'est qu'un épisode de celui de Perceforest. Exemplaire Yemeniz, couvert d'une élégante reliure. .

611. PIERRE· DE PROVENCE. Au nom de nostre || seigneur ihūcrist cy conmence listoi||rē du vaillant cheualier || pierres filz du conte de || prouence et de la belle || maguelonne... Et fut || mis en cestui lāgage lan || mil CCCC ljjj en la ma||niere qui sensuit (par Bernard de Treviers). (A la fin :) *Cy finist le liure & lys||toire de pierre filz du cō||te de·prouēce & de la bel||le maguelonne fille du* || *roy de naples. Deo gracias.* S. l. n. d. In-fol., goth., à 2 col.; mar. rouge, fil. à fr., tr. dor. (*Duru*)

Édition imprimée avec les caractères dont s'est servi Bart. Buyer à Lyon vers 1478.

UNIQUE exemplaire complet, provenant des bibl. du prince d'Essling et d'Yemeniz. Il est magnifique de grandeur et de conservation ; les deux dern. ff. réparés dans les marges.

612. La belle Maguelonne. (A la fin :) *Cy finist le liure et hystoire de Pierre filz du conte de Prouence, et de la belle Maguelonne fille du roy de Naples. Imprime a Rouen, par Richard Goupil. Pour Michel Angier Libraire & relieur de luniuersite de Caen, demourant audit lieu... Pour Iehan Mace libraire : demourant a Rennes,... Et pour Richard Mace : demourant a Rouen...* S. d. (vers 1530). Pet. in-4, goth.; mar. vert, fil., riche dent., tr. dor. (*Bauzonnet*).

Édition extrêmement rare. Exemplaire d'Armand Bertin. Très-pur.

613. GUERIN MESQUIN. Le premier liure de Guerin Mesquin. || La tresioyeuse plaisan||te ⁊ recreatiue hystoire des faitz, gestes, triumphes || ⁊ prouesses du tres preulx ⁊ vaillāt cheualier Gue=||rin par aduent nomme ||Mesquin filz de Millon de|| Bourgōgne, prince de Tarante, ⁊ en son temps roy || Dalbanye... traduyct || de vulgaire Italien en langue Francoyse. Par hō=||neste personne Jehan Decuchermoys... *On les vend a Lyon en la boutic=||que de Romain Morin.* (A la fin :)... *acheue de Imprimer le. xvi. de Auril. Mil. ccccc. et. xxx.* (1530) *par Oliuier Arnoullet.* Gr. in-4, goth., fig. s. bois ; mar. rouge, riches comp. à la Grolier, doublé de mar. orange, dent. à feuill., tr. dor. (*Lortic*).

Première édition, fort rare.

A la suite de la souscription, on lit : *Sensuyt aulcun brief traicte du voyage* de *Hierusalem de Rome. Et de Mõsieur sainct Nycolas de bar en Poullie*. Le titre de ce traité porte : *Sensuyt le sainct voyage de Hierusalem*; il occupe les 6 derniers ff.

Magnifique exemplaire, très-pur et avec témoins.

614. GÉRILÉON D'ANGLETERRE. Le premier livre de la plaisante et delectable histoire de Gerileon d'Angleterre... Nouuellement mis en François par Estienne de Maison-nevfve Bordelois. *A Paris, Par Iean Borel*, 1572. Pet. in-8, de 156 ff.; veau fauve, fil., tr. dor. (*Kœhler*).

Première et rare édition de ce roman. Elle ne contient que le premier livre. Très-bel exemplaire.

615. Le premier [et le second] livre de la plaisante et delectable histoire de Gerileon d'Angleterre... *A Paris, Chez Iean Houzé*, 1586. 2 vol. pet. in-8; mar. rouge, fil. orn., tr. dor. (*Mackenzie*).

Première édition complète, contenant les deux livres. Elle est extrêmement rare.

Très-bel exemplaire, non lavé, provenant des doubles de la bibl. du roi.

616. THESEUS DE COLOGNE. LHystoire Tresre-creatiue : traictant ‖ des faictz ⁊ gestes ‖ du Noble ⁊ vaillant Cheualier Theseus de Coulongne... *A Paris. Pour Jehan Bonfons*. S. d. 2 t. en 1 vol. in-4, goth., à 2 col.; veau fauve, fil., tr. dor. (*Padeloup*).

Bel exemplaire d'un roman qui n'a eu que deux éditions. Fort rare.

f. *Chroniques romanesques.*

617. BERTRAND DU GUESCLIN. Bertrand du guesclin. (A la fin :) *Cy finist le liure des faiz de messire Bertrand du guesclin cheualier Jadiz connestable de france et seigneur de longueuille* . S. l. n. d. In-fol., goth., à 2 col., de 35 lignes, de 88 ff., sign. a-o, fig. s. bois; mar. rouge, fil. à froid, doublé de mar. vert, riche dent., tr. dor. (*Bauzonnet*).

Première édition, fort rare. Les caractères paraissent appartenir à l'un des premiers imprimeurs lyonnais du XVe siècle.

Magnifique exemplaire, provenant d'Armand Bertin. Le dernier f., contenant la même gravure sur bois que celle qui se trouve au v° du 1er f., est refait.

618. Bertrand du Guesclin. Les prouesses et vaillāces du ‖ preux et vaillāt cheualier Ber‖trand du Guesclin. Iadis cō‖nesta-

ble de France... ( A la fin : )... *Imprime nouuelleniēt a Lyon par Oliuier Arnoullet. Et fut acheue le. xviii. iour de May. Mil. CCCCC. & xxix* (1529). Pet. in-4, goth., fig. s. bois; mar. rouge, fil. à comp., tr. dor. (*Bauzonnet*).

> Édition presque aussi rare que la précédente. Très bel exemplaire, avec témoins. De la bibl. du prince d'Essling.

B. Romans de divers genres, Contes, Nouvelles, etc.

619. (LA SALLE, Ant. de.) LHystoyre et plaisante cronicque ‖ du petit Iehan de saintre, de la ieune dame des belles cousines sans ‖ autre nom nommer, auecques deux autres petites hystoires de mes‖sire Floridan et la belle Ellinde, et l'extraict des cronicques de flandres... (A la fin : )... *Nouuellement Imprime a paris par Michel le noir... Le quinziesme iour de Mars Lan mil cinq cens & xvii.* (1517). Pet. in-fol., goth., à 2 col., fig. s. bois; mar. rouge, comp. à la Grolier, doublé de mar. bleu, rich. orn. int., tr. dor. (*Lortic*).

> Première édition connue de ce joli roman; elle est aussi la plus rare et la plus recherchée. L'exemplaire du duc de La Vallière a été vendu 2,455 fr. chez Solar. Celui-ci est grand de marges et d'une conservation parfaite.

620. (LA SALLE, Ant. de.) Lhystoire ʒ cronic‖que du petit Ie-hā de saintre ʒ de la ieune dame des belles cousines... *A Paris. Pour Jehan bonfons... rue neufue nostre Dame a Lenseigne sainct Nicolas* (1553). Pet. in-4, goth., à 2 col.; mar. bleu, fil. à fr., doublé de mar. rouge, riche dent., tr. dor. (*Duru*).

> Édition rare. La date de 1553 se trouve dans une souscription qui précède la table.
> Exemplaire très-pur, mais avec de petites marges.

621. JEHAN DE PARIS. Sensuyt ung tres-‖ beau ʒ excellēt ro ‖ mant nomme Jehan de Paris Roy de France‖... (Au v° du dern. f. :) *Cy finist... Imprime nouuellement a Lyon par Pierre de saincte Lucie, dict le Prince pres nostre dame de Confort.* S. d. (avant 1532). Pet. in-4, goth., à longues lignes, fig. s. bois; cuir de Russie, fil., tr. dor. (*aux armes d'*Utterson).

> Nous avons dit plus haut (n° 47), en décrivant un important manuscrit de *Jehan de Paris*, que c'est un des meilleurs et des plus anciens romans français dans le genre comique. Depuis que M. de Montaiglon a établi avec beaucoup de probabilité que le sujet de cette charmante œuvre littéraire est le

mariage de Charles VIII avec Anne de Bretagne, il ne convient plus de la classer aux romans de chevalerie : elle est absolument originale et ne doit rien aux chansons de geste.

L'édition ci-dessus est la plus ancienne que l'on connaisse de ce roman. Elle est extrêmement rare et il y a une trentaine d'années on en ignorait même l'existence.

Très-bel exemplaire, avec témoins. De la coll. Yemeniz.

622. Les cent nouuelles, nou‖uelles. Contenant en soy ‖ Cēt chapitres et hystoires, ou nou‖ueaulx comptes plaisans ꝯ recrea‖tiz (sic) pour deuiser en toutes compai‖gnies par ioyeusete. (Au r° du dernier f. :) *Cy finissent les cēt nouueaux* (sic) *comptes des cent nouuelles nouuelles.... Imprimes a paris Par Ichan trepperel Imprimeur et libraire...* S. d. (entre 1491 et 1511). In-4, goth., à 2 col., fig. s. bois; mar. brun jans., tr. dor. (*rel. angl.*).

Édition fort rare, imprimée par Jean Ier Trepperel. C'est sans doute la plus ancienne dans le format in-4°.

Exemplaire très-pur, de la bibl. Solar.

623. Les Cent nouvelles nouvelles... *Cologne, Gaillard,* 1701. 2 vol. pet. in-8, front. et fig. en taille-douce; mar. citron, fil., tr. dor. (*Derome*).

Édition recherchée pour les figures de Romain de Hooge. Très-bel exemplaire, avec les vignettes tirées à part.

624. Le droict che‖min de Lopi-‖tal, Et de ceulx qui en ‖ sont possesseurs ꝯ heritiers. *S. l. n. d.* In-8, goth., de 8 ff.; mar. violet, fil., tr. dor.

Pièce en prose terminée par quatre vers. Fort rare.

Exemplaire avec témoins au bas, mais mal rogné en tête. De la bibl. Yemeniz.

625. (RABELAIS.) La vie inestimable du grant Gargantua, pere de Pātagruel, iadis cōposee par L'abstracteur de quinte essence. Liure plein de pantagruelisme M.D.XXXVII. *On les vend a Lyon chés Francoys Iuste, deuant nostre Dame de confort.* In-16, goth., de 119 ff. ch.; mar. citron, orn. sur les plats, tr. dor. (*Trautz-Bauzonnet*).

Édition fort rare, qui reproduit celle de 1535, la plus ancienne connue avec date de ce premier livre de Rabelais.

Très-bel exemplaire, réglé, ayant appartenu à Madame de POMPADOUR dont les armes, qui étaient sur l'ancienne reliure, ont été adaptées à l'intérieur de la nouvelle.

**626.** (RABELAIS.) La vie tres hor||rificque du grand Gargan-||tua, pere de Pantagruel || iadis cōposee par M. || Alcofribas abstrac-||teur de quinte || essence. Liure plein de Pantagruelisme. M. D. XLII. *On les vend a Lyon chez Francoys Juste, deuāt nostre dame de Cōfort.* (A la fin : ) *Imprimé a Lyon par Frācoys Juste.* — Pantagruel, || Roy des Dipsodes, restitue || a son naturel, auec ses faictz || et prouesses espouenta||bles : cōposez par feu ||M. Alcofribas || abstracteur || de quinte || essence. M.D.XLII. *On les vend a Lyon chez Francoys Juste...* — 2 part. en 1 vol. in-16, goth., fig. s. bois; mar. rouge, fil. à comp. dor. à petits fers, doublé de mar. citron, dent., tr. dor. (*Trautz-Bauzonnet*).

<small>Édition de toute rareté, dont il est extrêmement difficile de trouver les deux parties.
Magnifique exemplaire, très-grand de marges, couvert d'une délicieuse reliure. Il provient des bibl. de Clinchamp, Solar, Double et Desq. II. : 0,103.</small>

**627.** (RABELAIS.) La Plaisante et ioyevse histoyre du grant Geant Gargantua. Prochainement reueue, et de beaucoup augmentee par l'Autheur mesme. *A Lyon, chez Estienne Dolet,* 1542. — Pantagruel, roy des Dipsodes, restitvé à son naturel.... Plvs Les merueilleuses nauigations du disciple de Pantagruel dict Panurge. *A Lyon, chés Estienne Dolet,* 1542. — 2 tom. en 1 vol. in-16, fig. s. bois; mar. vert, rich. orn. sur les plats, tr. dor. (*Niedrée*).

<small>Édition précieuse et rarissime, dont on trouve difficilement les deux parties ainsi réunies.
Très-bel exemplaire, bien complet.</small>

**628.** RABELAIS. Le Qvart livre des faictz et dictz Heroïques du bon Pantagruel. Composé par M. Francoys Rabelais docteur en Medicine. Auec priuilege du Roy. 1552. (A la fin :) *A Rouen, par Robert Valentin, Libraire.* In-16; mar. citron, fil., tr. dor. (*Capé*).

<small>L'une des premières éditions de ce livre complet. Joli exemplaire. Un certain nombre de ff. habilement remargés en tête.</small>

**629.** (RABELAIS.) La plaisante et ioyevse histoyre du grand Geant Gargantua... — Second livre de Pantagruel... —Tiers liure des Faictz.... du noble Pantagruel. *Valence, Claude La Ville,* 1547. 3 tom. en 1 vol. in-16, fig. sur bois; mar. brun, fil. à fr., tr. dor. (*Lortic*).

<small>Contrefaçon, faite au commencement du xvii<sup>e</sup> siècle, de l'édition de Valence.
Très-bel exemplaire.</small>

630. RABELAIS. Les OEvvres de M. François Rabelais, Docteur en Medecine. Contenant cinq liures de la vie, faictz et dicts Heroiques de Gargantua, et de son filz Pantagruel. Plvs la prognostication Pantagrueline, auec l'Oracle de la diue Bacbuc, et le mot de la Bouteille... Le tout par M. François Rabelais. *A Lyon, Pour Pierre Estiard*, 1574. 3 tom. en 1 vol. in-16; mar. bleu, fil. à fr., tr. dor. (*Duru*).

<small>La troisième partie porte au titre cette adresse : A Anvers, par François Nierg, 1573. Très-bel exemplaire.</small>

631. CRENNE (Helis. de). Les OEvvres de ma dame Helisenne de Crenne... A sçauoir, Les angoisses douloureuses qui procedent d'amours. Les Espistres familieres et Inuectives. Le songe de ladicte dame. Le tout reueu et corigé de nouueau par elle. *A Paris, par Est. Groulleau*, 1551. In-16, fig. s. bois; mar. orange, fil. à comp., tr. dor. (*Trautz-Bauzonnet*).

<small>La première vignette est la même que la 28e du délicieux petit volume intitulé *l'Amour de Cupido et Psiché* dont les ravissantes gravures sur bois ont été exécutées d'après Jean Cousin.
Charmant exemplaire.</small>

632. MARGUERITE D'ANGOULÊME. L'Heptameron des Novvelles de tresillvstre et tres excellente princesse Margverite de Valois, Royne de Nauarre... *Paris, Gilles Robinot* (1559). (A la fin :) *Imprimé à Paris, par Benoist Preuost*... 1559; mar. La Vallière clair, fil., riches compart. semés de marguerites, doublé de mar. orange à riches ornem., tr. dor. (*Hardy-Mennil* et *Marius Michel*).

<small>Édition originale des 72 nouvelles; c'est la même dont il y a des exemplaires avec les adresses de V. Sertenas ou de J. Cavellier. Elle est extrêmement rare.
Exemplaire grand de marges, très-pur, sauf. racc. au titre. H. : 0,221.</small>

633. MARGUERITE D'ANGOULÊME. L'Heptameron || des nov-|| velles de || tresilly||stre et || tres||excellen||te prin-||cesse, Margverite || de Valois, || royne de Navarre. *Imprime* (sans lieu d'impression ni nom de libraire) *M.D.LX.* (1560). In-16, de 16 ff. et 726 pp.; mar. rouge jans., tr. dor.

<small>De toute rareté. M. Brunet dit : « Édition peu connue, décrite par Ebert », et il n'en cite aucune adjudication.
Très-bel exemplaire, avec témoins. Qq. marges restaurées.</small>

634. MARGUERITE D'ANGOULÊME. Les Nouvelles de Marguerite, Reine de Navarre. *Berne, Nouvelle Société typographi-*

*que*, 1780-81. 3 vol. in-8, avec fig. gr. par de Longueil, etc., d'après Freudenberg, et front. et culs de lampes d'après Dunker; mar. bleu, fil., tr. dor.

<small>Magnifique exemplaire, avec témoins. Très-jolies épreuves.</small>

635. LA FONTAINE. Les Amovrs de Psiché et de Cupidon, par M. de La Fontaine. *Paris, Cl. Barbin*, 1669. In-8; veau brun (*anc. rel.*); étui de mar. La Vallière (*Lortic*).

<small>Première édition et la seule publiée du vivant de l'auteur. Elle contient aussi en original le poème d'Adonis qui est le complément naturel du précédent.

Précieux exemplaire comme ayant appartenu à LA FONTAINE lui-même qui a écrit sur les marges de nombreux changements qu'il voulait introduire dans son œuvre. Beaucoup de vers sont remplacés par d'autres. Les corrections de style sont de peu d'importance ; elles sont rares surtout dans le texte en prose, texte qui avait été très-travaillé, et en effet, La Fontaine avoue dans sa préface que la Prose, bien qu'elle soit la langue naturelle des hommes, lui a coûté autant que ses vers. La modification la plus considérable dans cette partie se trouve à la p. 34 où le poëte a biffé 10 lignes commençant par : « Cela devoit estre beau », et a écrit en marge : « *Ostez cela dans une réimpression* ».

Cette réimpression ne fut faite que longtemps après sa mort, et le nouvel éditeur n'avait pas à sa disposition les corrections indiquées par l'auteur dans le présent exemplaire, corrections qui demeurent entièrement INÉDITES.</small>

636. FÉNELON. Suite du quatriéme livre de l'Odyssée d'Homere, ou les Avantures de Telemaque fils d'Ulysse. *A Paris, chez la veuve Claude Barbin*, 1699. In-12; mar. citron, fil., tr. dor. (*Lortic*).

<small>Édition originale de la première partie du Télémaque.
Très-bel exemplaire.</small>

637. FÉNELON. Les Avantures de Telemaque fils d'Ulysse ou Suite du quatrieme livre de l'Odyssée d'Homere. *Suivant la copie de Paris à la Haye chez Adrian Moetjens*, 1699. 5 part. en 3 vol. in-12; mar. citron, fil., tr. dor. (*anc. rel.*).

<small>La première partie est de la deuxième édition faite sur celle de Paris, avant la rectification des titres courants; les quatre parties suivantes sont en éditions originales. La IIe suite du t. II a été transposée à la reliure avant la 1re suite du même vol.

Exemplaire aux armes de la comtesse DE VERRUE; le premier volume est notablement plus court que les deux autres.</small>

638. FÉNELON. Les Avantures de Télémaque, fils d'Ulysse. Par feu Messire François de Salignac de la Motte Fenelon... Pre-

ROMANS ÉTRANGERS.

miere édition conforme au Manuscrit original. *Paris, Florentin Delaulne*, 1717. 2 vol. in-12, portrait et fig. s. cuivre; veau fauve, fil., tr. dor.

La plus belle de toutes les anciennes éditions de Télémaque.
Exemplaire grand de marges et très-pur.

639. FÉNELON. Les Aventures de Télémaque, fils d'Ulysse, par M. de Fénelon. *Paris, de l'Imprimerie de Monsieur (P. Fr. Didot jeune)*, 1790. 2 vol. gr. in-8, portr. et fig. en taille-douce; mar. rouge, fil. à compart., doublé de tabis, tr. dor. (*Bozérian*).

Exemplaire sur papier de Hollande, avec les figures de Marillier avant la lettre.

640. La Fluste de Robin en laquelle les chansons de chasque mestier s'egnaient, vous y apprendrez la maniere de iouër de la fluste, ou bien de vous en taire avec traitz de paroles dignes de vostre veuë si les considerez. *S. l. n. d.* Pet. in-8; mar. vert, fil., tr. dor. (*Simier*).

Facétie d'une rareté extrême, écrite vers la fin du XVII<sup>e</sup> siècle. Exemplaire ayant appartenu successivement à Charles Nodier, au prince d'Essling et à J.-Ch. Brunet.

641. (MONTESQUIEU.) Le Temple de Gnide. Nouvelle édition avec figures gravées par N. Le Mire d'après les dessins de Ch. Eisen. Le texte gravé par Drouet. *Paris, chez le Mire, graveur*, 1772. Gr. in-8; veau éc., fil., tr. dor. (*Derome*).

Très-bel exemplaire. La 2<sup>e</sup> pl. de *Céphise* (p. 103) est de premier tirage, avec la légende : *Embrassez-moi...*

2. *Romans, Contes, etc., étrangers.*

642. LEONE. Leon hebriev (Abarbanel) de l'amovr (traduit par Ponthus de Thyard). *A Lyon, par Ieàn de Tovrnes*, 1551. 2 t. en 1 vol. in-8; mar. noir, riches compart., tr. dor. (*anc. rel.*).

Exemplaire aux chiffres couronnés de LOUIS XIII et d'ANNE d'AUTRICHE. Au milieu des plats, on a frappé les initiales H. D.
Le dernier f. (fin du privilége) a été arraché; un mot coupé au titre.

643. BOCCACCIO. Il Decamerone di M. Giovanni Boccaccio, novamente corretto con tre novelle aggivnte. (A la fin :) *Impresso in Vinegia nelle case d'Aldo Romano, et d'Andrea Aso-*

*lano suo socero nell' anno M. D. XXII. Del mese di Nouembre.* Pet. in-4; mar. rouge du Levant, fil. et compart. à froid, avec l'ancre Aldine sur les plats, tr. dor. (*Capé*).

<blockquote>
Édition à la fois belle, rare, et recherchée.<br>
Magnifique exemplaire, très-pur.
</blockquote>

**644.** BOCCACE. Le Décameron de Jean Boccace (trad. par Ant. Le Maçon). *Londres (Paris)*, 1757. 5 vol. in-8, fig.; mar. rouge, fil., tr. dor. (*Derome*).

<blockquote>
Cette édition renferme ensemble 116 pl. et autant de vignettes d'après les dessins de Gravelot, Boucher, Eisen et Cochin. Très-belles épreuves.
</blockquote>

**645.** BOCCACE. Fflammette (*sic*) cōplainte des tristes amours de Flāmette a son amy Pāphile, Translatee Ditalien en vulgaire francoys. On les vend a Lyō par Claude Nourry, dict le Prince : pres nostre dame de Cōfort. *Lyon, Cl. Nourry*, 1532. Pet. in-8, goth., fig. sur bois; mar. rouge, fil., tr. dor.

<blockquote>
Rare. Très-bel exemplaire.
</blockquote>

**646.** (CAVICEO, J.) Le Peregrin. Dialogue tres elegāt intitule le Peregrin traictāt de lhonneste τ pudique amour cōcilie par pure τ sincere vertu traduict de vulgaire Italien en langue Frācoyse par maistre Frācoys dassy... (A la fin : ).... *Imprimez a Lyon par Claude nourry dict Le prince. Lan de grace Mil cinq cens vingt et huyt.* (1528). *Le. x.x. du moys Dauril.* In-4, goth., front. et fig. s. bois; mar. rouge, fil., tr. dor. (*Lortic*).

<blockquote>
Volume fort rare, que M. Brunet ne cite que d'après le catal. La Vallière. Très-bel exemplaire.
</blockquote>

**647.** (PORTO, Luigi da.) Hystoria Nouellamente Ritrovata di due nobili Amanti : Con la loro Pietosa Morte : Interuenuta gia nella Citta di Verona. Nel tempo del Signor Bartholomeo dalla Scala. (A la fin :) *Qui Finisse lo infelice Innamo-|| ramento di Romeo Montecchi|| Et di Giulietta Capelletti.||Stampata in la inclit||ta citta di Venetia|| Per Benedetto|| de Bendoni.* S. d. Pet. in-8, de 32 ff. n. chiff., sign. A.-D; mar. La Vallière, riches compart. à pet. fers, tr. dor. (*Hagué*).

<blockquote>
Ce volume anonyme est de Louis da Porto. C'est la première édition de la nouvelle ayant pour sujet les amours de Roméo et de Juliette. Elle est de toute rareté : d'après les renseignements que nous tenons de l'obligeance de M. Eug. Piot on n'en connaît que l'exemplaire de la bibl. Palatine et celui de la bibl. Trivulce.
</blockquote>

Le titre est imprimé en rouge et en noir, et contient la marque de l'imprimeur, avec les initiales A B; elle est accompagnée de ces mots : *Iustus vt Palma Florebit.* L'épitre dédicatoire est adressée : *Alla bellissima et leggiadra Madonna Lucina Sauorgnana.*

Très-bel exemplaire.

648. PICCOLOMINI. Lystoire || de deux || vrays a||mās eu||rial ⁊ lu||cresse. (*Au r° du 2° f. :*) Sensuyt listoire de curial ⁊ lucresse cō||pillee par enee siluius ⁊ trāslatee de latin || en francoys par maistre antitus chappel||lain de la saīcte chappelle aux ducz d' bour||goigne a digon a la priere ⁊ reqste des da-||mes. *S. l. n. d.* In-8, goth., de 48 ff. non chiff., à 29 ou 30 lign. par page, sign. a f. par 8, fig. sur bois; mar. La Vallière clair, compart. or et noir à la Grolier, tr. dor. (*Niedrée*).

Édition excessivement rare d'une traduction moitié en vers, moitié en prose. M. Brunet ne paraît pas l'avoir connue, mais il en cite une qui porte le même titre, édition également *s. l. n. d.*, avec cette seule différence qu'elle est in-4 et compte 2 ff. de moins que celle-ci.

Le titre est orné d'une grande initiale historiée. Au verso on voit une vignette représentant les deux amants. Le dessin en est assez ferme et correct, et la gravure sort déjà du genre imagerie. Les autres petites figures, souvent répétées, sont légèrement ombrées au trait; presque toutes elles ont été faites exprès pour cet ouvrage.

Superbe exemplaire, acheté 1000 fr. à la vente Yemeniz.

Voir notre manuscrit n° 28 pour le texte original de ce roman qu'on a l'habitude de classer parmi les romans de chevalerie, et bien à tort on devrait savoir que l'auteur y a retracé, sous des noms imaginaires, l'histoire touchante des amours de son ami Gaspard Schlick, chancelier de l'empereur Sigismond, et d'une noble dame de Sienne.

649. (ARÉTIN.) Le liure des deux amans || Guisgard ⁊ sigismunde. (*A la fin :*) *Imprime a paris p̄ Michel le noir libraire demourāt sur le pont Saint Michel a lymaige saint Iehan leuangeliste.* S. d. Pet. in-4, goth., de 14 ff. non ch., fig. s. bois; mar. orange, milieu en mosaïque, tr. dor. (*Trautz-Bauzonnet*).

Traduction du latin de Léonard Arétin, par Jehan Fleury, dit Floridus, en vers français.

Édition fort rare. Très-bel exemplaire provenant de De Bure, puis de la coll. Double.

650. POLINDO. Historia del inuencible cauallero don Polindo hijo del rey paciano, Rey de Numidia.... (A la fin :) *Fue impressa la presente historia en la... cibdad de Toledo a diez de abril de mill & quinientos & veynte & seys años* (1526). In-4, goth., à 2 col., de 162 ff.; mar. rouge, fil., tr. dor. (*Lortic*).

> Roman de chevalerie de toute rareté. Il manquait à la riche collection de V. Salvà, et il ne se trouve dans aucune bibliothèque de Paris. Il commence par le titre rapporté ci-dessus, au haut du 1er f., signé aij. Le f. précédent, qui manque ici, était-il blanc ou offrait-il un titre court, suivi d'une gravure sur bois, ce qui arrive souvent dans cette classe de livres : c'est ce qu'il nous a été impossible de savoir, personne n'ayant encore complètement décrit ce volume.
>
> Très-bel exemplaire, de la bibl. du roi Louis-Philippe.

651. CERVANTES (M. de). El Ingenioso hidalgo don Qvixote de la Mancha. Compuesto por Miguel de Ceruantes Saauedra.... *Año* 1608. *En Madrid, Por Iuan de la Cuesta. Vendese en casa de Francisco de Robles, librero del Rey ñro señor.* — Segvnda parte del Ingenioso hidalgo... *Año* 1615. *En Madrid*, etc. — 2 vol. pet. in-4; mar. olive, tr. dor.

> La première partie est de la deuxième édition; la seconde est en édition originale. La reliure de cette dernière est aux armes et au chiffre de de Thou; on a relié le premier volume à l'imitation de celle-ci et on a appliqué au milieu les deuxièmes armes de de Thou, empruntées à un autre ouvrage. Ces deux volumes sont aujourd'hui fort rares.
>
> Très-bel exemplaire, avec témoins.

652. CERVANTES. Los Trabaios de Persiles, y Sigismvnda, Historia Setentrional, por Migvel de Cervantes Saavedra.... *Año* 1617 : *En Madrid. Por Iuan de la Cuesta. A costa de Iuan de Villarroel mercader de libros en la Plateria.* (Au v° du dern. f.:)... *En Madrid. Por Iuan de la Cuesta. Año M. DC. XVII.* In-4, de 6 ff. prél. et 232 ff. ch.; mar. rouge, fil., tr. dor. (*Hardy*).

> Première édition, de toute rareté. Très-bel exemplaire, avec témoins.

653. CERVANTES. Novelas exemplares de Migvel de Ceruantes Saauedra. *Milan, Juan Baptista Bidelo*, 1615. Pet. in-12, de 12 ff. prél. et 763 pp.; mar. rouge ancien, milieu, tr. dor. (*Lortic*).

> Édition rare. Magnifique exemplaire, très-pur, avec témoins.

## VI. EPISTOLAIRES ET POLYGRAPHES.

**654. VICTORIUS.** Petri Victorii variarvm lectionvm libri XXV. *Florentiæ, exc. Laurentius Torrentinus* (1553). In-fol.; veau brun, riches comp., tr. dor. (*anc. rel.*).

> Première édition. C'est dans ce volume (p. 313) qu'on a imprimé pour la première fois une ode d'Anacréon.
> Exemplaire, couvert d'une superbe reliure faite pour Th. MAIOLI, avec son nom et sa devise (voir la reproduction au catalogue illustré).

**655. GASPARINUS** [Barziza]. Gasparini pergamensis clarissimi oratoris, epistolar. liber fœliciter incipit. (A la fin :)

> *Primos ecce libros quos hæc industria finxit*
> *Francorum in terris ædibusque atq. tuis;*
> *Michael, Vdalricus, Martinus q. magistri*
> *Hos impresserunt: ac facient alios.*

S. d. In-4; mar. rouge du Levant, comp. à la Grolier, tr. dor. (*Thompson*).

> PREMIER LIVRE IMPRIMÉ A PARIS, en 1470, sous la direction de Guillaume Fichet et avec le concours de Jean de la Pierre (consulter un chapitre fort curieux consacré à ce volume par M. Madden dans ses *Lettres d'un bibliographe*; V<sup>e</sup> Série; Paris, 1878, in-8).
> Très-bel exemplaire. Racc. dans le coin des quatre premiers ff.

**656. PLVTARCHI** Cheronæi... Vitæ comparatæ illustrium virorū Græcorum e Romanorum... Hermanno Cruserio I. C. interprete. *Lugduni, apud Antonium Gryphium,* 1566-67. 3 vol. in-12. — Thesavrvs Plvtarchi... super moralia opera... Autore Francisco Le Tort Andegauo... *Parisiis, apud Ioannem Poupy,* 1577. 2 tom. en 1 vol. in-12. — Ensemble 4 vol., les trois premiers en mar., rouge, le quatrième en mar. vert, riches comp., tr. dor. (*anc. rel.*).

> Exemplaire ayant appartenu à la reine MARGUERITE DE VALOIS, couvert d'une délicieuse reliure dont les plats et le dos, dorés en plein, sont semés de lis et de marguerites. Sur le plat supérieur de chaque volume, se trouvent ses armes; sur le plat opposé, un pied de marguerite entouré de la devise : *Expectata non eludet* (voir la reproduction au catalogue illustré).
> On attribue l'exécution de ces bijoux de reliure, dont la princesse bibliophile faisait couvrir les volumes de sa collection, à Clovis Ève, relieur d'Henri IV. Ce qui est exceptionnel, c'est de rencontrer un ouvrage en plusieurs volumes, comme celui-ci, relié de cette façon.
> Conservation parfaite. De la coll. L. Double.

657. BEMBO. Petri Bembi de Aetna ad Angelvm Chabrielem liber. (A la fin :) *Impressvm Venetiis in ædibvs Aldi Romani mense febrvario anno. M. V. D.* (1495). In-8, de 30 ff. non chiff.; mar. rouge, fil., tr. dor. (*Trautz-Bauzonnet*).

« C'est une des plus belles impressions d'Alde, et le premier ouvrage
« tout latin sorti de ses presses... Le sujet du dialogue intitulé l'*Aetna* est le
« voyage fait en Sicile par Pierre Bembo, avec un ami, pour assister à une
« éruption de ce volcan. Bembo y rappelle le souvenir des heureux moments
« qu'il a passés à Messine, près de Constantin Lascaris, dont il admire le
« goût passionné pour les arts, l'éloquence et la philosophie sublime (Didot,
« *Alde Manuce*, p. 77). »

M. Brunet assure qu'il s'est conservé un très-petit nombre d'exemplaires de ce volume intéressant : celui-ci est magnifique.

# HISTOIRE

## I. GÉOGRAPHIE. VOYAGES.

658. POMPONIUS mela de totius Orbis descriptione... (marque de Jehan Petit). (A la fin :) *Anno. Salutiferæ incarnationis. M. D. VII. Decima die Ianuarii. Impressũ est hoc opus per Egidiũ Gormũtium et per Torinum Bituricum diligentiss. recognitum. Parrhisiis.* (au-dessous, la marque de Gilles de Gourmont). Pet. in-4; veau fauve, riches compart., tr. dor. (*Hagué*).

En tête de ce rare volume, se trouve une dédicace de Tory à Philibert Babou, depuis cardinal. Le dessin des plats de la reliure a été habilement composé dans le style de l'ornementation des livres de Geoffroy Tory, avec l'emblème du *Pot cassé* au milieu.

659. ANTONINUS. Itinerarium prouinciarum omniũ Antonini Augusti... *Venale habetur ubi impressum est, in domo Henrici Stephani e regiõe schole Decretorum Parrhisiis.* (1512). In-16; mar. rouge, comp., doublé de tabis, tr. dor. (*Simier*).

Première édition, donnée par Geofroy Tory d'après les manuscrits de Christophe de Longueil. Elle est fort rare. Très-bel exemplaire, avec le nom de C. A. Walckenaer frappé en or à l'intérieur de la reliure.

660. BREYDENBACH. Des sainctes peregrinations de iherusalem et des auirons et des lieux prochains. Du mont de synay et la glorieuse Katherine (tiré du latin de Bernard de Breydenbach, par Frère Nicole le Huen). (A la fin :).... *Imprime a Lyon par hõnestes hõmes Michelet topie de pymont : & Jaques heremberck dalemaigne demourant audit lyon. Lã de nostreseigne$^r$ Mille .cccc. quattre vĩgtz & huictz* (1488) *et le xxvii de nouẽbre*. In-fol., goth., à longues lignes, de 130 ff.; fig. s. bois et en taille douce; mar. La Vallière, compart. à la Grolier à fr., doublé de mar. bleu, dent., tr. dor. (*Lortic*).

Première édition française de cet ouvrage curieux qui est aussi le premier où figure un alphabet arabe et un petit glossaire turc. Elle est fort rare. Pour les gravures sur bois dont elle est ornée, voir Didot, *Catal. raisonné*, n° 463. Elle contient en outre sept planches de vues, dont une de Jérusalem, gravées en taille-douce.

Magnifique exemplaire, très-grand de marges (H. : 0,291). La première planche (*Venise*), dont il n'y a ici qu'un fragment de l'original, a été admirablement reproduite par M. Pilinski.

661. BREYDENBACH. Le grant voyage de hie‖rusalem diuise en deux ‖ parties. En la premiere est traicte des peregrinations de la saincte ci‖te de Hierusalem, avec les a, b, c, des lettres grecques, caldees, hebraicques ‖ et arabicques, auec aucuns langaiges des turcz trāslatez en frācois..... *Imprime a Paris pour Francois regnault...* ( A la fin : )... *Imprime... le .xx*e*. iour de mars Lan mil cinq cens. xxii* (1522). 2 part. en 1 vol. in-4, goth., fig. s. bois; mar. rouge, riches compart., tr. dor. (*Lebrun*).

« Ouvrage orné de 48 figures sur bois dont 4 grandes. Une ou deux seu-
« lement sont copiées de l'édition de Lyon, 1488. L'édition de Regnault,
« moins remarquable sous ce rapport que celle-ci, contient néanmoins des
« additions considérables, dans la seconde partie, au texte primitif (Didot,
« *Catal. raisonné*, n° 599). »

Fort rare. Très-bel exemplaire.

## II. HISTOIRE UNIVERSELLE.

662. CHRONIQUES DE FRANCE, dites de Saint-Denis. Le pre‖-mier [le second, le tiers, le quatriesme] vollume De la mer ‖ des hystoires ᴂ croniques ‖ de france. (A la fin du 1ᵉʳ vol. :) *Cy fine le premier vollume.... Et fust acheue de imprimer le dernier iour Doctobre Mil cinq cens et dixsept* (1517) *pour Galliot du pre, librayre...* 4 vol. gr. in-4, à 2 col., fig. s. bois; mar. bleu, fil. à fr., tr. dor. (*Duru*).

Le 2° vol. a cette souscription : *Imprime nouuellement a Paris Lan mil cinq cens. xvii. le xxix. iour doctobre. Par Michel le Noir libraire...* Pour les détails, voir Didot, *Catal. raisonné*, n° 595.

C'est la plus complète de toutes les anciennes éditions; elle est fort rare.
Très-bel exemplaire, grand de marges.

663. (ROLEWINCK, W.) Le petit Fardelet des faits. (Au v° du f. *m* ij :).... *ce p'sēt liure ititule petit* [fardelet des] *faitz ou fardelet des temps a este translate de latin en francoys par.... maistre Pierre farget... de lordre des freres augustins du couuent de Lyon et imprime audit Lyon lan mil ccccxxxiii*

(1483)... In-fol., goth.; mar. bleu, fil., tr. dor. (*Trautz-Bauzonnet*).

Première édition de la première traduction française du *Fasciculus temporum* de Werner Rolewinck, retouché par Henri Wirczburg de Vach. Les caractères sont ceux de Math. Husz, imprimeur lyonnais. Le passage relatif à l'invention de l'imprimerie est au vº du f. 88.

Superbe exemplaire de ce volume précieux, dont on ne connaît qu'un second exemplaire : celui de la bibliothèque Sᵗᵒ Geneviève.

664. MARTIN POLONAIS. La Cronique || martiniane || de tous les papes qui furent iamais et || finist iusques au pape alexãdre derrenier || decede mil cinq cens et trois... (A la fin :) *Cy fine la derreniere partie de la cronique Martinienne imprimee a paris pour Anthoyne verard*... S. d. (vers 1503). In-fol., goth. à 2 col.; mar. rouge jans., doublé de mar. vert, large dent. à pet. fers, tr. dor. (*Hardy* et *Marius Michel*).

Le second volume de cette rare et précieuse chronique est une histoire de France abrégée et anecdotique depuis 1399 jusqu'en 1503.

Magnifique exemplaire, de la coll. Double.

665. BOSSUET (J.-B.). Discours sur l'histoire universelle a Monseigneur le Dauphin : pour expliquer la suite de la Religion et les changemens des empires. *Paris, Séb. Mabre Cramoisy*, 1681. In-4; veau brun (*anc. rel.*).

Édition originale, ornée d'un beau portrait gravé par Edelinck.

Exemplaire portant au titre l'envoi autographe de BOSSUET à : *M. de Guenet* (conseiller du roi au parlement de Rouen), dont l'ex-libris armorié est collé à l'intérieur de la reliure.

666. BOSSUET (J.-B.). Discours sur l'histoire universelle... Seconde édition. *Paris, Séb. Mabre-Cramoisy*, 1682. In-12; mar. olive, fil., tr. dor. (*anc. rel.*).

Dans une note sur l'article *Bossuet* de Nicéron (*Mémoires*, XI, 256), Mercier de Saint-Léger s'exprime ainsi : « Dans la 2ᵉ édition, de 1682, Bossuet, « à la suite d'une longue conversation avec l'abbé Duguet, mit une addition « qui ne se trouve plus dans les éditions suivantes. »

Très-bel exemplaire, de la coll. Brunet.

### III. HISTOIRE ECCLÉSIASTIQUE.

667. EUSEBIUS. (Ecclesiastica historia per Rufinum de græco in latinum traducta. *Mantuæ, Ioannes Schallus*, 1479). Pet. in-fol.; mar. bleu, fil. à fr., tr. dor. (*Capé*).

Édition rare. Le volume commence au vº du 1ᵉʳ f., sans aucun titre, par une épitre dédicatoire de l'imprimeur Jean Schallus, médecin (*physicus*) d'Herosfeld, à Frédéric Gonzague, duc de Mantoue. Elle occupe trois pages, et est suivie de 6 ff. d'index. Le volume est terminé par dix vers latins, où on lit le nom de l'imprimeur et la date de l'impression.

Très-bel exemplaire, à grandes marges, provenant de la bibl. de M$^{gr}$ le duc d'Aumale.

668. (EUSÈBE.) Lhistoire ecclesiastique Translatee de Latin en Frācois, Par Messire Claude de Seyssel. *On les vend a Paris deuant Leglise de la Magdeleine, A lenseigne du Pot casse. Par Maistre Geoffroy Tory de Bourges.* (A la fin :) *Ce present Liure fut acheue dimprimer le. xxi. iour Doctobre* M.D.XXXII (1532). *Par Maistre Geoffroy Tory de Bourges, Marchant Libraire et Imprimeur du Roy.* In-fol.; mar. noir, fil., comp., tr. dor. (*anc. rel.*).

Bel exemplaire d'un des volumes les plus rares de la collection de Tory.

669. NICÉPHORE. L'Histoire ecclesiastique de Nicéphore... traduite de latin en françois [par Jean Gillot]. *Paris, Séb. Nivelle*, 1567. In-fol.; veau brun, compart., tr. dor.

Exemplaire de dédicace au roi CHARLES IX, avec son chiffre, ses armes et sa devise : *Pietate et Justicia*, sur les plats et sur le dos de la reliure, qui a été habilement restaurée (voir la reproduction au catalogue illustré).

On ignorait jusqu'à ce moment le nom de l'artiste qui a exécuté les rares reliures aux armes de ce souverain, et on a cru pouvoir les attribuer à Nicolas Eve, qui semble pourtant n'avoir travaillé que pour Henri III et Henri IV, car les documents que nous possédons sur lui ne remontent pas au-delà du règne du premier de ces rois. Ainsi entre Pierre Roffet, dit Le Faucheux, relieur de François I$^{er}$ et d'Henri II, et ce Nicolas Eve, il existait dans l'histoire de la reliure une lacune d'une trentaine d'années au moins : c'est M. Lortic qui a eu la bonne fortune de combler cette lacune par la découverte qu'il a faite du nom du relieur de Charles IX. Nous devons à l'obligeance de M. Lortic de pouvoir communiquer à MM. les bibliophiles cet important renseignement.

Qui eût cru que c'est dans un livre de médecine qu'on trouverait le nom de ce relieur? C'est pourtant le chirurgien de Charles IX, le célèbre Ambroise Paré, qui nous le fait connaître. Dans son *Traicté de la peste* (Paris, 1568, in-8), à peine cité par M. Brunet, il rapporte (p. 226), un cas singulier de petite-vérole qu'il a constaté en 1568 chez « une petite enfant augée de « quatre à cinq ans, fille de CLAUDE PIQUÉ, *relieur des livres du Roy, de-* « *meurant rue saint Iacques à Paris* ».

On ne saurait avoir à cet égard un document plus authentique.

Ce beau volume provient de la collection de M. le baron Pichon.

670. BEDA. (Historia ecclesiastica gentis Anglorum.) *S. l. n. d.*

(*Strasbourg, Eggesteyn, vers* 1473). In-fol., goth., à 2 col.; mar. rouge, fil., tr. dor. (*Lortic*).

<small>Première édition, fort rare. Magnifique exemplaire, très-grand de marges.</small>

671. JOVIUS. Pavli Jovii Novocomensis episcopi nvcerini, de vita Leonis decimi, Pont. Max. libri qvatvor... *Florentiæ, ex off. Laurentii Torrentini,* 1549. In-fol.; mar. brun, riches compart. en or et en mosaïque, tr. dor.

<small>Exemplaire à la reliure de GROLIER, avec son nom et sa devise. C'est assurément l'une des plus belles qui aient été faites pour ce bibliophile célèbre (voir la reproduction au catalogue illustré).</small>

## IV. HISTOIRE ANCIENNE ET MODERNE.

672. JUSTINUS. (In Trogi Pompei historias lib. XLIV.) (A la fin :)

<small>Me gallus ueneta Ienson Nicolaus in urbe
Formauit : Mauro principe Christophoro...</small>

*M.CCCC.LXX* (1470). Gr. in-4; mar. rouge, riches compart., tr. dor. (*Lortic*).

<small>Première édition.
Bel exemplaire, très-grand de marges. Au premier f., un large encadrement fort bien enluminé ; nombreuses bordures historiées ; toutes les grandes initiales de chapitres sont peintes en or.</small>

673. JUSTIN. Les OEvvres de ‖ Iustin vray hystoriographe, sur les faictz et gestes de Troge Pompée, contenant. xliiii. liures traduictz de Latin en Frācoys, ‖ Nouuellement imprimez *A Paris Mil cinq cens. xxxviij* (1538)... (A la fin :) *Nouellement translate de Latin en Francoys par maistre Guillaume Michel dict de Tours. Nouuellemẽt imprime a Paris par Denys Ianot...* In-fol., goth., fig. s. bois; mar. rouge, fil., tr. dor. (*Trautz-Bauzonnet*).

<small>Édition originale et fort rare de cette traduction. Elle contient plusieurs gravures sur bois remarquables par la correction et la fermeté du dessin.
Superbe exemplaire, avec témoins.</small>

674. JOSÈPHE (Flavius). Lhistoire escripte pre‖mierement en Grec par Ioseplus le Iuif aucteur ‖ tresnoble et ancien Et en apres mise en La‖tin dont elle a este depuys faicte ‖ francoyse... (A la fin :)... *Et fut accomplye de imprimer le huytiesme iour Doctobre mil cinq cens et trẽte par* (1530) *Nico-*

las Saue||tier Imprimeur.. *Pour honnestes personnes Galliot du pre, Poncet le preux et Claude Cheuallon Libraires...* In-fol., goth.; mar. vert, 'doublé de mar. rouge, dent. de feuillage en mosaïque, tr. dor. ; étui de mar. rouge (*Lortic*).

<small>Précieux exemplaire sur VÉLIN, avec miniatures et initiales enluminées.
Le titre nous paraît refait, et il diffère complètement de celui cité au Manuel.</small>

675. HERODOTI libri novem qvibvs mvsarvm indita svnt nomina... (en grec). (A la fin :) *Venetiis in domo Aldi mense Septembri. M.DII.* (1502). In-fol.; mar. rouge, fil., tr. dor. (*Derome*).

<small>Première édition, qui est non-seulement un chef-d'œuvre de typographie, mais dont le texte, revisé par Alde lui-même, a été reconnu excellent.
Très-bel exemplaire, avec notes marginales en grec.</small>

676. THVCYDIDES ( en grec). (A la fin :) *Venetiis in domo Aldi mense Maio. M. DII.* (1502). In-fol., mar. rouge, compart., doublé de tabis, tr. dor. (*Courteval*).

<small>Première édition, rare. Magnifique exemplaire.</small>

677. THUCYDIDE. Lhystoire de ||Thucydide...translatee en lan||-gue Francoyse par feu mes||sire Claude de Seyssel ... (A la fin :) *Imprime a Paris* [*par Iehan de lagarde pour Gilles de Gourmont*]. S. d. In-fol.; mar. rouge, comp., tr. dor. (*Trautz-Bauzonnet*).

<small>Fort rare. Très-bel exemplaire.</small>

678. XENOPHON. Georgii Gemisti, qui et Pletho dicitur, ex Diodori, et Plutarchi historiis de iis, quæ post pugnam ad Mantineam gesta sunt, per capita tractatio. Herodiani a Marci principatu historiar. libri octo, quos Angelus Politianus elegantissime latinos fecit. Enarratiunculæ antiquæ, et perbreues in totum Thucydidem... (en grec). (A la fin :) *Venetiis in Aldi Neacademia mense octobri M.D.III* (1503). In-fol.; mar. noir, fil., fleurons, tr. dor. (*anc. rel.*).

<small>C'est dans ce volume que se trouve la première édition des *Helléniques* de Xénophon. En tête figure une épître dédicatoire, fort intéressante, adressée à Guido Pheretrio, duc d'Urbin ; elle a été traduite du grec pour la première fois par M. Didot, dans son *Alde Manuce* (pp. 248-251).
Exemplaire ayant appartenu au roi HENRI II, avec l'écu de France sur les plats. Dos refait.</small>

679. XENOPHONTIS... quæ extant opera (en grec). *Anno*

*MDLXXXI* (1581). *Excudebat Henricus Stephanus.* In-fol.; mar. rouge, doré en plein à petits fers, tr. dor. (*anc. rel.*).

<small>Superbe exemplaire, réglé, très-grand de marges. Il avait été offert à JACQUES Ier, roi d'Angleterre (fils de Marie Stuart), à qui cette édition est dédiée. Le titre est couvert d'une feuille peinte portant une dédicace composée de 36 vers latins, en or sur fond bleu, et adressée au roi par J. Gordon, qui a joué un grand rôle en Écosse sous le règne de ce monarque.

La reliure, parfaitement conservée, est un chef-d'œuvre. C'est une de celles qu'on a l'habitude d'attribuer à Le Gascon, qui a cependant vécu bien plus tard; elle serait plutôt d'un des Ève (voir la reproduction au catalogue illustré).</small>

680. **DIODORE DE SICILE.** Les troys premiers livres de lhistoire de Diodore sicilien, historiographe grec. Translatez de latin en francoys par maistre Anthoine Macault notaire secretaire et vallet de chambre ordinaire du Roy Francoys premier. Imprimez de l'ordonnance et commandement dudit seigneur. *On les vent a Paris en la rue de la Iuifuerie, deuant la Magdalaine, a l'enseigne du pot cassé.* (A la fin :) *Imprime a Paris en avril MDXXXV* (1535). In-4; mar. rouge, fil. à comp., tr. dor. (*Bozérian jeune*).

<small>« On remarque dans ce volume la belle planche représentant François Ier « écoutant la lecture de l'ouvrage. C'est une des pages xylographiques les « plus remarquables de l'époque (Didot, *Catal. raisonné*, n° 751).

Précieux exemplaire imprimé sur VÉLIN. La gravure mentionnée ci-dessus y est légèrement coloriée.</small>

681. **CURTIUS** (Quintus). (De rebus gestis Alexandri magni.) (A la fin :) *Finis Gestorum Alexandri magni... Georgius Lauer impressit.* S. l. n. d. Gr. in-4; mar. rouge, comp. et fleurons, tr. dor. (*Lortic*).

<small>Édition considérée comme étant la première de cet historien; imprimée à Rome vers 1470.

Superbe exemplaire, à toutes marges et d'une grande pureté.</small>

682. **SALLUSTIUS.** (Caij Sallustij Crispi Bellum Catilinarium et Jugurthinum.) *Explicit M.CCCC. LXX.* (1470). (*Venetiis, Vindelinus de Spira*). Gr. in-4, de 71 ff. non ch.; mar. rouge, fil., tr. dor. (*Lortic*).

<small>Édition très-rare, et probablement la première de cet historien.

Très-bel exemplaire, presque à toutes marges, avec de grandes initiales peintes en or et en couleurs. Le coin supérieur de qq. ff. a une mouillure.</small>

683. **CÆSAR.** Caii Ivlii Cæsaris commentariorvm liber primvs

(libri VII, etc.) de bello gallico ab ipso confecto. (A la fin :)...
*Nicolavs Ienson Gallicvs Venetiis feliciter impressit. M.
CCCC. LXXI.* (1471). In-fol.; mar. La Vallière, fil. à froid,
ornem., tr. dor. (*Duru*).

<blockquote>Magnifique édition, aussi rare que la première, celle de 1469, publiée par Pannartz et Sweynheym. Très-bel exemplaire, à grandes marges.</blockquote>

684. CESAR. Les œuures et brefues exposi cions de Julius cesar sur le fait des batailles de gaule. (A la fin du texte :)... *Imprime a Paris par Michel le noir libraire...... Lan mil cinq cēs et dix sept* (1517) *le ii. iour daoust.* Pet. in-4, goth., de 138 ff., fig. s. bois; mar. rouge, fil. à fr., ornem., tr. dor. (*Capé*).

<blockquote>Rare. Bel exemplaire. Piq. de vers racc.</blockquote>

685. TACITUS (Cornelius). Annalium et historiarum libri superstites, etc. (A la fin :)

> *Finis Deo laus*
> *Cesareos mores scribit Cornelius....*
> *. . . . . . . . . . . . . . . . . pressit*
> *Spira premens : artis gloria prima sue.*

S. l. n. d. (*Venise, Vindelin de Spire*, 1470). In-fol.; mar. rouge, fil., tr. dor. (*Lortic*).

<blockquote>Première édition, précieuse et rare.
Très-bel exemplaire, avec des notes manuscrites sur les marges.</blockquote>

686. SUÉTONE. Svetone || Tranquile des faitz, Et Gestes || des douze Cesars... (A la fin : ) ....... *Nouuellemēt traslātez de latī en frācoys par Guillaume Michel dict de tours. Et nouuellement imprime a Paris par maistre Pierre Vidouee* (sic) *imprimeur pour Galliot du Pre.... ⁊ fut acheue le xvi iour. de Feburier Mil. v. cens ⁊ vingt* (1520). In-fol., fig. s. bois; mar. vert, fil. à froid, tr. dor. (*Kœhler*).

<blockquote>Première édition, fort rare, de cette traduction. Le *Manuel* n'indique à la même date qu'une édition in-8º qui n'est pas la même.
Magnifique exemplaire, grand de marges et très-pur; le dernier f., qui ne contient que la souscription, a été remargé.</blockquote>

687. PROCOPIVS. De Bello persico (per Raphael. Volaterranum conversum). (A la fin : ) *Impressvm Romæ per E. Silber al's Franck...* 1509. In-4 ; veau brun, comp. en mosaïque, large dorure au pointillé, volutes et fleurs en or et en couleurs, tr. dor. (*rel. du XVIᵉ siècle*).

Reliure de toute beauté, exécutée pour Thomas MAIOLI (voir la reproduction au catalogue illustré). Conservation parfaite.

688. **EGNAZIO.** Svmmaire de Chroniqves, contenans les Vies, Gestes et Cas Fortuitz, de tous les Empereurs Deurope, Depuis Iules Cesar, Iusques a Maximilian dernier decede.... Faict Premierement en Langue Latine par Venerable et Discrete personne Iehan Baptiste Egnace, Venicien. Et Translate de ladicte Langue Latine en Langaige Francoys, par Maistre Geoffroy Tory de Bourges. *On les vend a Paris, a Lenseigne du Pot casse...* (A la fin:) *Ce present Liure fut acheue dimprimer a Paris le XIII. iour Dapuril M. D. XXIX.* (1529) *pour Maistre Geofroy Tory de Bourges, qui le vend au dict Paris a Lenseigne du Pot casse.* In-8; veau brun, orn. à fr., tr. dor. (*rel. du XVI*e *siècle*).

Une des productions rares de Tory.

Exemplaire irréprochable, dans sa reliure originale, dite au *Pot cassé*, exécutée dans les ateliers de Tory. Le dos et les bords du plat supérieur ont été refaits.

## V. HISTOIRE DE FRANCE et de L'ORIENT LATIN.

689. **LE MAIRE.** Les Illustrations de || Gaule et Singularitez de Troye ||... Auec Les deux epistres de Lamant Vert. Cõposees || par Ian le Maire de Belges. (A la fin :). *Imprime A Lyon, par Estienne Baland Imprimeur..... Et se vendent audit lieu. Et sus maistre Iacques Maillet libraire* (1509). — Le secõd liure des Illustratiõs de || Gaule et singularitez de Troye. ||... (A la fin :). *Imprime a Lyon Par maistre Estiẽne Baland Imprimeur. Lan Mil. v*c*. xij* (1512). *Et le .xij*e *iour du moys de Nouembre Pour Geuffray de marnef...* — Le tiers Liure des Illustratiõs de Gaule et Singu||laritez de Troye, Intitule nouuellement de France Orientale, et || Occidentale..... (A la fin :) *Imprime a Paris ou moys de Iuillet, lã Mil cincq cens & treize* (1513). *Par le cõmandemẽt de Maistre Ian le Maire..... Pour Geoffroy de Marnef...* — Le Traictie Intitule, de la differẽce des scismes || et des conciles de leglise. Et de la pree||minence et vtilite des concilles, de || la saincte eglise Gallicaine... par Ian Le Maire, de Belges. M. vc. et. xj. (A la fin :) *Imprime a Lyon ou Moys de May lan Mil. v*e *et xj.* (1511)... *Par Estiẽne Baland Imprimeur.....* — LA legende des Veniticns... (A la fin, la marque de De Marnef; le privilége de Lyon est en date du 30 Juillet 1509). — 5 part. en 1 vol. in-4, fig. sur bois ; mar.

lie de vin, fil., armes de Louis XI en mosaïque au milieu des plats, dos orné, feuillage et mosaïque, tr. dor. (*Lortic*).

<small>Recueil complet en éditions originales, ce qui est peu commun. Figures sur bois très-remarquables.
Superbe exemplaire, rempli de témoins et presque non rogné.</small>

690. (? MAMEROT, Séb.) Les Passa||ges de oultre || mer. Du noble Godefroy de buillon || qui fut roy de Hierusalem. Du bon || roy sainct Loys, et de plusieurs ver||tueux princes qui ce sont croisez pour || augmêter œ soustenir la foy crestiẽne... *Ils se vendent en la rue sainct Iaques a lenseigne de Lelephãt deuant les Mathurins.* (A la fin, la marque de François Regnault.) In-8, goth.; mar. rouge, fil. à comp., tr. dor. (*Bauzonnet-Trautz*).

<small>Première (?) édition, fort rare. Très-bel exemplaire; le titre est refait.</small>

691. (? MAMEROT, Séb.) Les passaiges doultremer || faitz par les francoys... (A la fin :)... *Nouuellement imprime a Paris. Le vingt septiesme iour de Nouembre Lan mil cinq cens et dixhuyt* (1518). *Par Michel le Noir*... Pet. in-fol., goth., à 2 col., front. gr. s. bois; mar. fauve, compart. à froid, tr. dor.

<small>Deuxième édition, très-différente de la première, et encore plus rare. Très-bel exemplaire, avec témoins au bas et sur les côtés des marges; racc. à la marge de plusieurs ff. à la fin.</small>

692. VILLEHARDOUIN. L'Histoire de Geoffroy de Villehardovyn, mareschal de Champagne et de Romenie; de la conqueste de Constantinople par les Barons François associez aux Venitiens, l'an 1204. d'un costé en son vieil langage; et de l'autre en vn plus moderne et intelligible, par Blaise de Vigenere... *Paris, Abel l'Angelier*, 1585. In-4; mar. La Vallière, fil. à compart., tr. dor. (*Lortic*).

<small>Première édition. Superbe exemplaire, rempli de témoins.</small>

693. JOINVILLE. L'histoire et Croniqve dv treschrestien roy S. Loys, IX. du nom, et XLIIII. Roy de France. Escritte par feu messire Ian Sire, Seigneur de Ionuille (*sic*)... Et maintenant mise en lumiere par Antoine Pierre de Rieus. *A Poitiers, Enguilbert de Marnef.* S. d. (1547). In-4; mar. bleu, fleurs de lis aux angles des plats, tr. dor. (*Trautz-Bauzonnet*).

<small>Première édition, fort rare. Très-bel exemplaire.</small>

694. GAGUIN. Compendium Roberti Gaguini super Francorum gestis : ab ipso recognitum et auctum. (A la fin :)... *impressit... Thielmānus keruer... in inclyto parrisiorū gymnasio impēsis..... bibliopolarum Durandi Gerlerü et Joānis parui. Anno..... M. quingētesimo* (1500). *Adidus ianurias* (sic). In-fol., fig. s. bois; mar. rouge, fil. à comp.; tr. dor. (*Bauzonnet*).

> La plus belle édition de cet ouvrage.
> Précieux exemplaire imprimé sur VÉLIN. Le titre nous semble refait.

695. FROISSART (Jehan). Le premier [le second, le tiers et le quart] volume || de froissart. || Des croniques De France. Dangleterre, Descoce, || Despaigne, De Bretaigne, De Gascõgne, De flandres || Et lieux circunvoisins. (A la fin du t. Ier :). *Cy finist le premier volume... Imprime pour anthoine verard marchāt libraire demourant a paris deuant la rue neufue nostre dame pres lhostel Dieu...* (A la fin du t. IV :) *Cy finist le quart volume de Messire iehan froissart... Imprime a paris pour Anthoine verard marchant libraire demourant a paris sur le pont nostre dame....* S. d. 4 tomes en 3 vol. in-fol., goth., à 2 col.; mar. bleu, riches compart. en or et à froid, écu de France au milieu; doublé de mar. rouge semé de fleurs de lis, gardes en soie, tr. dor.; étuis de mar. La Vallière (*Lortic*).

> Première édition, fort rare. Le t. Ier est de second tirage (vers 1500), et les trois autres, qui portent dans la souscription l'adresse *sur le pont nostre dame,* sont de premier tirage, bien que les initiales gravées sur bois qui commencent le titre de chaque volume représentent deux têtes, ce qui, selon M. Brunet, indiquerait le second tirage. Cette distinction est loin d'offrir une certitude complète, car elle se trouve en contradiction avec l'adresse ci-dessus qui est bien celle qui figure, d'après M. Brunet lui-même, aux exemplaires de premier tirage. D'ailleurs ces deux tirages sont absolument identiques, page pour page; il se peut que Vérard ait mis successivement deux titres différents et qu'il ait fait tirer de nouveau la dernière feuille de chaque volume pour modifier son adresse après le changement de domicile.
> Superbe exemplaire, très-grand de marges et couvert d'une riche reliure.

696. MONSTRELET. Le premier [le second et le tiers] volume de enguerran de monstrellet Ensuyuant froissart naguerres imprime a Paris... (A la fin du t. III :) *Imprimez a paris pour Anthoine verard.... demourant a paris deuant la rue neufue nostre dame.* S. d. (vers 1500). 3 tomes en 2 vol. in-fol., goth.; mar. vert foncé, compart. dor. et en mosaïque, dou-

blé de mar. rouge, avec un semis de fleurs de lis d'or, gardes en soie moirée rouge antique, tr. dor.; étuis de mar. rouge (*Lortic*).

Exemplaire sur VÉLIN de la seconde édition sans date. Il contient SIX MINIATURES de la grandeur des pages (voir une reproduction en camaïeu au catalogue illustré) et CENT CINQUANTE-NEUF petites, toutes parfaitement gouachées. Ce chef-d'œuvre de Vérard, destiné sans aucun doute par l'éditeur à une tête couronnée, a été acheté 18,000 fr. en 1862 à M. Techener. Tous les bibliophiles savent que ce précieux exemplaire était incomplet d'un f., remplacé par un feuillet sur papier; il a été refait sur vélin par M. Pilinski.

La reliure de ces deux volumes est d'une richesse inouie, et elle fait le plus grand honneur au talent de M. Lortic. Le dessin des plats offre une savante combinaison des plus beaux motifs d'ornement du XVIe siècle; on y voit des mascarons, des rosaces, des oiseaux, des entrelacs de branches de chêne et de laurier sortant des cornes d'abondance, des cartouches mosaïqués avec fleurs de lis. Au milieu, figure l'écusson aux armes de France également en mosaïque. On en jugera d'ailleurs par la reproduction que nous en donnons au catalogue illustré. L'exécution ne laisse rien à désirer. C'est la seule reliure que M. Lortic ait exécutée en ce genre, et elle ne saurait être mieux placée que sur un livre de l'importance de celui-ci.

697. (PORCHIER, Étienne.) Le Rozier historial de France || Contenant deux Roziers... Ilz se vendent a Paris en la rue saint Iaques a lenseigne sainct Claude. ( A la fin : ) *Cy fine le Rosier hystorial de france nouuellement imprime a Paris le xxvie iour de Feurier Lan mil cinq cens et xxii* (1522) *auant Pasques.* In-fol., goth., à 2 col., fig. s. bois; veau fauve, fil., tr. dor. (*Simier*).

Première édition de cet ouvrage écrit par ordre et avec le concours du roi Louis XI. Au bas du titre, est une grande figure sur bois, divisée en quatre compartiments qui représentent autant d'ordres de bataille. Au vo de ce f., se trouve un privilége pour François Regnault, libraire, à la date du 20 mars 1522. Le f. suivant commence par une figure qui représente l'auteur offrant son livre au roi; elle est suivie d'une pièce de vers, contenant l'anagramme de l'auteur, *Estienne Porchier* (voir, sur lui, la note du no 39, ci-dessus). Les nombreuses figures intercalées dans le texte représentent des portraits des rois, et des scènes tirées de l'histoire.

Rare. Très-bel exemplaire, de la coll. Yemeniz.

698. Cronicqve sommairement traictee des faictz heroiqves de tovs les Rois de France, et des personnes et choses memorables de leurs temps. *Lyon, Cl. Baudin,* 1570. In-8.; mar. olive, doré en plein, fleurs de lis sur les plats et riches bordures, tr. dor. (*Clovis Eve?*).

Livre orné de 59 portraits des rois de France, gravés à l'eau-forte et signés d'un double C.

Exemplaire aux armes d'HENRI IV, placées au milieu d'un semis de fleurs de lis entouré d'un double compartiment renfermant une guirlande de marguerites et de fougères (voir la reproduction au catalogue illustré). Cette superbe reliure dorée à petits fers est de la plus belle conservation.

699. COMMINES (Ph. de). Cronique ⁊ hy‖stoire faicte et cõ-posee par feu messi‖re Philippe de Cõmines... contenãt les choses aduenues ‖ durãt le regne du roy Loys vnziesme... *Il se vend a Lyon sur le Rosne en la maison Claude nourry, dit le Prince : aupres de nostre dame de Confort.* (A la fin :)... *Et fut acheuee dimprimer le. xij. iour du moys Dauril Lan mil cinq cens. xxvj* (1526). *par Claude Nourry*... Gr. in-4, goth., fig. s. bois; mar. rouge, fil., semis de fleurs de lis, l'écu de France en mosaïque, tr. dor. (*Lortic*).

Édition rare. Magnifique exemplaire, avec nombreux témoins.

700. COMMINES (Ph. de). Croniques ‖ du Roy Charles huytiesme... Cõ‖pile et mise par escript en forme de memoires par ‖ Messire Phelippes de Cõmines cheualier seigr̃ Dargẽtõ... *On les vend a Paris a la rue sãict iacq̃s a lenseigne du Pellican, ⁊ a Poictiers au Pellican.* (A la fin :) *Fin Des Croniq̃s du.... Roy Charles huytiesme... Et furẽt acheuez dimprimer lan mil cĩq cẽs .xxviii. Le .xxv. iour de Septẽbre. Pour maistre Enguillebert de Marnef, libraye* (sic) *iure de luniuersite de Paris.* Pet. in-fol., goth., fig. s. bois; mar. bleu, semé de fleurs de lis, tr. dor. (*Capé*).

Première édition de cette chronique qui fait suite à la précédente. Très-bel exemplaire, avec témoins. Qq. race.

701. DOLET (Et.). Les Faitz ⁊ gestes du Roy Frãcoys : premier de ce nõ ‖ tant contre Lẽpereur que ses subiectz ‖ ⁊ aultres nations estrãges : Depuys ‖ lan mil cinq cens treize iusques a present. Composez par Estienne Dolet. ‖ La prinse de Luxẽ-bourg, Lãdrezy ‖ ⁊ aultres villes circunvoysines. ‖ Les Flamẽs prins a Cherebourg ‖ par les habitans de la ville. ‖ Le triumphant Baptesme de mon‖sieur le duc : premier Filz de monsieur ‖ le Daulphin. ‖ La description dung enfant ne en ‖ forme de monstre aux basses Allemai‖gnes *⁎* x. f. ⁊ d. [10 feuilles et 1/2]. *S. l. n. d.* (v. 1544). Pet. in-8, goth., de 6 ff. prél. et 78 ff. ch., sign. A.-P.; mar. rouge, fil., la *Salamandre* couronnée et le chiffre de François Ier aux angles; doublé de mar. bleu, dent., tr. dor. (*Lortic*).

Seule édition publiée en caractères gothiques, et plus complète, pour la partie historique, que les deux premières (1540 et 1543) : même dans les chapitres qui se trouvent dans l'une et dans l'autre, celle-ci contient plusieurs passages nouveaux. Voici d'ailleurs sa composition : épitre dédicatoire, sans date (elle est datée du 12 août 1539 dans l'édit. de 1540); — table des matières ; — mention de la naissance de l'enfant monstre en 1544 (f. 6 v°) ; — les *Gestes* de François I<sup>er</sup>, divisés en trois livres, dont le dernier n'avait qu'un chapitre dans l'édit. de 1540; la suite compte deux chapitres : *La venue de Lempereur en France auecques son entree a Paris et lordre qui y fut tenu : et lhonneur a luy faict, Et comme le duc de Gueldres vint en france et y fut marie* (chap. II, f. xlvii r°); *La Prinse de Luxēbourg* (1539), etc., qui finit au f. lv v°); — *Epistre contenante les faictz de guerre des ans* 1542 *et* 1543, divisée en six chapitres, et qui finit ainsi : *Finis.* || *Imprime Nouuellement ;* — *Deffaicte des Flamens deuant... Cherebourg* (14 fevrier 1543) : 2 ff., terminés par l'écu de France gr. s. bois (f. lxxv v°, mal chiffré au lieu de lxxiv) ; — *Le Triūm*||*phant baptesme* || *de monseigneur* || *le Duc Premier* || *filz de mōseigñr* || *le Daulphin* (10 février 1543) : ce titre occupe un f. à part, et le récit du baptême termine le volume (f. lxxviii v°) par le mot : *Finis.*

SEUL EXEMPLAIRE CONNU de ce volume précieux, qui avait appartenu à L. Aimé-Martin et à J. Coppinger. Il était rogné presque à la lettre : M. Debroise l'a remargé avec une habileté extraordinaire.

702. BELLAY (du). Les Memoires de Mess. Martin Dv Bellay seigneur de Langey, contenans le discours de plusieurs choses avenuës au Royaume de France, depuis l'an M. D. XIII. jusques au trespas du Roy François premier, ausquels l'autheur a inseré trois livres et quelques fragmens des Ogdoades de Guill. du Bellay, son frere. OEuvre mis nouuellement en lumiere, et presenté au Roy par Mess. René du Bellay.... *Paris, P. l'Huillier,* 1571. In-8 ; veau fauve, riches compart. en or et en mosaïque, tr. dor. et cis. (*rel. du XVI<sup>e</sup> siècle*).

Magnifique exemplaire, réglé, couvert d'une belle reliure aux armes du cardinal DE BOURBON-VENDOME, roi des Ligueurs sous le nom de CHARLES X (voir la reproduction au catalogue illustré).

703. VALDOR. Les Triomphes de Lovis le Jvste XIII. dv nom... contenant les plvs grandes actions ov Sa Majesté s'est trouvée en personne, représentées en Figures Ænigmatiques exposées par vn Poëme Héroïque [en latin] de Ch. Beys, et accompagnées de vers François sous chaque Figure, composez par P. de CORNEILLE. Avec les portraits des rois, princes et généravx d'armees, qui ont assisté... Lovis le Jvste Combattant ; Et leurs Deuises et Expositions en forme d'Éloges, par H. Estienne... Ouurage entrepris et fini par Jean Valdor. *Paris, imprimerie royale, par Antoine Estiene,* 1649.

Gr. in-fol., fig.; mar. rouge, fil. à comp., tr. dor. (*anc. rel.*).

On trouvera, dans la *Bibliographie cornélienne* de M. É. Picot (n° 195), une description détaillée de ce bel ouvrage, curieux à bien des titres.

Exemplaire de dédicace, couvert d'une excellente reliure aux armes et au chiffre couronné de la reine ANNE D'AUTRICHE. Il provient de la coll. Double.

---

704. BOURDIGNÉ (Jean de). Hystoire agregatiue∥ des Annalles et cronicques Daniou contenant le com∥mencement et origine, auecques partie des cheuale∥reux et marciaulx gestes Des magnanimes prin∥ces, consulz, contes et ducs Daniou. Et pareil∥lement plusieurs faicts dignes de memoi∥re, aduenuz tant en France, Italie, Espaigne, Angleterre, Hierusalem et autres royaulmes ∥.... Recueil∥lies et mises en forme par noble et Discret missire (*sic*) ∥ Jehan de bourdigue, prestre, docteur es droictz, ∥ et Depuis reueues et additionnees par le ∥ Viateur. *On les vend à Angiers en la boutique de Charles de boingne et Clement alexandre marchans libraires iurez de luniuersite dudit lieu.* (A la fin :)... *Nouuellement imprimees a Paris par Anthoyne couteau imprimeur. Pour honnestes personnes Charles de boigne, et Clement alexandre,... Et furent acheuees de imprimer au moys de Januier. Lan mil cinq cens. xxix* (1529). In-fol., goth., fig. s. bois; mar. rouge jans., tr. dor. (*Duru*).

Première édition, fort rare. Au v° du 4° f., se trouve une curieuse gravure sur bois qui occupe la page entière et représente l'auteur offrant son livre à Louise de Savoie, mère de François I<sup>er</sup>, assise sur le trône, en présence des grands dignitaires du royaume.

Magnifique exemplaire, très-pur, avec témoins. De la coll. Desq.

705. (BOUCHARD, Alain.) Les grādes croniques de ∥ Bretaigne, nouuellement Imprimees a Paris : tant de la ∥ grande Bretaigne depuis le roy Brutus qui la conquist... que aussi de nostre bretaigne de present depuis la ∥ conqueste du roy conan meriadec ∥ breton, qui lors estoit appelle le royaulme dar∥morique iusques au temps et trespas de francoys. ii. de ce nom duc de Bretaigne ... (A la fin :) *Imprimees a Paris par Iehan de la roche imprimeur demourāt en la rue sainct Iacques. pour Galliot du pre... Le xxv de nouembre Mil cinq cens et. xiiii.* (1514). Pet. in-fol., goth., à 2 col., fig. s. bois: veau brun à compart. gauffrés (*anc. rel.*).

Première édition, ornée de curieuses gravures sur bois, dont la dernière (dern. f. r°) représente les sept saints de Bretagne. Excessivement rare. Très-bel exemplaire. Le f. de titre est refait.

706. BOUCHET (Jehan). Les Annalles Dacquitaine ‖ Faictz et gestes en sommaire des roys de France et Dangleterre, ‖ pays de Naples et de Milan, Reueues et corrigees par ‖ Lacteur mesmes iusques en lan Mil cinq cens ‖ trente et cinq et de nouuel iusques en lan ‖ Mil cinq cens. xxxvii... *On les vend a Paris... par Guillaume le bret. Mil. D. xxxvii.* (A la fin :) *Cy finissent les Annalles Dacquitaine... Et ont este acheuees de Imprimer a Paris le premier iour de Iuing mil cinq cens. xxxvii* (1537). Gr. in-4 ; goth., mar. rouge, riches compart., tr. dor. (*Thompson*).

C'est le meilleur ouvrage de Bouchet qui l'a dédié à Louis de la Tremoille, vicomte de Thouars. En tête figure une longue épître en vers adressée à Antoine Ardillon, abbé de la Fontaine-le-Comte.

Très-bel exemplaire.

707. CHAMPIER (Symph.). Le recueil ou croniques des hystoi ‖ res des royaulmes daustrasie, ou france orientale dite a ‖ present lorrayne De hierusalem, de Cicile. Et de la duche ‖ de bar. Ensemble des sainctz contes et euesques de toulx ‖ contenant sept liures tant en latin que en francoys... *Venūdantur in vico mercuriali apud Lugdunum in officina Vincentij de portunarijs de tridino.* (A la fin :) *Cy finit le recueil des histoires... compose a nancy en lorrayne et finy lan de grace mil. ccccc.x.* (1510) *le dixiesme de mars par maistre Simphorien champier...* In-4, goth., fig. s. bois ; mar. rouge, fil., tr. dor. (*Trautz-Bauzonnet*).

Livre fort rare. Magnifique exemplaire, provenant des bibl. du prince d'Essling et de M<sup>gr</sup> le duc d'Aumale.

### VI. CHEVALERIE. MÉLANGES.

708. LA BERAUDIÈRE. Le combat de sevl à sevl en camp clos : Par Messire Marc de la Beraudiere... seigneur de Matmoisin. Auec plusieurs questions propres à ce sujet. Ensemble le moyen au Gentil-homme d'éuiter les querelles et d'en sortir avec son hõneur. *Paris, Abel l'Angelier,* 1608. In-4 ; mar. rouge, fil., tr. dor. (*Kœhler*).

Livre très-recherché. Bel exemplaire, provenant des bibl. du prince d'Essling et d'Yemeniz.

## CHEVALERIE. MÉLANGES.

**709.** Constitvtiones ordinis velleris avrei e gallico in latinum conversæ. *S. l. n. d.* (*Anvers, Christ. Plantin, vers* 1566). In-4, de 7 ff. et 91 pp.; mar. vert, fil., tr. dor. (*Duru*).

En tête, deux belles gravures de Corn. Galle représentant les armes d'Espagne et les insignes de la Toison d'or.
Exemplaire sur VÉLIN.

**710.** Le liure des statuts et ordo‖nances de l'ordre sainct Michel, estably par le treschrestien Roy de France Loys vnzieme de ce nom. Institvtion de loffice de prevost et maistre des ceremonies, auec autres statuts et ordonances sur le faict dudict ordre. *S. l. n. d.* (*Paris, vers* 1550). Pet. in-4, de 39 ff., sign. A-K.; mar. brun, fil. à comp., tr. dor. (*anc. rel.*).

Précieux exemplaire sur VÉLIN, couvert d'une reliure aux armes et au chiffre d'HENRI II, avec les emblèmes de DIANE DE POITIERS (voir la reproduction au catalogue illustré).

**711.** (Ordonnances pour les chevaliers de l'ordre de . Michel.) *S. l. n. d.* (*Paris, vers* 1550). In-4, de 28 ff., sans ch. ni sign.; veau brun, riches compart. en mosaïque, avec incrustations de H et de fleurs de lis en or et argent (*anc. rel.*).

Ce volume sans titre commence ainsi : *La table des chapitres du liure de lordre du tres chrestien Roy de France Loys vnzieme, a lhonneur de sainct Michel.*

Exemplaire sur VÉLIN. Le premier f. contient au v° les armes peintes d'Henri (II) DE LENONCOURT, comte de Nanteuil, chevalier de l'ordre, mort avant 1555 en Allemagne, où il avait été envoyé par le roi Henri II « comme ôtage de sa parolle », dit le P. Anselme.

La très-curieuse reliure qui couvre ce volume a-t-elle été faite pour ce Henri de Lenoncourt et à son chiffre, ou est-ce le présent que le roi Henri II aurait fait à son favori : c'est ce que nous ne saurions décider (voir la reproduction au catalogue illustré).

**712.** Le liure des Statuts et ordonnances de l'ordre et milice dv benoist sainct Esprit, estably par le Tres-chrestien Roy de France et de Pologne Henry troisième de ce nom. *S. l. n. d.* (*Paris,* 1578). In-4; mar. brun, semé de flammes et de fleurs de lis, etc., tr. dor.

Précieux exemplaire, ayant appartenu au roi HENRI III, fondateur de l'ordre. La reliure est d'une exécution très-remarquable. Sur le plat supérieur, se trouvent les armes réunies de *France et de Pologne*, entourées du collier de l'ordre; la couronne qui les surmonte porte la devise : *Manet vltima cœlo.* Le plat opposé ne porte que l'écu de France couronné, sans devise. Les écussons sont accompagnés de l'emblème du Saint-Esprit; et à chaque coin des deux plats se trouve le chiffre royal couronné, composé de l'initiale H et des deux λλ liés, qui désignent son épouse, Louise de Lorraine. (Voir la reproduction de cette reliure au catalogue illustré.)

713. VALERIJ MAXIMI Romane urbis iurispitissimi! in librū factor. et dictorum memorabiliū ad Tiberiū cesarem Prefatio incipit. (A la fin. :)... *In nobili urbe Mogūtina Rheni, terminatū! anno M. cccc. lxxi* 1471. *xviij. kalēdis iulijs! per... Petrū schoyffer de gernsshem...* In-fol., goth.; mar. brun, fil. à compart., ornem., tr. dor. (*rel. angl.*).

Première édition avec date. Exemplaire sur VÉLIN.

714. FILLASTRE. Le premier volume ‖ de la toison dor. ‖ Compose par reuerend pere en Dieu Guillaume [Fillastre]... iadis euesque de Tournay... et chancellier de lordre de la Thoison dor du bon duc Philippe de bourgongne Auquel... sont contenus les haulx vertueux et magnanimes faictz tant des treschrestiennes maisons de france, bourgongne et flandres que dautres roys et princes de lancien et nouueau testament. Ilz se vendent a Paris en la rue saint Iaques a lenseigne sainct Claude. (A la fin :) *Imprime a Paris Lan mil cinq cens et dix sept* (1517). *par Anthoine bonne mere. Le dixiesme iour de Decembre pour Francoys regnault marchant libraire demourant en la dicte uille en la rue sainct Iacques a lenseigne sainct Claude aupres de sainct Yues.* 2 tom. en 1 vol. in-fol., goth., fig. s. bois; mar. rouge jans., tr. dor.

Bel exemplaire réglé de la 2ᵉ édition. Il y a quelques transpositions de cahiers, mais l'ouvrage est bien complet.

715. VINCENT DE BEAUVAIS. Le quart volume ‖ de Vincent miroir‖hystorial. (A la fin :) *Cy fine le .xxx.ii ꝗ dernier liure de Vincent miroir historial Nouuellement imprime a Paris par Nicolas couteau. Et fut acheue dimprimer le .xvi⁰. iour du moys de mars Lan mil cinq c̄es. xxxi* (1531) *pour Iehan de la garde Libraire iure.* In-fol., goth., à 2 col., fig. s. bois; mar. brun, ornem. en mosaïque, tr. dor. et cis. (*anc. rel.*).

Magnifique reliure aux armes, chiffre et devise (*Force m'est trop*) de Pierre-Ernest, comte de MANSFELT, prince du Saint-Empire, chevalier de la Toison d'Or, célèbre général de Charles-Quint et protecteur éclairé des arts (voir la reproduction au catalogue illustré). Sur un f. de garde, on lit : *Tandem. Ce liure apertient a René de Chalon et à mon amé Anne de Gros.* 1607 4ᵉ de Mars. *De feu mon gran pere le prince et conte de Mansfelt Pier Ernest.*

FIN.

# TABLE DES DIVISIONS.

## MANUSCRITS.

### BELLES-LETTRES.

|  | N°s. |
|---|---|
| Auteurs latins, anciens et modernes | 1 |
| Auteurs français | 29 |
| Auteurs italiens | 48 |

### HISTOIRE.

| | |
|---|---|
| Auteurs grecs et latins, anciens et modernes | 51 |
| Auteurs français | 63 |

## IMPRIMÉS.

### BELLES-LETTRES.

| | |
|---|---|
| I. Linguistique | 71 |
| II. Rhétorique | 80 |
| III. Poésie. | |
|   1. *Poëtes grecs et latins* | 89 |
|   2. *Poëtes français.* | |
|     A. Depuis Guillaume de Lorris jusqu'à Villon | 125 |
|     B. Depuis Villon jusqu'à Cl. Marot | 151 |
|     C. Poëtes anonymes depuis la fin du XVe jusqu'au milieu du XVIe siècle | 214 |
|     D. Depuis Marot jusqu'à Ronsard | 238 |
|     E. Depuis Ronsard jusqu'à Malherbe | 295 |
|     F. Depuis Malherbe jusqu'à nos jours. | |
|       a. *Poésies de divers genres* | 346 |
|       b. *Poëmes sacrés, satiriques, badins, etc. — Fables, Contes, Chansons* | 377 |
|   3. *Poëtes italiens et espagnols* | 397 |
| IV. Théâtre. | |
|   1. *Théâtre grec et latin* | 410 |
|   2. *Théâtre français.* | |
|     A. Depuis l'origine jusqu'au milieu du XVIe siècle | 424 |

# TABLE DES DIVISIONS.

Nos.

   B. Depuis Corneille.
      CORNEILLE.................................................. 450
      MOLIÈRE.................................................... 478
      RACINE..................................................... 524
  3. *Théâtre italien et espagnol*........................................ 546
V. ROMANS.
  1. *Romans français.*
    A. Romans de chevalerie.
      a. *Introduction*................................................. 551
      b. *Romans du cycle de Charlemagne et des vassaux*............ 552
      c. *Romans de la Table ronde et des Amadis*.................. 565
      d. *Romans de Rome la Grant, ou de l'Antiquité*............... 585
      e. *Romans d'aventures*........................................ 595
      f. *Chroniques romanesques*.................................... 617
    B. Romans de divers genres, Contes, Nouvelles, etc............ 619
  2. *Romans et Contes étrangers*....................................... 642
VI. ÉPISTOLAIRES et POLYGRAPHES................................... 654

## HISTOIRE.

I. GÉOGRAPHIE. VOYAGES............................................. 658
II. HISTOIRE UNIVERSELLE............................................. 662
III. HISTOIRE ECCLÉSIASTIQUE......................................... 667
IV. HISTOIRE ANCIENNE et MODERNE.................................... 672
V. HISTOIRE DE FRANCE et de L'ORIENT LATIN......................... 689
VI. CHEVALERIE. MÉLANGES............................................ 708

FIN DE LA TABLE DES DIVISIONS.

Typographie Firmin-Didot. — Mesnil (Eure).

*A LA LIBRAIRIE FIRMIN-DIDOT ET C*$^{ie}$
RUE JACOB, 56

## CATALOGUE ILLUSTRÉ

DES

# LIVRES RARES ET PRÉCIEUX

## MANUSCRITS ET IMPRIMÉS

FAISANT PARTIE DE LA BIBLIOTHÈQUE

DE

## M. AMBROISE FIRMIN-DIDOT

## BELLES-LETTRES. — HISTOIRE

Un volume in-4°, sur papier vergé, avec gravures sur bois, chromolithographies et photogravures

### PRIX : 30 FRANCS

SE VEND AU PROFIT DES PAUVRES

---

*Nota.* — Après la vente de cette première partie, il sera publié une table alphabétique du présent catalogue, suivie de la liste des prix d'adjudication.

Une seconde vente aura lieu au printemps de l'année prochaine (1879). Elle comprendra une série de livres anciens, rares et précieux, manuscrits et imprimés, relatifs à la *Théologie*, à la *Jurisprudence*, aux *Sciences et Arts*, ainsi qu'une collection remarquable de livres avec figures sur bois.

Afin d'établir l'unité bibliographique de cette bibliothèque célèbre, il sera publié, après les ventes, une table méthodique générale, une table alphabétique, une table des provenances illustres, etc.

www.ingramcontent.com/pod-product-compliance
Lightning Source LLC
Chambersburg PA
CBHW061957180426
43198CB00036B/1290